Kristian Fechtner/Christian Mulia (Hrsg.)

Henning Luther – Impulse für eine Praktische Theologie der Spätmoderne

Kohlhammer

Praktische Theologie heute

Herausgegeben von
Gottfried Bitter
Kristian Fechtner
Ottmar Fuchs
Albert Gerhards
Thomas Klie
Helga Kohler-Spiegel
Isabelle Noth
Ulrike Wagner-Rau

Band 125

Kristian Fechtner
Christian Mulia (Hrsg.)

Henning Luther – Impulse für eine Praktische Theologie der Spätmoderne

Verlag W. Kohlhammer

Umschlag: Gestaltungskonzept Peter Horlacher
Reproduktionsvorlage: Andrea Siebert, Neuendettelsau
Gesamtherstellung:
W. Kohlhammer Druckerei GmbH + Co. KG, Stuttgart
Printed in Germany

ISBN 978-3-17-022500-8

Inhalt

III. Lesarten

Anhang

Glauben ist eine Bewegung des Aufbruchs,
die zugleich ein Weg in die Fremde und Heimatlosigkeit ist
und die vollzogen wird im Vertrauen auf eine Verheißung.
(Henning Luther, Predigt über Genesis 12)

Am Ende ist Hoffnung,
wie sie der Wirklichkeit sich entringt, indem sie diese negiert,
die einzige Gestalt, in der Wahrheit erscheint.
(Theodor W. Adorno, Minima Moralia)

Einleitung

‚Leben als Fragment', ‚Schmerz und Sehnsucht', ‚Die Lügen der Tröster' – der Praktische Theologe Henning Luther (1947–1991) hat Wendungen geprägt, die als Leitmotive in die theologische Diskussion und pastorale Praxis eingegangen sind und nachwirken. Mit seinen Arbeiten kann er als einer der anregendsten Praktischen Theologen des ausgehenden 20. Jahrhunderts angesehen werden. Henning Luther steht für einen Perspektivenwechsel des Faches hin zu einer subjekt- und lebensweltorientierten Theologie; seine Arbeiten schärfen den Sinn für die Phänomene des Fragments, der Fremdheit und der Grenze. Religion wahrt, so sein Diktum, das ‚Geheimnis der Individualität': Was wir sind und sein werden, ist noch nicht heraus. Unsere Geschichte weist Brüche auf, Abbrüche und Aufbrüche. Religion bewältigt das Leben nicht, sie hält es vielmehr in Unruhe. Theologie kritisch zu denken, ist ein Grundimpuls, der von Beginn an Henning Luthers Texte antreibt. Dies bleibt ein Grundzug seiner Arbeiten bis zu seinem frühen Tod: sich nicht abfinden können und müssen mit dem, was ist. Seine Beiträge sind Ausdruck einer theologischen Praxis, die nicht nur über individualisierte Religion reflektiert und spricht, sondern sie auch selbst zur Sprache bringt. Sie sind in einem weitgespannten Horizont theoriekundig und theologisch profiliert, nicht selten bewusst und betont einseitig. In ihnen artikuliert sich auch ein praktisch-theologisches ‚Lebensgefühl', das hier auf seine Begriffe und Metaphern kommt.

1947 in Lüneburg geboren, schließt er Anfang der 1970er Jahre sein Studium der Evangelischen Theologie und etwas später auch ein Studium der Pädagogik in Mainz ab. In dieser politisch bewegten Zeit entstehen erste Aufsätze und Abhandlungen neben seiner Dissertation zur Hochschuldidaktik. Nach dem Vikariat kehrt er, zunächst als wissenschaftlicher Mitarbeiter, dann als Hochschulassistent bei seinem Lehrer Gert Otto, an die Universität zurück. Im Umfeld und Gefolge seiner Habilitationsschrift zu Grundbegriffen der Erwachsenenbildung am Beispiel der Praktischen Theologie Friedrich Niebergalls, die mit den Stichworten ‚Religion, Subjekt, Erziehung' programmatische Orientierungen enthält, publiziert er in den 1980er Jahren dichtgedrängt eine ganze Reihe von Aufsätzen zum Religions- und Alltagsverständnis, zum Identitätsbegriff in bildungstheoretischer und theologischer Perspektive sowie zum Selbstverständnis der Praktischen Theologie. In immer wieder neuen Anläufen und mit jeweils veränderten Theoriereferenzen profiliert er eine Praktische Theologie des Subjekts. Biografie, Autobiografie und im weiteren Sinne Literatur werden für ihn wichtig ebenso wie die Zwiespältigkeit des Alltags und lebensweltliche Passagen. Viele dieser Beiträge gehen in den Band „Religion und Alltag" ein, den er selbst noch druckfertig vorbereitet, der aber erst nach seinem Tod erscheint.

1986 ist Henning Luther auf eine Professur für Praktische Theologie an der Universität Marburg berufen worden. Jetzt stehen neben seinen religionspädagogischen Beiträgen auch zunehmend diakonische und seelsorgliche Themen. Zuvor veröffentlichte er bereits verschiedene Aufsätze zur Homiletik. Seine Predigten und Andachten, vornehmlich aus Mainzer und Marburger Universitätsgottesdiensten, erscheinen in einem Bändchen unter dem Titel „Frech achtet die Liebe das Kleine". Henning Luther stirbt, noch keine 44 Jahre alt, im Sommer 1991 in Marburg.

In den vergangenen drei Jahrzehnten sind Überlegungen Luthers vielfältig aufgegriffen worden, sie sind Referenzpunkte einer zeitgenössischen Praktischen Theologie in der Spätmoderne geworden. Im zeitlichen Abstand fragen die Beiträge dieses Bandes nach Denkanstößen, die von ihnen ausgehen, und nach Perspektiven, die sich aus einer kritischen Auseinandersetzung mit seinen Arbeiten für die gegenwärtige praktisch-theologische Diskussion ergeben. Insofern ist dieses Buch nicht als eine posthume Jubiläumsgabe konzipiert, sondern es zielt darauf, Luthers Beiträge in veränderten Kontexten zu vergegenwärtigen. Dies schließt mit ein, erkennbar werden zu lassen, an welchen Stellen seine Arbeiten zeitgebunden sind und (anders) weitergedacht werden müssen. Die Autorinnen und Autoren verbindet, dass sie seinen Texten aktuell etwas abgewinnen können; sie ermuntern gleichsam zur eigenen Lektüre. Das Buch versammelt praktisch-theologisch Nachdenkende verschiedener Generationen: Manche kennen Luther in persönlicher Verbundenheit, andere vermittelt durch das, was er als Texte hinterlassen hat.

Der Aufriss des Bandes folgt einem Dreischritt: Die ersten drei Beiträge zeichnen GRUNDLINIEN seines Werkes nach. *Andrea Bieler* lotet den Begriff des Fragments als ästhetischer Leitkategorie von Luthers Praktischer Theologie aus und vertieft dabei die theologischen Resonanzen, welche die Rede vom Fragment auslöst. Den Referenzrahmen der Kritischen Theorie, insbesondere hinsichtlich Luthers früher Schriften, skizziert *Harald Schroeter-Wittke* und zeigt, wie die sich daraus ergebenden politästhetischen Perspektiven auch in späteren praktisch-theologischen Arbeiten Luthers zur Geltung kommen. *Gerald Kretzschmar* umreißt das bereits früh formulierte Verständnis von Kirche als subjektivitäts- wie pluralitätsfördernder Kommunikationsgemeinschaft, das Luther dann im Rekurs auf Niebergall und Schleiermacher weiter ausarbeitet.

Der zweite Teil des Buches gilt den verschiedenen praktisch-theologischen HANDLUNGSFELDERN. Er beginnt mit einem bislang unveröffentlichten Vortrag von *Henning Luther* selbst, den er im Sommersemester 1991 an der Theologischen Fakultät der Universität Bern gehalten hat. Luther erörtert den Funktionswandel des Pfarramts und kennzeichnet dieses als eine „Paradoxe Institution der Individualität". Dabei wendet er sich kritisch gegen pastoraltheologische Entwürfe seiner Zeit. *Simone Mantei*, die den Vortrag für den Druck redigiert hat, markiert die Grundoptionen von Luthers Vortrag und zeichnet ihn in den aktuellen Diskurs um das Verständnis des Pfarramts ein. Die bildungstheoretischen Grundzüge, die Luthers Arbeiten prägen, rekonstruiert *Christian Mulia*, indem er sehr unterschiedliche Bezüge im Subjektbegriff namhaft macht und Differenzerfahrung als Signum christlicher Religion ausweist. Vor diesem Hintergrund ergeben sich religionsdidaktische und praktisch-theologische Perspektiven in allen Bereichen kirchlicher Bildungsarbeit. *Kristian Fechtner* zeichnet die rhetorischen und ästhetischen Perspektiven von Luthers Predigtverständnis nach und markiert den Überschritt in die aktuelle homiletische Diskussion. Dabei hebt er auf die diskrete Subjektivität der Predigenden und die Predigt als gottesdienstliche Rede ab. *Ulrike Wagner-Rau* liest die poimenischen Beiträge Luthers unter dem Gesichtspunkt, dass sie Seelsorge als spezifisch religiöse Praxis ausweisen, und gibt zu erkennen, wie sein Verständnis von Religiosität, mithin seine Aufmerksamkeit für implizite Erscheinungsformen der Religion, im Blick auf Seelsorge zu entfalten ist. Im Horizont von Luthers Arbeiten fundiert *Tobias Braune-Krickau* die Reflexion über diakonische Praxis religions- wie subjekttheoretisch und verknüpft sie mit dem sozialphilosophischen Diskurs über Anerkennung als Bedingung sozialer Existenz. Dadurch werden Konturen einer ‚Praktischen Theologie der Diakonie' sichtbar.

Die drei abschließenden Beiträge bieten jeweils besondere LESARTEN. *Albrecht Grözinger* liest Henning Luther, der sich selbst deutlich in der liberaltheologischen Tradition verortet hat, dialektisch-theologisch gegen den Strich und spürt Grundmotive der Dialektischen Theologie auf, auf die Luther explizit oder implizit Bezug nimmt. *Christian Bauer* betrachtet Henning Luther aus katholischer Sicht und vermag zu zeigen, wie Luther in evangelisch-lutherischen und römisch-katholischen Diskurskonstellationen des 20. Jahrhunderts zu stehen kommt und warum er innerhalb der katholischen Pastoraltheologie derzeit starke Resonanz findet. Dass man und wie man Luther literarisch lesen kann, zeichnet *Ruth Conrad* in ihrem Beitrag nach. Ihr zufolge bilden Theologie und Literatur – näherhin Biografie, Roman und Poesie – bei ihm ein wechselseitiges

Auslegungsfeld. Praktische Theologie erscheint in dieser Lesart als religiös-theologische Sprachlehre für Schmerz und Sehnsucht.

Zur Orientierung und Vertiefung finden sich im Anhang des Bandes ein akademischer Lebenslauf sowie eine Auswahl der Schriften Henning Luthers. Zwei private Fotos von Ursula Baltz-Otto und Kristian Fechtner sind in das Buch aufgenommen. Herzlich danken wir Jana Mitreuter im Sekretariat und stud. theol. Frederik Ebling für die Unterstützung auf dem Weg zur Veröffentlichung, Jürgen Schneider und Florian Specker vom Kohlhammer Verlag, die das Projekt von Anfang an mit großer Offenheit gefördert haben, sowie den Herausgeberinnen und Herausgebern der Reihe „Praktische Theologie heute“ für die Aufnahme des Bandes.

Mainz, am Pfingstfest 2013 *Kristian Fechtner und Christian Mulia*

I. Grundlinien

Leben als Fragment?

Überlegungen zu einer ästhetischen Leitkategorie in der Praktischen Theologie Henning Luthers*

Andrea Bieler

I. Einleitung

Henning Luther verfasste im Jahre 1985 einen Aufsatz mit dem Titel „*Identität und Fragment. Praktisch-theologische Überlegungen zur Unabschließbarkeit von Bildungsprozessen*"[1], der in der Praktischen ebenso wie in der Systematischen Theologie eine große Resonanz erhielt.[2] Das Motiv des Fragments gehört wohl mit zu den wichtigsten Denkfiguren in Luthers Praktischer Theologie des Subjekts, in der die Frage nach Identität im religiösen Horizont einen zentralen Stellenwert einnimmt. Über Leben als Fragment nachzudenken, war für Luther lebensgeschichtlich ein drängendes Anliegen. Seine Texte sind intellektuell *und*

---

* Ich bedanke mich insbesondere bei Matthias Stracke für intensive Gespräche, inspirierende Impulse und hilfreiche Anfragen.

1 Vgl. Henning Luther: Identität und Fragment. Praktisch-theologische Überlegungen zur Unabschließbarkeit von Bildungsprozessen, in: ThPr 20 (1985), 317–338. Wiederabgedruckt in modifizierter Fassung in: Ders.: Religion und Alltag, 160–182. Diese Fassung wird im Folgenden zitiert.

2 Beispielhaft sei aus der Fülle der Veröffentlichungen erwähnt: Kristian Fechtner: Sich nicht beruhigen lassen. Seelsorge nach Henning Luther, in: Uta Pohl-Patalong / Frank Muchlinsky (Hg.): Seelsorge im Plural, Hamburg 1999, 89–101; Sabine Bobert: Selbsttransformation als Tor zum Heiligen. Zur Praktischen Theologie des Multiplen Selbst und seiner Transformationen in religiös und medial konstruierten Spielräumen, in: Eberhard Hauschildt / Ulrich Schwab (Hg.): Praktische Theologie für das 21. Jahrhundert, Stuttgart 2002, 23–40; Klaus Dörner: Leben als Fragment. Die Politik der Lebensführung vom Anderen her, in: WzM 52 (2000), 128–141; Walter Dietz: Das Ganze und das Fragment. Theologie und Naturwissenschaft im Gespräch, in: Jürgen Audretsch / Klaus Nagoni (Hg.): Das Ganze und das Fragment. Theologie und Naturwissenschaft im Gespräch, Karlsruhe 2004, 48–68; Ermmano Genre: L'identité est dans le fragment. Du ministère pastoral au début du XXI siècle, in: Elian Cuvillier (Hg.): Sola fide. Mélanges offerts à Jean Ansaldi, Genf 2004, 209–222.

emotional ergreifend, er kreiert mit seiner poetisch emphatischen Schreibweise einen Reflexionsraum, in den sich bis heute viele seiner Leserinnen und Leser hineinziehen lassen.

In den folgenden Überlegungen gehe ich der Frage nach, welche Bedeutung dem Motiv des Fragmentes für das zeitgenössische praktisch-theologische Gespräch zukommt. Die These, die ich entfalten möchte, lautet: Henning Luthers Überlegungen zum fragmentierten Leben sind aktueller denn je. Aus der Sozialpsychologie[3] ebenso wie aus ästhetischen Debatten können wir lernen, dass undialektische Ganzheitsvorstellungen obsolet geworden sind. Zugleich bedarf Luthers Theorie einer Vertiefung, die die Vieldimensionalität von Identitätsbildungsprozessen einfängt. Konzepte, die vom multiplen bzw. vom hybriden Selbst ausgehen, eröffnen hier einen weitergehenden Zugang.[4]

Die Dimension des Fragmentarischen stellt meines Erachtens nur einen, wenn auch zentralen Aspekt dar. Daraus ergeben sich zwei Aufgaben: Zum einen gilt es, die theologische Auseinandersetzung mit Phänomenen wie der Verletzlichkeit, der Melancholie und der Sehnsucht, die an das Fragmentarische angelagert sind, weiter zu vertiefen. Zum anderen besteht die Herausforderung für die Praktische Theologie, fragmentarisierte Identitätsprozesse aus der Perspektive der Selbsttätigkeit der Subjekte genauer, sowohl in ihren aktiven als auch in ihren pathischen Dimensionen, wahrzunehmen. Dabei geht es weniger um normierende Zuschreibungen, die in Theorien expliziert werden, als vielmehr um das *Wie* der Identitätsarbeit. Luther ging es in seinen Schriften um grundlegende Ausführungen. Er hat der Analyse von Prozessen kaum Aufmerksamkeit geschenkt. Nehmen wir sein Anliegen auf, eine Praktische Theologie des Subjektes zu erarbeiten, die den Phänomenen des Alltags Raum gibt, so bedarf es weiterer Untersuchungen im Bereich der Biografieforschung, die sich Fragmentaritätserfahrungen und ihrem religiösen Deutungshorizont widmen. Darüber hinaus sollten aber auch ästhetische Projekte in den Blick kommen, in denen Menschen in Ritualen und kulturell politischen Projekten in dem beschriebenen Erfahrungshorizont gestaltend tätig werden. Eine praktisch-theologische Wahrnehmungsschule kann dabei keine desinteressierte Haltung einnehmen, sondern ist der unhintergehbaren Singularität der Subjekte verpflichtet.

II. Das Fragment: Eine ästhetische Kategorie entwicklungspsychologisch gewendet

Ich beginne mit der Rekonstruktion von Luthers Argument, indem ich die Ästhetikdebatte aufgreife, auf die er sich bezieht. In einem zweiten Schritt möchte

---

[3] Vgl. z. B. die Bereiche der Migrations- und der Traumaforschung.

[4] Vgl. zum multiplen Selbst: Bobert (Anm. 2), 226.

ich die theologischen Resonanzen, die die Denkfigur des Fragmentes impliziert, vertiefen. Abschließend werde ich im praktisch-theologischen Interesse auf die Bedeutung der Analyse von Kohärenzprozessen eingehen, die Fragmentarisierungserfahrungen zur Geltung kommen lassen, ohne sie absolut zu setzen.

Henning Luthers Rede vom Leben als Fragment ist inspiriert von einer ästhetischen Debatte der achtziger Jahre, die die Korrelation von Fragment und Totalität auszuloten sucht. Fragment bedeutet u. a. Bruchstück, Überrest, Knochenstück, etwas Abgehacktes, Abgerissenes. In der Ordnung der Diskurse verweist es auf das, was wir nicht vollständig erkennen können; auf das, was hartnäckig Systematisierungsversuche stört; auf bruchstückhafte Erinnerungen, die uns aufschrecken lassen; auf Ereignisse in der Vergangenheit, die die Illusion der wahrgenommenen Linearität von Zeit ad absurdum führen, weil sie uns in der Gegenwart heimsuchen. Fragmente haben das Potenzial, symbolische Ordnungen und die darin liegenden normativen Handlungsanweisungen zu irritieren und zu unterbrechen. In der Kunst, so Jean-Luc Nancy, können Fragmente entweder auf Abgeschlossenes verweisen, indem die Spuren des Abrisses versiegelt werden und so ein abgekapseltes Werk entsteht, oder sie stimulieren ein Rezeptionsereignis, das beunruhigt, verstört und so Öffnungen für neue Wahrnehmung und Erkenntnis schafft.[5] Nancys Überlegungen zum Fragment spiegeln den Diskurs um den Zusammenhang zwischen Werk- und Ereignisästhetik, der sowohl die Unterscheidung als auch die Bezogenheit dieser beiden Dimensionen in der Rezeption von Kunstwerken bedenkt.

Die Meditation der Korrelation von Fragment und Totalität ist ein Grundproblem der Ästhetik;[6] dies gilt sowohl für Theorien, die das Abstoßen des Fragmentes von der Totalität reflektieren als auch für Denkansätze, die sich integrativ situieren. Im Bezug oder im erklärten Nichtbezug auf das Ganze wird das Wesen des Fragments auf je unterschiedliche Weise bestimmt. Drei Weisen der Bezugnahme lassen sich dabei unterscheiden:[7]

---

5 Vgl. den Beitrag in der von Luther rezipierten Aufsatzsammlung: Philippe Lacoue-Labarthe / Jean-Luc Nancy: Noli me frangere, in: Lucien Dällenbach / Christiaan L. Hart Nibbrig (Hg.): Fragment und Totalität, Frankfurt a. M. 1984, 64–76 und später Jean-Luc Nancy: Die Kunst – Ein Fragment, in: Jean-Pierre Dubost (Hg.): Bildstörung. Gedanken zur Ethik einer Wahrnehmung, Leipzig 1994, 170–184.

6 In der modernen Kunst fand die Spannung zwischen Fragmentierungserfahrung und Systemkonstruktion eine vielfache expressive Gestalt. Bazon Brock gibt folgende Beispiele: „Die Collage-Techniken von Kurt Schwitters; die Dekontextuierungen der Ready-mades von Marcel Duchamp; die schöpferischen Destruktionen der Futuristen; die sich selbst vernichtenden Maschinensysteme von Jean Tinguely; die Decollageaktionen von Vostell; die Übermalungen von Arnulf Rainer; die Schlitz- und Bohrtechniken Lucio Fontanas; die Selbstverstümmelungen von Günter Brus; die Modell-Ruinen der Poiriers“ (Bazon Brock: Die Ruine als Form der Vermittlung von Fragment und Totalität, in: Dällenbach / Hart Nibbrig [Anm. 6], 124–140 [124]).

7 Vgl. zum Folgenden Lucien Dällenbach / Christiaan L. Hart Nibbrig: Fragmentarisches Vorwort, in: Dies. (Anm. 5), 7–17.

a) Fragment und Totalität gehören zusammen und können sowohl in induktiver als auch in deduktiver Weise aufeinander bezogen sein: Das Fragment ist bruchlos Teil eines Ganzen, dessen Vollständigkeit nicht angezweifelt wird.

b) Das Fragment ist nicht mehr oder noch nicht Teil des Ganzen, es funktioniert pars pro toto: „Je nachdem, ob das Ganze als verloren oder noch nicht erreicht gedacht wird, erscheint es, unter archäologischer Perspektive, als Rest, Abfall, Schlacke, Krümel, Spur, Ruine, Memorandum oder, unter eschatologischer Perspektive, als Sprungbrett für die Phantasie, als Keim der Zukunft.“[8] Dabei kann die Beziehung auch in der Negation hergestellt werden: Es wird die Schwierigkeit meditiert, „daß das Fragment den Bezug auf ein übergreifendes Ganzes nur aufnehmen kann, indem es ihn durchstreicht, [dies] gibt ihm Stacheln nach außen, die sich dem Leser als Bewußtsein eines Mangels einprägen“.[9]

c) In der letzten Variante wird die Kluft zwischen Fragment und Totalität als unüberbrückbar gesetzt, der Riss ist absolut; dem Fragment wohnt keine Potenz zur Selbsttranszendierung inne, selbst der Weg des Verweises auf ein Ganzes, indem auf dessen Abwesenheit gedeutet wird, ist verschlossen, weder negative Philosophie noch Theologie ergeben einen Sinn. Im Horizont dieser drei Spuren werden ästhetische Debatten über die Bedeutung des Fragmentarischen in der Musik, der Literatur sowie der visuellen Künste geführt.

Henning Luther situiert seine Überlegungen m. E. im Feld der zweiten Option. Theologisch gewendet geht es um das Verstehen fragmentierten Lebens. Im Kreuzestod Jesu wird das fragmenthafte Leben exemplarisch im Horizont Gottes gedeutet. Für Luther verweist insbesondere der Kreuzestod Jesu auf die Fleischwerdung Gottes, der sich selbst vom Fragmentarischen affizieren lässt:

> „Durch die gewaltsame Kreuzigung ist Jesu Leben konstitutiv als fragmentarisches zu sehen. Der Auferstehungsglaube revoziert dies nicht. Im Auferstandenen wird vielmehr der Gekreuzigte geglaubt. Damit ist der üblichen Sicht widersprochen, die die Kreuzigung, die Fragmentarität, als Katastrophe und Sinnlosigkeit interpretiert. Ostern korrigiert nicht Karfreitag, sondern bewahrt ihn, indem es die Sicht auf Karfreitag neu macht.“[10]

Diese theologischen Überlegungen Luthers entfalten sich im Resonanzraum einer Fragment-Theorie in der Spur Nietzsches, in der George Bataille in *L'Expérience intérieure* emphatisch proklamieren kann, dass es das höchste Ziel des Menschen sei, sich nicht mehr als ganzen zu wollen und sich vom Bedürfnis nach Vervollkommnung zu befreien.[11] Auch Bazon Brocks Überlegungen zur

[8] A. a. O., 15.
[9] A. a. O., 9.
[10] Henning Luther: Religion und Alltag, 173.
[11] Vgl. Dällenbach / Hart Nibbrig (Anm. 5), 11.

Bedeutung von Ruinen in der Vermittlung von Fragment und Totalität, Gegenwart und Zukunft, sind in seine Überlegungen eingeflossen:

> „Da sind zum einen Fragmente als Überreste eines zerstörten, aber ehemals Ganzen, der Torso, die Ruine, also die Fragmente aus Vergangenheit. Zum anderen sind da die unvollendet gebliebenen Werke, die ihre endgültige Gestaltungsform nicht - noch nicht - gefunden haben, also die Fragmente aus Zukunft. Fragmente - seien es die Ruinen der Vergangenheit, seien es die Fragmente aus Zukunft - weisen über sich hinaus. Sie leben und wirken in Spannung zu jener Ganzheit, die sie nicht sind und nicht darstellen, auf die hin aber der Betrachter sie zu ergänzen trachtet.“[12]

Die aus der skizzierten ästhetischen Debatte gewonnenen Einsichten lässt Luther in seine kritische Auseinandersetzung mit entwicklungspsychologischen und anthropologischen Theorien zur Ich-Entwicklung und zur Subjektkonstitution einfließen. Henning Luthers Kritik an normativ abgeschlossenen Identitätskonstrukten sowie seine theologischen Skizzen zur Fragmentarität menschlichen Lebens sind aus der skizzierten Ästhetikdebatte gespeist, die um den Zusammenhang von Fragment und Totalität kreist. Er vollzieht in dieser Diskursverschiebung einen wissenschaftstheoretischen Sprung, den er nicht explizit reflektiert. In den achtziger Jahren hatte die Rezeption entwicklungspsychologischer Theorien in der deutschsprachigen Praktischen Theologie insbesondere im Bereich der Religionspädagogik und der Seelsorgetheorie Hochkonjunktur. Entsprechend wurden die Arbeiten von Kohlberg, Piaget und Erikson intensiv diskutiert. Diese Theorien formulieren nach Luthers Auffassung als normative Leitidee und als Zielvorstellung menschlicher Entwicklung Überlegungen zu einer integrierten Persönlichkeitsstruktur, die auf Vollständigkeit und Ganzheit bzw. auf Einheitlichkeit und Kontinuität beruht. Reifung der Person wird dabei letztlich mit Ich-Stärke gleichgesetzt.

Demgegenüber fragt Luther, welche Bedeutung „dem Nicht-ganz-Sein, dem Unvollständig-Bleiben, dem Abgebrochenen – kurz: dem Fragment zukommt.“[13] Im Hinblick auf die Wahrnehmung von Lebensgeschichte konstatiert er:

> „Wir sind immer zugleich auch gleichsam Ruinen unserer Vergangenheit, Fragmente zerbrochener Hoffnungen, zerronnener Lebenschancen, verworfener Möglichkeiten, vertaner und verspielter Chancen. Wir sind Ruinen aufgrund unseres Versagens und unserer Schuld ebenso wie aufgrund zugefügter Verletzungen und erlittener und widerfahrener Verluste.“[14]

Grundsätzlich erkennt Luther an, dass den Theorien zur Identitätsentwicklung, wie sie etwa Piaget, Kohlberg, Erikson oder Mead vorgelegt haben, eine kritische Intention zugrundeliegt. All diese Theorien unterstützen eine Vorstellung von

12 Henning Luther: Religion und Alltag, 167.
13 A. a. O., 161.
14 A. a. O., 168.

Subjektorientierung, in der die Einzelnen nicht einfach als Produkte kultureller Prägung gesehen, sondern in der selbsttätigen Aneignung von Wertorientierungen und Bedürfnisdispositionen wahrgenommen werden. Darüber hinaus betonen diese Entwicklungstheorien den Prozesscharakter von Identitätsbildung, in dem das „Hineinwachsen in die vorgegebenen Umwelten immer begleitet ist von aufeinander aufbauenden Formen der Ich-Abgrenzung."[15]

So war beispielsweise dem Psychoanalytiker Erik H. Erikson daran gelegen, den klassischen Deutungsrahmen der Psychoanalyse um die psychohistorische Perspektive zu erweitern. Die Betrachtung der Lebensgeschichte eines Menschen von der frühkindlichen Phase bis zum reifen Erwachsenenalter fokussierte Erikson auf die Ausbildung der Ich-Identität. In seinem Stufenmodell der psychosozialen Entwicklung stellte er acht Phasen vor, in denen sich die Ich-Identität in dynamischen, konfliktiven Prozessen ausbildet. Er identifiziert im Widerstreit liegende Impulse, denen sich die Einzelnen stellen müssen, um zur nächsten Stufe zu gelangen: Vom ersten Lebensjahr an, in dem es um die Ausbildung eines Urvertrauens geht, kann auch die Saat für fundamentales Misstrauen gelegt werden; im reifen Erwachsenenalter besteht der Konflikt zwischen Integrität und Verzweiflung. Integrität bildet sich aus, wenn Menschen ihre Lebensgeschichte auch in ihren Schattenseiten annehmen können und sich bewusst mit der Endlichkeit ihres Lebens auseinandersetzen; Verzweiflung und Lebensangst entstehen, wenn das Faktum des Todes geleugnet wird. Der Höhepunkt menschlicher Reifung besteht in einer Art Weisheit, in der die Furcht vor dem Tod überwunden ist und die Gesamtschau auf die Lebensgeschichte harmonisch wird.[16]

Henning Luther kritisiert diejenigen Tendenzen des Erikson'schen Modells und ihrer Rezeption, in denen das Identitätskonzept nicht mehr kritisch, sondern normativ gelesen wird. Dies geschieht spätestens dann, wenn ein Zustand erreichbarer Identität als Zielvorstellung formuliert wird und die Kohärenz zwischen Außen- und Selbstwahrnehmung im Hinblick auf die Einheitlichkeit und Kontinuität in der Persönlichkeitsentwicklung propagiert wird.

In ähnlicher Weise fällt seine Kritik am Symbolischen Interaktionismus George H. Meads aus. Der Sozialpsychologe Mead geht davon aus, dass Identitätsentwicklung im Spannungsfeld zwischen dem Me/Selbst und dem I/Ich geschieht. Die aufgebaute Spannung zwischen dem Selbst, das aufgrund externer Anrufungen entsteht, und dem Ich, das diese externen Anforderungen verarbeiten muss, soll in einem Vermittlungsprozess gelöst werden, der auf den Aufbau der sogenannten vollständigen Identität zielt.

In seinem Aufsatz „*Tod und Praxis*" fokussiert Luther seine Kritik auf Entwicklungsschemata, die den Sterbe- und Trauerprozess feinsäuberlich in Phasen einteilen und wiederum durch die Denkfigur der Integration zu kontrol-

15 A. a. O., 162.

16 Vgl. Erik H. Erikson: Identität und Lebenszyklus (1959), Frankfurt a. M. 1973, 55–122.

lieren versuchen.[17] Dementgegen hält er fest: Das Faktum der Sterblichkeit und des Todes bestimmt jegliches Leben in grundlegender Weise als Fragment. Sich mit dem Tod – insbesondere dem Tod des Anderen zu konfrontieren, fordert Protest heraus, im Licht des Glaubens an die Auferstehung müssen wir Protestleute gegen den Tod sein; es gilt, den Tod, der immer zur Unzeit kommt, nicht schönzureden, um ihn zu wissen, aber ihn nicht zu wollen.

Für Luther beruhen die benannten Vorstellungen von Integration, Persönlichkeitsreife, Ich-Stärke und damit verbunden von Ganzheit auf einem unrealistischen Menschenbild, das einer grundlegenden theologischen Kritik unterzogen werden muss. Er spricht sich entschieden gegen die theologische Überhöhung der beschriebenen Entwicklungstheorien aus, wenn etwa behauptet wird, der Glaube sei Vermittlungsinstanz auf dem Weg zur reifen Persönlichkeit. Seine grundlegende These lautet:

> „Das eigentümlich Christliche scheint mir nun darin zu liegen, davor zu bewahren, die prinzipielle Fragmentarität von Ich-Identität zu leugnen oder zu verdrängen. Glauben hieße dann, als Fragment zu leben und leben zu können."[18]

Dementsprechend definiert Luther Sünde „als das Aus-Sein auf vollständige und dauerhafte Ich-Identität, das die Bedingungen von Fragmentarität nicht zu akzeptieren bereit ist."[19] Allmachtsphantasien, wie Gott sein wollen, ganz sein wollen als Streben nach Perfektion, all diese Impulse verwischen die Unterscheidung zwischen Gott und Mensch, Geschöpf und Schöpfer. Die Negierung dieser Differenz ebenso wie die Negierung des Gegebenseins des Lebens, das im Beschenktwerden als Gnadenerfahrung sichtbar wird, sind nach Luther Ausdrucksformen der Sünde.

III. Vertiefung der theologischen Resonanzen

1. *Heilsame Fragmentierung*

Darüber hinaus können in theologischem Interesse weitere Formen der Fragmentierung beschrieben werden. M. E. lassen sich die Ausführungen des Paulus in Röm 7 in diesem Kontext lesen. Der Apostel reflektiert im Römerbrief die

---

[17] Luther bezieht sich insbesondere auf die Rezeption der Arbeiten von Elisabeth Kübler-Ross: „Phasenmodelle erklären, wie das funktioniert – das richtige Sterben. Gebrauchsanweisungen geben den Profis der Sterbebegleitung, den Ärzten, den Schwestern, den Pfarrern Tips, damit sie nichts falsch machen. Tips, die dann jeder für auch für sich – do it yourself ? – erlernen kann. ‚Orthothanasie' – Vorschläge für den therapeutisch gesicherten Abgang aus dem Leben" (Henning Luther, Tod und Praxis, 407–426 [408]).

[18] Henning Luther: Religion und Alltag, 172.

[19] Ebd.

Totalität der Herrschaft der Sünde als destruktive Fragmentierung, die das mit sich selbst identische Ich als Illusion entlarvt. Das Ich, dem Paulus eine Stimme gibt, ist gerade nicht die integrierte Persönlichkeit, die Willen, Handeln und Handlungseffekt in einen kohärenten Zusammenhang zu bringen vermag. Vielmehr inszeniert der Mensch immer wieder die Dissonanz zwischen Willen und Handeln: Das Gute, das ich tun will, erreiche ich nicht. Meine Handlungen produzieren den gegenteiligen Effekt von dem, was ich intendiert hatte. Paulus beschreibt das fragmentierte Ich als eine Person, die nicht mehr sich selbst gehört, die nicht mehr selbst handelt, sondern aus der heraus es handelt, denn die Sünde wohnt in ihr (Röm 7,17.20). Er schildert diese Erfahrungen von Dissoziation als existentiale Erfahrung, die im Kontext des Imperium Romanum ihre konkrete Gestalt gewinnt. Diese Erfahrung des Auseinanderfallens von Intention, Handlung und Handlungseffekt ist eine Grunderfahrung, die auch gegenwärtig in ganz unterschiedlichen Interaktionsräumen auf die Tragik des Fragmentarischen verweist. Dies kann beispielsweise in intimen Beziehungen wahrgenommen werden, in denen diejenigen, die sich innig lieben, sich dennoch nicht verstehen und Handlungsweisen gegenseitig nicht nachvollziehen können. Die beschriebene Dissoziation prägt vielerorts auch die interkulturelle Kommunikation. Ein klassisches Beispiel ist der sublime Rassismus in den USA, der den alltäglichen Austausch von Menschen unterschiedlicher ethnischer Herkunft durchzieht. Hier erleben wohlmeinende ‚weiße' Menschen immer wieder, dass ihre Handlungen entgegen der eigenen Intention rassistische Konnotationen erhalten, verletzend wirken und Ausschlüsse produzieren.

Erlösung von dieser von der Fragmentierung terrorisierten Existenz geschieht für Paulus durch Christus. Zu Christus zu gehören und zu glauben bedeutet immer auch Ausrichtung am Nichtidentischen. Nicht ich bin's, sondern Christus wohnt in mir.[20] In der Taufe werden die Einzelnen in den Leib Christi hineingenommen, eine exzentrische Identität wird im Taufritus gestiftet, die in der Liturgietradition in Gesten des Weggebens, der Nacktheit und des Eintauchens als Verlust alter Identitätskonstruktionen dramatisiert wird.[21]

Michael Moxter merkt in ähnlicher Weise an:

> „Gegenüber Individualitätsbegriffen, die mit Identität, Selbsthabe und freier Verfügung über sich verbunden sind, entsteht im Horizont des Rechtfertigungsglaubens ein anderes Bild. In problematischer Abkürzung kann man sagen: Wie zum Menschen stets schon die Differenz von idem- und ipse-Identität gehört, so wird er im Verhält-

[20] Vgl. hierzu auch Hans-Martin Gutmann: Ich bin's nicht: Die Praktische Theologie vor der Frage nach dem Subjekt des Glaubens, Wuppertal 1999.

[21] Vgl. hierzu meine Interpretation von Beispielen aus der Liturgiegeschichte: A Susceptible Practice. Performing Baptismal Identity, in: Tat-siong Benny Liew (Hg.): Reading Ideologies. Essays on the Bible and Interpretation in Honor of May Ann Tolbert, Sheffield 2011, 332–347.

> nis zu dem ihn rechtfertigenden Gott sich selbst ein Anderer. Im Glauben lernt er sich anders kennen, als er ist."[22]

Das Zeugnis des glaubenden Subjektes, dass Christus in ihm lebe, verweist auf eine heilsame Entfremdung vom fragmentierten Ich.[23] Diese Beschreibung von Identität basiert auf einem Differenzwissen, das diese Alteritätserfahrung als konstitutiv setzt. Rechtfertigungstheologisch ist das Ich immer auf den Anderen, auf Christus bezogen. In diesem Sinne kann keine abschließbare, selbstgenügsame Konstitution des Ich postuliert werden.

Dieses Differenzwissen ist auch in die Grundstruktur einer evangelischen Rechtfertigungstheologie eingeschrieben, die auf der Vorstellung des simul iustus et peccator basiert. Diese einander widerstrebenden Bestimmungen glaubender Subjektivität werden von ein und derselben Person zu ein und demselben Zeitpunkt ausgesagt. Die Erfahrung des fragmentierten Selbst wird unterbrochen durch den Zuspruch der Rechtfertigung, ohne völlig aufgelöst oder zum Verschwinden gebracht zu werden. Das Rechtfertigungsgeschehen kann so als heilsame Selbstentfremdung oder vielleicht auch als heilsame Fragmentierung verstanden werden.

Diese Überlegung sollte jedoch nicht zu einer theologischen Klischeebildung verführen, die zu einer Stilllegung der Fragmentarität führen könnte. Henning Luther verweist gegen diese Stilllegung immer wieder darauf hin, dass die Vorstellung vom Leben als Fragment sich im Spannungsfeld von Schmerz und Sehnsucht entfaltet. Der Schmerz, den die Fragmentarität hervorbringt, bezieht sich auf die Vergangenheit, die immer auch als Verlustgeschichte qualifiziert ist, auf die gewaltvollen Erfahrungen, die mit der Beschädigung des Lebens einhergehen, sowie auf das Faktum des Todes.

2. *Gott: Alles in allem – eschatologische Imaginationen jenseits des Ganzheitsterrors*

Die Sehnsucht verweist auf die Potenzialität, die mit der Bruchstückhaftigkeit des Lebens einhergeht, auf die unrealisierten Möglichkeiten, die unvollendete Projekte und nicht gelebtes Leben in sich bergen. In der Sehnsucht ist das Wissen um unsere Angewiesenheit auf Vollendung zum Ganzen, die noch nicht geschehen ist, aufgehoben. Der Begriff des Fragmentes ist für Luther eingespannt in diese dynamische Dialektik, die den Schmerz und die Sehnsucht als verschwis-

---

22 Michael Moxter: Rechtfertigung und Anerkennung. Zur kulturellen Bedeutung der Unterscheidung von Person und Werk, in: Hans-Martin Dober / Dagmar Mensink (Hg.): Die Lehre von der Rechtfertigung des Gottlosen im kulturellen Kontext der Gegenwart. Beiträge im Horizont des christlich-jüdischen Gesprächs, Stuttgart 2002, 20–42 (41).

23 Vgl. ebd.

terte Ausdrucksformen unvollendeter Lebensgeschichte betrachtet. Das Thema der Sehnsucht berührt die Lehre von den letzten Dingen. In eschatologischer Perspektive ist für Henning Luther die prinzipielle Fragmentarität menschlicher Existenz eine dynamische Vorstellung:

> „Das Wesen des Fragments wird nicht als endgültige Zerstörtheit oder Unfertigkeit verstanden, sondern als über sich hinausweisender Vorschein der Vollendung. In ihm verbindet sich der Schmerz immer zugleich mit der Sehnsucht. Im Fragment ist die Ganzheit gerade als abwesende auch anwesend. Darum ist es immer auch Verkörperung von Hoffnung."[24]

Hierin liegt das Potenzial zur Selbsttranszendierung des Subjektes.

Henning Luther praktiziert in seinen Schriften eine gewisse Abstinenz im Hinblick auf die Frage, wie denn das Korrelativ zum Fragment weiter bestimmt werden könnte. Er will nicht in die Falle verfehlter Totalitätskonzepte, abstrakter Utopien und eines religiösen Heilsegoismus tappen. Er legt den Schwerpunkt ganz auf das Verstehen des Fragmentarischen. Auf diese Weise macht er den kreuzestheologischen Zugang stark. Trotzdem denke ich, ist es hilfreich, die biblischen Traditionen näher zu betrachten, die den Horizont der „Ganzheit" in unterschiedlicher Weise einspielen. In der Bibel werden Bilder der Ganzheit in Begriffe gefasst, die dynamischen, relationalen Charakter haben, wenn von Gott gesagt wird, er sei alles in allem. 1 Kor 15,27 beschreibt Gottes Präsenz in ihrer Bezogenheit auf den Kosmos, nachdem die Realität der Auferstehung machtvoll durchgesetzt und das Ende aller Feindschaft besiegelt ist. Während Paulus in 1 Kor 15,20ff. noch Metaphern des Kampfes und der Herrschaft benutzt – alles ist ihm *unter* die Füße gelegt, endet er mit einem Bild, das Verwobensein ausdrückt: alles in allem.[25] Wenn an anderer Stelle von der Fülle Gottes oder dem Überfließen der Gnade gesprochen wird, dann geht es um eine mystische Maßlosigkeit, um eine göttliche Beziehungsmächtigkeit, die nichts auslässt, in der nichts verloren geht und nichts vergessen wird.

3. *Die Einwendung Gottes und die certitudo*

Darüber hinaus möchte ich im Hinblick auf das Gewahrwerden der Sehnsucht als einer unruhigen Hoffnung, die um das Unabgegoltene des Lebens weiß, einen ergänzenden Akzent setzen. Im Gewahrwerden der vielschichtigen Abwesenheiten, die wir zu (er)tragen haben, insbesondere im Gewahrwerden des abwesenden Gottes kann die Einwendung Gottes geschehen, als Hineinwenden göttlicher

---

[24] Henning Luther: Religion und Alltag, 175.

[25] Vgl. hierzu auch Claudia Janssen: Anders ist die Schönheit der Körper. Paulus und die Auferstehung in 1 Kor 15, Gütersloh 2005, 89–91.

Präsenz in die Klage, den Protest gegen den Tod.[26] Diese Einwendung Gottes hinterlässt aber nicht nur im Protest gegen den Tod, sondern auch in der Melancholie ihre Spuren in Form einer Aufmerksamkeit, die für die Präsenz der Toten, für das Verlorene und Unabgegoltene rituelle Gestaltungen sucht und sich bewusst in Beziehung zur Absenzerfahrung setzt. Der Ewigkeitssonntag beispielsweise kann in diesem Lichte gedeutet werden. So gilt es wohl mit Luther zu sagen, dass die Toten tot sind und nichts daran schön zu reden ist. Die Auferstehungshoffnung wird dann zum billigen Trost, wenn sie in der Form eines Heilsegoismus verkündigt wird, der den Tod der Anderen außer Acht lässt.[27] Luther unterstreicht in diesem Sinne den Glauben an die Auferstehung als Protest gegen den Tod, der sich falschen Vertröstungen entzieht. Zugleich scheint m. E. in der Bezugnahme auf die Toten und auf das Unabgegoltene in der Geschichte die Möglichkeit auf, das Pathische und die Begrenzungen unserer Existenz in tröstlicher Weise zur Sprache zu bringen, die sich nicht nur in der Form des Protestes ausdrückt. Es gibt einen Umgang mit Absenzerfahrungen, der den Zwischenraum zwischen Ergebung und Widerstand beschreitet und weder auf den einen noch auf den anderen Pol festgelegt werden kann.

Im Hinblick auf die ästhetisch-rituellen Dimensionen können wir sagen, dass Gott selbst von der beschriebenen Melancholie affiziert wird, wenn Menschen zu ihm beten. In der christlichen Gebetstradition wird in den Fürbitten auf das Gedächtnis Gottes verwiesen; Gott möge sich an die Märtyrer erinnern, die Heiligen, die Kranken, an die, die im Gefängnis sitzen, und an die, die eines unzeitigen oder gewaltsamen Tod gestorben sind.[28] Diese Gebete drücken die Hoffnung aus, dass Gottes Gedächtnis alles und alle umfängt. Alles, was wir nicht erinnern können oder wollen, was in unseren Genealogien der Nichtung preisgegeben ist, das, was in Schamgefühle gehüllt und nicht ausgesprochen werden kann, findet in Gottes Gedächtnis einen Resonanzraum. In diesem Sinne birgt der Glaube, der sich als Sehnsucht ausdrückt, einen Trost, der zwar keine *securitas* kennt, wohl aber eine *certitudo* in der Bezogenheit auf das Gedächtnis Gottes.[29]

---

26 Die Metapher der Einwendung Gottes übernehme ich von Joachim von Soosten, die er in seiner Vorlesung über die *Theologie der Zeit* im Wintersemester 2012/13 an der Kirchlichen Hochschule in Wuppertal entfaltet hat.

27 Auf das Verdrängen des Todes des Anderen hat Judith Butler in den vergangenen Jahren in Bezug auf die Kriege im Irak und in Afghanistan immer wieder aufmerksam gemacht. Für sie beginnt die Grundlegung politischer Philosophie mit der Frage: What makes for a grievable life? Was bedarf es, dass Leben als wert erachtet wird, betrauert zu werden? Vgl. Judith Butler: Precarious Life. The Powers of Mourning and Violence, London / New York 2006, 20.

28 Vgl. hierzu weiter Don E. Saliers: Worship as Theology. Foretaste of Glory Divine, Nashville 1994, 126–138.

29 Für die Rehabilitierung des Trostes spricht sich in ähnlicher Weise auch Henk van der Meulen aus: „Geloof is niet allen onrust brengend. Het biedt inderdaad geen *securitas*, maar kent wel *certitudo* omdat het vertrouwt op wat God heeft beloofd. Zo is ook niet alle troost leugenachtige vertroosting. Er is ook ware troost die solidair is en houvast geeft. Troost kenmerkt het handelen van God, van de Geest, en behoort ook tot een van de grondfuncties van pastoraat“ (Henk van

IV. Fragmentarisierte Identitätsprozesse wahrnehmen

Meines Erachtens ist es angebracht, hier Luthers einseitigen Fokus zu kritisieren, um anderen Menschen nicht bevormundend gegenüberzutreten. Das Fragmentarische wahrzunehmen und Protestleute gegen den Tod zu werden, kann nicht alles sein. Es geht darum zu verstehen, wie Menschen die in ihrem Leben umherschwirrenden Fragmente in vielgestaltigen, vielleicht auch widersprüchlichen Weisen miteinander in Beziehung setzen. Ich stimme mit Heiner Keupp überein, der festhält, dass die Analyse von Kohärenzprozessen, in denen das fragmentierte Individuum sowohl auf der Sinn- als auch auf der Bewältigungsebene zu sich kommt und sich vergesellschaftet, eine zentrale Aufgabe der Identitätsforschung ist. Die Frage nach den Kohärenzprozessen muss dabei von den vielgestaltigen Fragmentierungsrealitäten ausgehen und gerade nicht einfach nach der inneren Einheit bzw. der Sinnlogik geschlossener Erzählungen suchen. „Kohärenz kann für Subjekte auch eine offene Struktur haben, in der – zumindest in der Wahrnehmung anderer – Kontingenz, Diffusion im Sinne der Verweigerung von commitment, Offenhalten von Optionen, eine idiosynkratische Anarchie und die Verknüpfung scheinbar widersprüchlicher Elemente sein dürfen."[30] In dieser Komplexität ist der Kohärenzbegriff hilfreich, er kann nicht nur für die Forschung, sondern auch für die Seelsorgepraxis und die Gottesdienstgestaltung eine Wahrnehmungshilfe darstellen.

Ein Beispiel: In den vergangenen Jahren hatte ich die Gelegenheit, gemeinsam mit der Liturgiewissenschaftlerin Sharon Fennema in San Francisco Menschen zu interviewen, die in Gemeinden inmitten der AIDS-Krise der achtziger Jahre des vergangenen Jahrhunderts lebten. Unsere Frage war, inwiefern Gottesdienste in dieser Zeit eine Ressource darstellten, in der die dramatische Erfahrung des Todes, der zur Unzeit kommt, rituell zur Sprache gebracht werden konnte. Dabei haben wir festgestellt, dass beispielsweise im Hinblick auf den Gemeindegesang eine vielgestaltige Rezeption von Traditionen und Innovationen zum Tragen kam, in der das gesamte Spektrum vom leidenschaftlichen Protest gegen den Tod bis hin zu den regressiven Todeswünschen ausgedrückt wurde. Ein breites Musikrepertoire fand seinen Ort in diesen Gottesdiensten, das von dem in jenen Jahren komponierten Choral „*We are the Church Alive*" bis hin zu Thomas Dor-

---

der Meulen: Pastoraat als ‚andere Levenshulp'. Henning Luthers bijdrage aan de pastorale theologie, in: Nederlands theologisch tijdschrift 65 [2011], 212–226 [226]).

30 Heiner Keupp: Fragmente oder Einheit? Wie heute Identität geschaffen wird, in: www.ipp-muenchen.de/texte/fragmente_oder_einheit.pdf (Abruf: 15.04.2013). In eine ähnliche Richtung verweist auch die Kritik von Sabine Bobert: „Mir geht es jedoch gegenüber Luther stärker um das Zulassen der Frage nach den Kohärenzprinzipien des Selbst, um das möglich werdende Spiel mit Teilidentitäten und schließlich um eine Entlastung der Religion von *totalen* Identitätsfunktionen (das Selbst entweder noch weiter zu erschüttern oder zum Trägerprinzip für die Fragmente zu werden)" (Bobert [Anm. 2], 24).

seys berühmtem Gospelsong *„Precious Lord, Take my Hand"* reichte.[31] Welche Musik ausgewählt wurde, wie diese Musik Stimmungen in der Gemeinde verstärkte bzw. einen Kontrapunkt setzte und welche Gottes- und Selbstbilder sie evozierte – all dies verweist auf kollektive ästhetische Kohärenzstrategien im Feld des Gottesdienstes, die die Menschen darin unterstützten, inmitten der fragilen sozialen Zusammenhänge weiterzuleben.

31 Vgl. hierzu Andrea Bieler: Dem Tod ins Gesicht singen. Eschatologische Imagination und Gemeindegesang, in: Marion Keuchen / Helga Kuhlmann / Martin Leutzsch (Hg.): Musik in Religion – Religion in Musik, Jena 2013, 41–48.

Kritische Theorie – Politästhetik – Kunst für alle

Eine Relektüre des praktisch-theologischen Ansatzes Henning Luthers

Harald Schroeter-Wittke

Die ästhetische Wende hat sich seit den 1980er Jahren in der Praktischen Theologie ebenso etabliert wie in der Religionspädagogik. Sie ist Common Sense geworden – glücklicherweise. Und sie hat die Theologie insgesamt beeinflusst. Es gibt kaum ein Thema der zeitgenössischen Theologie, welches nicht durch die ästhetische Wendung innerhalb der Praktischen Theologie beeinflusst worden wäre. Das gilt für Fragestellungen in der Exegese und Kirchengeschichte ebenso wie für systematisch-theologische Fragen z. B. angesichts einer multireligiösen Situation in öffentlichen Bildungsprozessen, mit denen es die Religionspädagogik seit Jahrzehnten zu tun hat. Damit haben sich Praktische Theologie und Religionspädagogik zur Grundlagen- und Leitwissenschaft der Theologie insgesamt entwickelt, was sachgerecht ist, wenn man weiterhin der Einsicht Glauben schenkt: Vera theologia est practica (WA TR Bd. 1, Nr. 153); oder wie David Hollaz es für die altlutherische Orthodoxie formulierte: „Theologia est sapientia eminens practica."[1]

Die Praktische Theologie, die grundlegend und darin stellvertretend für die Theologie insgesamt auf ihre Weise das Theorie-Praxis-Verhältnis bearbeitet, reflektiert so eine Grundfrage der protestantischen Kirchen ebenso wie die Grundlagen von individuellen Frömmigkeiten und zivilreligiösen Phänomenen, indem sie die undurchsichtige Gemengelage von Glauben als Wahrnehmen und Handeln kritisch aufzuklären versucht.

Angesichts der gegenwärtigen Herausforderungen globalen Ausmaßes mit regionalen Auswirkungen[2] stellt sich jedoch verstärkt die Frage, ob und wie diese ästhetische Wendung den zeitgenössischen Herausforderungen praktisch-theologisch gerecht zu werden vermag. Henning Luther gehört zu den Praktischen Theologen, die die ästhetische Wendung kräftig mitinszeniert und dabei von Beginn an Ästhetik und Ethik immer zusammengedacht haben. Von der Kritischen Theorie herkommend entwirft Luther in den 1970er Jahren Ansätze einer Praktischen Theologie als Politästhetik, die er in den 1980er Jahren dann zu einer

---

1 David Hollaz: Examen theologicum acroamaticum, Leipzig 1707, pro cap I. q. 1.

2 Vgl. Eberhard Hauschildt: Die Globalisierung und Regionalisierung der Praktischen Theologie. Beschreibung und Plädoyer, in: PrTh 29 (1994), 175–193.

Praktischen Theologie als Kunst für alle transformiert. In all diesen Erwägungen ist ihm die unhintergehbare Zusammengehörigkeit von Ästhetik und Ethik ein zentrales Anliegen.[3]

I. Praktische Theologie als Kritische Theorie[4]

Kommunikationszerstörung – mit diesem Titel seiner ersten Publikation setzt der 24-jährige Luther ein Ausrufezeichen. Er publiziert diesen Aufsatz 1971 in der von seinem Lehrer Gert Otto (1927–2005)[5] 1966 maßgeblich mitbegründeten Zeitschrift Theologia Practica.[6] Gert Otto hat wie kein anderer wissenschaftlicher Theologe seiner Zeit den wissenschaftlichen Austausch mit seinen Schülern gepflegt und für das Verständnis seiner Praktischen Theologie fruchtbar gemacht. Zu erwähnen sind hier vor allem Bernd Päschke (1931–2012), Jürgen Lott (* 1943), Hans Joachim Dörger (1943–1988), Henning Luther (1947–1991), Albrecht Grözinger (* 1949) und Ursula Baltz-Otto (* 1949). Die Mainzer Otto-Schule vereint die Herkunft von der Kritischen Theorie gepaart mit einem großen Interesse an ästhetischen Fragen. Beide Phänomene sind u. a. in Ottos Biographie verankert: Sein Zwillingsbruder Gunter Otto (1927–1999)[7] gehörte zu den führenden Kunstdidaktikern der BRD.

1970 publizierte Gert Otto erstmals seine Formel: „Praktische Theologie ist kritische Theorie religiös vermittelter Praxis in der Gesellschaft".[8] Diese Formel

---

[3] Vgl. dazu aus jüngerer Zeit Thomas Schlag / Thomas Klie / Ralph Kunz (Hg.): Ästhetik und Ethik. Die öffentliche Bedeutung der Praktischen Theologie, Zürich 2007, in dem Henning Luther allerdings keine Rolle spielt.

[4] Vgl. dazu auch die im Wintersemester 1991/1992 in Neuendettelsau angenommene, von Richard Riess betreute Dissertation von Andreas von Heyl: Praktische Theologie und Kritische Theorie. Impulse für eine praktisch-theologische Theoriebildung, Stuttgart u. a. 1994, die Henning Luthers Anteil an dieser Theoriebildung jedoch verschweigt.

[5] Vgl. „Zum Gedenken an Gert Otto", in: PrTh 42 (2007), 3–58.

[6] Die Gründung der Zeitschrift „Theologia Practica" ist sichtbares Zeichen einer sich wandelnden Praktischen Theologie. Mitherausgeber sind Hans-Dieter Bastian, Walter Bernet, Gerhard Krause, Manfred Mezger, Walter Neidhart, Dietrich Rössler, Hans Jürgen Schultz und Hans Stock. Diese Generation Praktischer Theologen hat ihre erste Bilanz als ökumenisches Projekt in einem Sammelband gezogen, in dem auch Gert Otto seine neue Formel präsentiert: Praktische Theologie als Kritische Theorie religiös vermittelter Praxis. Thesen zum Verständnis einer Formel, in: Ferdinand Klostermann / Rolf Zerfaß (Hg.): Praktische Theologie heute, München 1974, 195–205.

[7] Vgl. Wolfgang Legler: Gunter Otto – Begründung und Ende einer Kunstdidaktik. Vorlesung in der Reihe „Kunstpädagogische Positionen" am 15.4.2002: http://home.arcor.de/nneuss/legler.pdf (Abruf: 12.11.2012).

[8] Gert Otto: Zur gegenwärtigen Diskussion in der Praktischen Theologie. Thesen und Texte als Rahmen und Orientierung, in: Ders. (Hg.): Praktisch-theologisches Handbuch, Hamburg 1970, 9–24 (23). Schon in der überarbeiteten 2. Auflage dieses Handbuchs von 1975 lautet der grundlegende Artikel Ottos programmatisch „Praktische Theologie als kritische Theorie religiös vermittelter Praxis in der Gesellschaft. Zur Einleitung und Standortbestimmung", 9–31. Darin dankt

wird das Profil seiner Praktischen Theologie auch in den folgenden Jahren bestimmen und mündet schließlich in seine wegweisende Grundlegung der Praktischen Theologie.[9] Sie fokussiert, was damals in der Luft lag, nämlich eine breite Rezeption der Kritischen Theorie, repräsentiert vor allem durch Herbert Marcuse, Max Horkheimer, Theodor W. Adorno und Jürgen Habermas. Dass es sich um eine breit wahrgenommene Strömung innerhalb der jungen Praktischen Theologen handelte, zeigt z. B. Henning Schröers Forschungsbericht „Inventur der Praktischen Theologie", in dem er Praktische Theologie als moderne Handlungswissenschaft konstituiert, die empirisch arbeitet, so dass Praxis als Basis der Theorie zur Geltung kommt, von der zugleich aber auch gilt: „Heutzutage ist keiner mehr imstande, das Gebiet der Praktischen Theologie ausreichend bis ins Detail zu überblicken."[10] Die Praktische Theologie befindet sich in dieser Zeit in einem großen Selbstklärungsprozess, der ihre gesamte Geschichte als moderne Wissenschaft neu aufrollt und an verschiedenen Ecken und Enden die überkommene Praktische Theologie kritisch in Frage stellt.[11]

Der junge Henning Luther führt diese Diskussion radikal und weitsichtig fort. Seine erste Publikation trägt den provozierenden Titel „Kommunikationszerstörung"[12] und stellt ebenso eine Inventur der Praktischen Theologie dar, jedoch mit weitgehend ernüchterndem Ergebnis. Sein Artikel atmet den Geist der Unheilsankündigung, wie sie zeitgleich in der Exegese als Proprium biblischer Prophetie entdeckt wurde.[13] Luther geht es um den Aufweis einer gesellschaftlichen Struktur, die die Kirche unwiderruflich bis in ihr Proprium hinein prägt. Kirche wird so nicht als ein Gegenüber zur Gesellschaft begriffen, sondern als eine durch und durch gesellschaftliche Größe. Schon der erste Satz

---

Otto für die Diskussionen in seinem Mainzer Arbeitskreis mit Hans Joachim Dörger, Jürgen Lott, Henning Luther, Peter Sauer und Hans-Jürgen Schmutzler.

9 Gert Otto: Grundlegung der Praktischen Theologie, München 1986, bes. 15–80.

10 Henning Schröer: Inventur der Praktischen Theologie. Zur heutigen Forschungs- und Studienlage (DtPfrBl 1969); wieder abgedruckt in: Gerhard Krause (Hg.): Praktische Theologie. Texte zum Werden und Selbstverständnis der praktischen Disziplin der evangelischen Theologie, Darmstadt 1972, 445–459 (446f.).

11 Dafür steht z. B. der kritische Bericht zur Geschichte der Praktischen Theologie von Gerhard Krause: Hat die Praktische Theologie wirklich die Konkurrenz der Pastoraltheologie überwunden?, in: ThLZ 95 (1970), 721–732. Später widmeten sich mehrere Qualifikationsschriften intensiv dieser Aufarbeitung, auf katholischer Seite zunächst Norbert Mette: Theorie der Praxis. Wissenschaftsgeschichtliche und methodologische Untersuchungen zur Theorie-Praxis-Problematik innerhalb der praktischen Theologie, Düsseldorf 1978. Auf evangelischer Seite erschien zunächst Botho Ahlers: Die Unterscheidung von Theologie und Religion. Ein Beitrag zur Vorgeschichte der Praktischen Theologie im 18. Jahrhundert, Gütersloh 1980; sodann das Opus magnum von Volker Drehsen: Neuzeitliche Konstitutionsbedingungen der Praktischen Theologie. Aspekte der theologischen Wende zur sozialkulturellen Lebenswelt christlicher Religion. 2 Bde., Gütersloh 1988.

12 Henning Luther: Kommunikationszerstörung, 297–315; im Folgenden finden sich die Seitennachweise im Text.

13 Vgl. z. B. Werner H. Schmidt: Zukunftsgewißheit und Gegenwartskritik. Grundzüge prophetischer Verkündigung, Neukirchen-Vluyn 1973.

seines Artikels enthält daher eine Kampfansage an eine Und-Theologie, die sich immer schon um das bringt, worauf es ankommt: „Kirche und Gesellschaft zusammenzudenken, ist auf dem Hintergrund der jüngeren theologischen Diskussion zur modischen Banalität geworden" (297). Wird dieses „und" nämlich als Gegenüber und nicht als unauflösliches Ineinander verstanden, wie dies weithin kirchlicher Usus ist, so ist eine kritische Praktische Theologie schon im Ansatz vertan. Luthers Ansatz beruht zunächst auf einer kritischen Wahrnehmung von Gesellschaft und Öffentlichkeit, an denen „Kirche immer schon Teil hat" (298). Dabei wirft er der Kirche vor, dass sie die im 19. Jh. „öffentlich gewordene Kritik an Religion und Kirche [...] bis heute konsequent verdrängt, dies freilich um den Preis der eigenen Identität und der äußeren Glaubwürdigkeit" (298f.). Er wehrt sich gegen ein Verständnis von „posthistoire", welches die „historisch-kritische Dimension der Veränderbarkeit" nicht mehr wahrnimmt, so dass Gesellschaft „nur noch unter Kategorien des Funktionierens seiner Teile und des Systemzwangs" (299) begriffen wird. Vor diesem Hintergrund geht er mit bestimmten kirchenreformerischen Bemühungen seiner Zeit hart ins Gericht:

> „Die verblüffend offenen Konzepte einer technokratischen Kirchenreform[14] verstehen Kirche analog zu anderen gesellschaftlichen Systemen der Konflikt- und Krisenvermeidung und Loyalitätssicherung als Dienstleistungsbetrieb für emotionale Zuwendung. Die religiös determinierten Symbole dienen hier nicht mehr der intersubjektiven Verständigung, auch nicht einer reduziert theologischen, sondern dazu, präverbal durch die Stimulation von Affekten nichts anderes als *äußere psychische Stabilität* herzustellen. Religiöse Kommunikationsveranstaltungen (Gottesdienst, Amtshandlungen) haben die Funktion, die durch Alltagskonflikte (Familie, Arbeit) zerstörte psychische Gleichgewichtslage einzupendeln. Nicht der spezielle Inhalt der kommunikativen Symbole ist relevant, sondern ausschließlich welche Affekte in welchem Ausmaß durch eine bestimmte religiöse Kommunikation produziert werden" (305).

Praktische Theologie wird hier von der „Kommunikation des Evangeliums" (Ernst Lange)[15] her entworfen, die Luther mit Marcuses und Habermas' Kommunikationsverständnis intensiv diskutiert. Dabei lautet seine These, „daß die Kategorien zur Analyse der Struktur sozialer Kommunikation aus der Ästhetik zu gewinnen sind, jener Wissenschaft, deren Gegenstand ursprünglich die sinnliche Erscheinung überhaupt war" (306). Dem technokratischen Funktionalismus wird

[14] Luther bezieht sich hier exemplarisch auf ein Manuskript von Rolf Trommershäuser und Edmund Weber, Die Kirche ist anders (1970), später abgedruckt in: Edmund Weber (Hg.): Christentum zwischen Volkskirche und Ketzerei, Frankfurt a. M. / New York 1985.

[15] Diese Formel, die Ernst Lange in den 1960er und 1970er Jahren geprägt hat, wird von Luther allerdings erstaunlicherweise explizit nicht erwähnt. Sie erfährt hingegen gegenwärtig in der Praktischen Theologie eine Renaissance und wird zum die Praktische Theologie insgesamt strukturierenden Ansatzpunkt bei Christian Grethlein: Praktische Theologie, Berlin / Boston 2012; sowie zum systemischen Ausgangspunkt religionspädagogischer Reflexion bei Bernd Schröder: Religionspädagogik, Tübingen 2012, 10–12.

also die Ästhetik als Politicum entgegengesetzt. Vor diesem Hintergrund zeichnet Luther die „Struktur christlich-religiös vermittelter Kommunikationszerstörung" (308) nach. Luther benennt hier zwei Kommunikationsmodelle, die den Kommunikationsablauf als ganzen betreffen. Als „das herrschende Grundmodell von Kommunikation" macht er „das *autoritär-rezeptive* Modell" aus, welches aus einem zur Ideologie verkommenen Wort-Gottes-Verständnis resultiert. Dessen Ergebnis lautet: „Der Kommunikationsinhalt ist vor jedem konkreten Kommunikationsprozeß bereits festgelegt: Es geht lediglich um die der Situation angemessene Zelebration desselben" (310). Als zweites Modell der Kommunikationszerstörung benennt er „die *verbalistische Reduktion von Kommunikation*", die wiederum ein problematisches Wahrheitsverständnis zeitigt: „Hinter dem Verbot, sich anderer Medien als des reinen Wortes im Prozeß der Wahrheitserkenntnis zu bedienen, verbirgt sich eine Vorstellung, die Wahrheit substantialisiert, d. h. sie dem Prozeß von *Wahrheitsfindung* äußerlich sein läßt. Diese substantialisierte Wahrheit ist durch sorgsam einzuhaltende Berührungstabus vor unreiner Annäherung zu schützen" (312). Luthers Verständnis von Kommunikation erweist sich damit als ein sozialwissenschaftlich und theologisch gleichermaßen verantwortetes.

II. Politästhetik als grundlegende Fragestellung für die Praktische Theologie

Was Luther in seinem Beitrag über Kommunikationszerstörung kritisch angemerkt hatte, dass nämlich Kirche als Teil der Gesellschaft nur dann angemessen analysiert werden kann, sofern Gesellschaft grundlegend wahrgenommen wird, löst er 1973 mit seiner ersten selbstständigen Publikation ein, die sich grundlegend einer Verhältnisbestimmung von Kommunikation und Gewalt widmet und dabei im Untertitel den für Luther wichtigen Zusammenhang von Ästhetik und Ethik deutlich macht: Überlegungen zu einer Theorie der Politästhetik.[16] Diese Schrift gliedert sich in einen theoretischen und einen empirischen Teil. Angesichts der politischen Großwetterlage der westlichen Welt[17] seit Mitte der 1960er Jahre konstatiert Luther ein stark desensibilisiertes gesellschaftliches Bewusstsein, „wenn es den Zynismus der Verdrehung ertragen kann, nach der

[16] Henning Luther: Kommunikation und Gewalt. Der Verlag Andreas Achenbach publizierte vorwiegend marxistische Literatur. Den Manuskriptabschluss datiert Luther auf Mai 1972; im Folgenden finden sich die Seitennachweise im Text.

[17] Luther nennt My Lai (Massaker amerikanischer Soldaten in Vietnam), Attika (KZ Oropos), Londonderry (Bloody Sunday 1972), Bangla Desh sowie die gewaltsamen Tode von Benno Ohnesorg (1940–1967) sowie der linken Aktivisten Petra Schelm (1950–1971), Georg von Rauch (1947–1971) und Thomas Weisbecker (1949–1972), die in Schusswechseln mit der Polizei tödlich getroffen wurden.

Gewalt dort sei, wo der Wille zur Verbesserung noch wach ist, nicht aber dort, wo dieser Wille gewaltsam unterdrückt wird". Daher untersucht er die Frage, „welche Struktur soziale Kommunikation hat, wenn in ihr Gewalt unerkennbar geworden ist" (10). Dabei bestreitet Luther zunächst, dass das primär technisch konzipierte Modell von „Kommunikation als Übertragung von Information bzw. Sinn [...] zu einem allgemeinen (individuell und sozial relevanten) kommunikationstheoretischen Modell" (14) generalisiert werden kann. Auch das Kommunikationsmodell Luhmanns greift nach Luther zu kurz: „Die These: ‚Sinn konstituiert Kommunikation' muß ergänzt werden durch die andere: ‚Kommunikation bildet Sinn immer erst heraus', um zu ihrer dialektischen Wahrheit zu kommen" (21).[18] Aber auch Habermas' Theorie der kommunikativen Kompetenz kritisiert Luther als zu „einseitig sprachabhängig", insofern „Sprache nicht von dem jeweiligen Medium zu trennen" ist, „in dem sie sich entäußert" (27). Daher hält Luther nichtsprachliche Ideologiekritik für möglich, wofür die zeitgenössischen Entwicklungen der Performance-Kunst eindrückliche Beispiele liefern. Für die Frage nach dem Sinn (in) der Kommunikation hält Luther grundlegend fest: „Solange der Mensch überhaupt noch - wie entstellt und verzerrt auch immer - zu kommunizieren versucht, solange kann es keinen Sinn geben, der nicht problematisch wäre! Naive Voraussetzung von Sinn und dessen gleichzeitig problematischer Status kennzeichnen mithin jede Kommunikation" (29). So definiert Luther Kommunikation als den „Prozeß gemeinsamer Veränderung bestehenden Sinnes" (32), was in Bezug auf Informationen und Medien Konsequenzen hat: Zum einen kehrt Luther die informationstheoretische Definition von Kommunikation um: „Statt der Definition, nach der Kommunikation der Übertragung von Information dient, muß es nach unserem Verständnis heißen, daß Information dem Vollzug von Kommunikation dient." Zum anderen beschreibt er die unausweichliche Medienbedingtheit aller Kommunikation: „Das Medium ist der Kommunikation nicht äußerlich. Es fungiert nicht als instrumentale Größe, sondern als konstitutive. Form und Inhalt von Kommunikation, Sinn (bzw. Information) und Medium können nicht isoliert, getrennt von einander begriffen werden" (33).

Vor diesem Hintergrund entwirft Luther in Auseinandersetzung mit Hegel, Kant, Schiller, Benjamin und Marcuse eine Politästhetik als „Didaktik zur tendenziell herrschaftsfreien Kommunikation", die eine „Dialektik von Kritik und utopischem Entwurf" (55) erfordere. Kommunikative Kompetenz wird dabei zu einer Bildungsaufgabe und bezeichnet „die Fähigkeit, herrschaftsfreie Kommunikation zu ermöglichen, nicht schon diese zu realisieren" (57). Luther expliziert dies mit semiotischen Modellen, wonach insbesondere die Kunst die absolute

[18] Später kritisiert Luther Luhmann auch subjekttheoretisch: „Der theoretische Vorrang des Systems vor der Subjektivität impliziert die Reduktion von Menschlichkeit auf (systemorientierte) Funktionalität" (39, Anm. 57).

Mehrdeutigkeit zwischen Zeichen und Bedeutung zur Geltung bringt und genau dadurch an der Veränderung von Wahrnehmung und Welt arbeitet, wobei er insbesondere an Surrealismus, Dadaismus, Popart sowie Happening- und Fluxusbewegung denkt.

Luthers kurzer empirischer Teil zeigt eine zunehmende Analphabetisierung als Verhinderung von Gewalterkenntnis auf, indem er verschiedene Spielarten von Harmonisierungstendenzen ausmacht. Als Gegenstrategien empfiehlt Luther „nichtautoritäre Kommunikationsformen per elektronischer Netzmedien, neue Formen von Spiel, Theater und sinnlicher Expression“[19], „Strategien der provozierenden Verfremdung (Montageprinzip)“ sowie „Strategien der Umkehrung, Verdrehung und Verunsicherung“ (83).

Obwohl Luthers Traktat ohne explizite Theologie auskommt, ist hier alles grundgelegt, was für seine spätere Praktische Theologie wichtig wird: von der Subjektorientierung über die politische Grundierung seiner Theologie bis hin zu der Verletzlichkeit, die Sehnsucht als utopische Lebenskunst impliziert. Manche Urteile erscheinen im Rückblick vielleicht ein wenig zu harsch und hart; insbesondere die Popkultur wird stellenweise sehr kritisch wahrgenommen. Erstaunlich bleibt aber, wie Luther neben den aktuellsten soziologischen Entwürfen (z. B. Luhmann) auch die neuesten medialen und technischen Entwicklungen (z. B. elektronische Netzwerke) kritisch und weiterführend wahrnimmt und würdigt.

III. Kommunikation und Kritik als pädagogische Kategorien – auch für die Theologie

Luthers frühe Schriften nötigen zu der Frage, wie denn das gelernt werden kann, was nach Luthers radikaler Gegenwartsanalyse offenbar im Begriff ist, verhindert zu werden. Wie kann der Wille zur Veränderung in einer demokratischen Gesellschaft didaktisch Gestalt gewinnen? Und wie muss eine Theologie gedacht und gestaltet werden, die sich solchen Einsichten nicht verschließt?

Luthers praktisch-theologischer Ansatz erfordert eine didaktische Reflexion, damit er Gestalt gewinnen kann. Diese legt Luther in seinen beiden theologischen Qualifikationsschriften vor, die beide den Bereich der Erwachsenenbildung besonders behandeln. Seine theologische Dissertation von 1976 widmet sich Grundfragen der Hochschuldidaktik.[20] Seine 1982 angenommene Habilitationsschrift erörtert anhand der historischen Position Friedrich Niebergalls[21] „Grundbegriffe der Erwachsenenbildung“.[22]

---

19 Luther nennt hier z. B. Joseph Beuys und Bazon Brock.

20 Henning Luther: Wissenschaft.

21 Es scheint mir kein Zufall zu sein, dass ausgerechnet Dietrich Zilleßen, dessen religionspädagogischer bzw. praktisch-theologischer Ansatz viele Gemeinsamkeiten mit Henning Luthers Zugang aufweist, Friedrich Niebergall als Klassiker der Religionspädagogik darstellt; vgl. Dietrich Zille-

Schon vor der Dissertation publizierte Luther seine 1971 in Mainz eingereichte religionspädagogische Examensarbeit über „Kritik als pädagogische Kategorie",[23] in der er Hans-Jochen Gamms Streitschrift „Kritische Schule"[24] sowie Hans Stocks religionspädagogische Reflexion der „Kritischen Schule"[25] untersucht. Dabei sieht er bei Gamm deutliche Gravamina, insbesondere durch den „Verlust der historisch-hermeneutischen und der selbstreflexiven Dimension des Kritikbegriffes", durch den Gamms Konzept der Kritischen Schule „weitgehend, bewußt oder unbewußt, unter der Perspektive einer unausweichlichen Dynamik gesellschaftlicher Prozesse zu einem humanen und sozialistischen Ziel" steht, das folgendes Problem impliziert: „Die Pädagogik übernimmt lediglich die Aufgabe, nachhinkendes konservatives Bewußtsein, das die Nutzung dieser objektiven Chancen zu behindern droht, umzuwandeln" (14). Demgegenüber beurteilt Luther Stock freundlicher, doch auch hier kritisiert er, dass das Christentum als normative Größe fungiere, dessen immer auch problematische Wirkungsgeschichte nicht als Teil der Kritik wahrgenommen wird, so dass ausgeblendet bleibt, „inwieweit diese materialen und idealen Lösungen [des Christentums, H. S.-W.] das Problematische der Problematik mitbegründen" (16).

An der Geschichtsvergessenheit der Didaktik sowie ihrem unkritischen Kommunikationsbegriff arbeitet Luther auch in seiner Dissertation, die auszugsweise in zwei Bänden publiziert wird, was wiederum die konsequente Zweigleisigkeit seiner Theologie unter Beweis stellt, die sich mit anderen Wissenschaften genauso gesprächsfähig erweist wie mit der Theologie. Dabei widmet sich der erste Band der Hochschuldidaktik im Allgemeinen,[26] während der zweite Band dies anhand des Theologiestudiums konkretisiert. Seine allgemeine Hochschuldidaktik verortet sich konsequent „nach Auschwitz" (14) und zeigt die Geschichtsvergessenheit der Hochschuldidaktik auf, die im Zeichen von „Post-histoire" (134) zu einer weitgehend technokratischen Disziplin verkommt, der es weniger um Veränderung geht als vielmehr um Tradierung(en) eines Status quo, der die Universität in eine Krise geraten lässt. So werde zunehmend verhindert, was für die Hochschuldidaktik schlechterdings wesentlich wäre: „Lernen vollzieht [sich, H. S.-W.] als ein in der Zeit gerichteter Prozeß, strukturiert durch Phasen linearer Kumulation, durch Stagnation und Sackgassen, durch fruchtbare Umwege,

---

ßen: Friedrich Niebergall (1866–1932), in: Henning Schröer / Dietrich Zilleßen (Hg.): Klassiker der Religionspädagogik, Frankfurt a. M. 1989, 161–180.

22 Henning Luther: Religion, Subjekt, Erziehung. Ihr wissenschaftlicher Kontext besteht auch in der erneuten kritischen Aufarbeitung der Geschichte der Praktischen Theologie in den 1980er Jahren (s. Anm. 11).

23 Henning Luther: Kritik; im Folgenden finden sich die Seitennachweise im Text.

24 Hans-Jochen Gamm: Kritische Schule. Eine Streitschrift für die Emanzipation von Lehrern und Schülern, München 1970.

25 Hans Stock: Religionsunterricht in der „Kritischen Schule", Gütersloh 1968.

26 Henning Luther: Hochschule; im Folgenden finden sich die Seitennachweise im Text.

durch Krisen und nicht-lineare, reflexive Lernerfahrungen" (177).[27] Für das Theologiestudium buchstabiert Luther diese Einsichten durch,[28] indem er sich mit Schleiermachers wissenschaftstheoretischem und -didaktischem Verständnis von „Theologie als praktische[r] Wissenschaft" (48) auseinandersetzt und demzufolge das „Theologiestudium zwischen Wissenschaft und Kirche" (90) verortet. Für das „Studium als Praxis" (113) empfiehlt Luther „reflexive" statt „manipulative" (114), „prozeßhafte" statt „resultatsbezogene" (115) und „kommunikative" statt „monologische Studiengestaltung" (118), „dessen fundamentale Prinzipien *Kommunikation und Kritik* sind"[29].

Was sich in den 1970er Jahren unter den Begriffen Kritik und Kommunikation formiert, wird in den 1980er Jahren bei Luther unter dem Subjektbegriff und mit einer radikalen Subjektorientierung der (Praktischen) Theologie weiter entfaltet,[30] die die Ambivalenz des Subjekts als sub-iectum (als Unterworfenes) immer mit bedenkt.[31]

IV. Praktische Theologie als Kunst für alle

Hatte Luther in den 1970er Jahren deutlich gemacht, dass Geschichtsvergessenheit für jede Wissenschaft ein Problem darstellt, so löst er Mitte der 1980er Jahre mit seiner Relektüre zweier renommierter Ansätze Praktischer Theologie zu

---

27 Für mich als heutigen Leser und Hochschullehrer ist es erschreckend, wie klar bei Luther die gegenwärtigen ökonomischen Deformationen der Hochschulen und ihrer Didaktiken durch den Bologna-Prozess schon erkannt sind und in ihrer Bildungsfeindlichkeit benannt werden.

28 Henning Luther: Hochschuldidaktik; im Folgenden finden sich die Seitennachweise im Text.

29 Jürgen Lott: Theologie als „Religionswissenschaft". Überlegungen zur Einrichtung eines Wissenschaftsverbundes „Religionswissenschaften", in: ThPr 13 (1978), 171. Lott, der seit 1977 in Bremen die Professur für Religionswissenschaft mit dem Schwerpunkt Religionspädagogik innehat, referiert und rezipiert hier ausführlich die noch nicht publizierte Dissertationsschrift Luthers, die die Stichworte Kommunikation und Kritik unter der Überschrift „Lernen durch Wissenschaft" als „wissenschaftsdidaktische Kategorien des Studiums" der Theologie reflektiert (Henning Luther: Hochschuldidaktik, 119–133).

30 Dies wird an seiner Habilitationsschrift deutlich, die genau hierin auch Programmschrift ist; vgl. dazu die Artikel von Andrea Bieler und Christian Mulia in diesem Band.

31 Vgl. dazu eine der letzten Veröffentlichungen von Henning Luther: „Ich ist ein Anderer" – Die Bedeutung von Subjekttheorien (Habermas, Levinas) für die Praktische Theologie, in: Dietrich Zilleßen / Stefan Alkier / Ralf Koerrenz / Harald Schroeter (Hg.): Praktisch-theologische Hermeneutik. Ansätze – Anregungen – Aufgaben, FS Henning Schröer, Rheinbach 1991, 233–254. In diesem Zusammenhang hatte ich den einzigen persönlichen Kontakt mit Henning Luther, der uns Herausgebern Anfang 1991 telefonisch mitteilte, dass er sich das Erscheinen einer praktisch-theologischen Hermeneutik schon viel früher gewünscht hätte. Ich habe meine Trauer über den für mich völlig unerwarteten Tod Henning Luthers in einem Artikel zu bearbeiten versucht; vgl. Harald Schroeter: Michel *plays* Petrucciani. Oder: „So wenig sind wir auf uns selbst gestellt." Oder: Praktisch-theologische Wahr-Nehmungen in dem „Spielraum von Schnitten", in: EvErz 44 (1992), 426–431.

Beginn sowie am Ende des langen 19. Jahrhunderts seinen Beitrag zum Geschichtsbewusstsein der Praktischen Theologie ein.

Diese beiden Beiträge sind auch deshalb so bemerkenswert, weil der Otto-Schule häufig ein mangelndes Verständnis der historischen Dimension der Praktischen Theologie vorgeworfen wurde. Dies wird u. a. auch an der unterschiedlichen Rezeption der beiden großen Entwürfe Praktischer Theologie von Dietrich Rössler[32] und Gert Otto[33] deutlich. In seiner historischen Würdigung stellt Christian Grethlein[34] fest, dass Ottos im Vergleich mit Rösslers Entwurf „wenig Widerhall gefunden" habe. Zwar sei Ottos multiperspektivischer Ansatz unhintergehbar, aber er sei „bei ihm unlösbar mit einer [...] Marginalisierung von Kirche und zunehmenden theologischen Inhaltsleere verbunden" (465). Ottos Ansatz zeige „in seinem Scheitern, daß praktisch-theologische Arbeit differenzierterer Wirklichkeitswahrnehmung bedarf als dies die Formel der ‚kritischen Theorie religiös vermittelter Praxis' ausdrücken kann" (466). So richtig dies für manche methodischen Fragen bei Otto sein mag, so problematisch scheint mir andererseits der Anschluss an Rösslers „historisch vermittelten Zugang zur Geschichte" (466), den Grethlein als weiterführend empfiehlt. Denn genau hier beginnen die Anfragen, die Henning Luther an eben Rösslers Entwurf gestellt hat:[35] „Ist *Verstehen* der einzig legitime Zugang zur Tradition? Muß nicht gleichberechtigt die *Kritik* danebentreten? Tradition und Geschichte werfen doch nicht nur das Licht, das unsere gegenwärtigen Probleme erhellt und besser verstehen lehrt, sie sind doch auch der Schatten, aus dem wir heraustreten müssen" (246). Es kommt also auch beim historischen Zugang sehr darauf an, wie er angegangen wird. So resümiert Luther programmatisch: „Rösslers ‚Grundriß' bietet der Praktischen Theologie mit seinem historisch-hermeneutischen Ansatz Selbstvergewisserung, mit seinem Systemcharakter ein Stück Selbstversicherung (und Selbstsicherheit). Und dies vor allem auch, weil die christliche Praxis, auf die sich Praktische Theologie auslegend bezieht, letztlich Sinn und (Lebens-)Gewißheit vermitteln soll. Fordert dies nicht als Kontrapunkt eine offen bleibende Praktische Theologie heraus, die sich verunsichern und beunruhigen läßt vom Unsinn und der Sinnlosigkeit, die der Praxis, auf die sie sich bezieht, immer auch (und noch) anhaften?" (253)

1985 publiziert Luther unter der Überschrift „Praktische Theologie als Praktische Wissenschaft"[36] zunächst seine Relektüre des Ansatzes von Friedrich Niebergall. Praktische Theologie wird dabei als die theologische Disziplin bestimmt, die sowohl das Praktische als auch das Wissenschaftliche von Theologie, Kirche und Religion im Blick hat. Luther macht deutlich, dass die sich daraus notwendig ergebende Subjektorientierung Niebergalls „die nicht aufgebbare Bedingung der

[32] Dietrich Rössler: Grundriß der Praktischen Theologie, Berlin / New York 1986; 2. erw. Aufl. 1994.

[33] Gert Otto: Grundlegung der Praktischen Theologie, München 1986; Ders.: Handlungsfelder der Praktischen Theologie, München 1988.

[34] Christian Grethlein: Kritische Theorie religiöser Praxis: Gert Otto, in: Ders. / Michael Meyer-Blanck (Hg.): Geschichte der Praktischen Theologie. Dargestellt anhand ihrer Klassiker, Leipzig 1999, 433–469; im Folgenden finden sich die Seitennachweise im Text.

[35] Henning Luther: Sinn und Gewißheit; im Folgenden finden sich die Seitennachweise im Text.

[36] Henning Luther: Praktische Wissenschaft; im Folgenden finden sich die Seitennachweise im Text.

Möglichkeit praktischer Wirksamkeit" (447) darstellt. Daraus folgt eine starke Stellung von Kommunikation als Grundstruktur von Wahrheitsfindung und Wahrheitsgestaltung. „Die Orientierung an der praktischen Wirksamkeit und an den ‚Bedürfnissen' der Menschen stellt kein pragmatisches Erfolgskriterium, sondern ein kommunikatives Wahrheitskriterium dar" (447). Praktische Theologie gestaltet sich als Dreiklang, „auf drei sich miteinander verschränkenden Ebenen:

- auf der hermeneutischen, normexplikativen und normkritischen Ebene;
- auf der empirisch-analytischen Ebene und
- auf der konstruktiv-projektiven Ebene" (452).

Eine Praktische Theologie, die den kritischen Zukunftsentwurf nicht mehr wagt, hat nach Luther ihr Recht verloren, Theologie genannt zu werden. Analyse allein, so richtig und wissenschaftlich korrekt sie auch sein mag, macht noch keine Praktische Theologie aus. Praktische Theologie ist theologisch notwendigerweise politisch und ästhetisch. Gerade weil es richtig ist, dass Empirie selbstverständlich bzw. automatisch keinen Gestaltungsentwurf aus sich herauszusetzen vermag,[37] ist es theologisch „notwendig" (452), Praktische Theologie als eine Wissenschaft zu betreiben, die „sich ihrem Gegenstand mit dem praktischen Interesse an Wirkung nähert" (449). So kommt Luther zu einer historisch gesättigten Definition Praktischer Theologie, die auch für seine Gegenwart gilt:

> „Praktische Theologie ermittelt jene Regeln, nach denen die Praxis des religiösen Lebens verläuft. Diese Regeln sind der Praxis nicht äußerlich (wie abstrakte Ideale), sondern wohnen ihr selber (wenn auch nicht offenkundig und ungebrochen) inne. Sie werden erst im Akt des Nachdenkens auf Praxis kritisch rekonstruiert. Die Theorie ist der Praxis weder als regelgebende Instanz vorgeordnet noch sitzt sie ihr einfach (unkritisch) auf. Praktische Theologie muß daher gleichermaßen praxis- wie wissenschaftsorientiert sein, also praktische Wissenschaft sein" (454).

Subjekt einer solchen Praktischen Theologie ist nach Luther weder das Pfarramt noch die Kirche, sondern die Gemeinde, also die konkrete Versammlung von Menschen im Namen Jesu Christi, die auch extra muros ecclesiae Gestalt stattfinden kann.[38]

Wissenschaftstheoretisch erörtert Luther dies 1987 mit Hilfe Schleiermachers unter der Überschrift „Praktische Theologie als Kunst für alle"[39]. Damit greift

---

[37] Diesen Umstand haben z. B. jüngst die Initiatoren kirchlicher Milieutheorie aus gegebenem Anlass noch einmal deutlich markiert; vgl. Eberhard Hauschildt / Eike Kohler / Claudia Schulz: Wider den Unsinn im Umgang mit der Milieuperspektive, in: WzM 64 (2012), 65–82.

[38] Luther macht dies z. B. anhand des Kirchentags deutlich, für den er fünf kirchenreformerische Prinzipien geltend macht: „Das Laien-Prinzip, […] das Prinzip des Pluralismus, […] eine neue Verhältnisbestimmung von Glaube und Alltag, […] eine angemessene Begegnung von Kirche und Gesellschaft" (11) sowie „eine neue Beziehung zwischen Verkündigung und Lebenswelt, Kirche und Alltag" (12), in: Henning Luther: Imitation von Kirchentagselementen.

[39] Henning Luther: Kunst für alle; im Folgenden finden sich die Seitennachweise im Text.

Luther auf den Gründer der Praktischen Theologie als wissenschaftlich-theologischer Disziplin zurück, mit dem er sich schon in seiner Examensarbeit auseinandergesetzt hatte.[40] Dabei wehrt er sich gegen ein Subjektverständnis, das ihm von Wilhelm Gräb und Dietrich Korsch unterstellt worden war. Luther konstatiert, dass er die Subjekte dezidiert nicht „als die in ihrer religiösen Produktivität mit sich identischen immer schon in Anspruch"[41] nehme. Vielmehr beschreibt er die Identität eines Subjekts rechtfertigungstheologisch als „immer eine noch ausstehende" (371, Anm. 1).[42]

Zentraler Bezugspunkt seiner Erörterungen ist ein Satz in Schleiermachers Praktischer Theologie, der sich mit der „lebendigen Circulation" befasst, derzufolge „die eine Seite mittheilt, die andere aber nicht bloß empfängt, sondern durch die Manifestation auf die andere wirkt, sie zur Thatigkeit auffordert": „Also alle wirken und lassen auf sich wirken; die praktische Theologie wäre also eine Kunst für alle."[43] Kunst und Technik können bei Schleiermacher durchaus synonym verwendet werden. Grundlegend dabei aber ist die Einsicht, dass Technik resp. Kunst als praktisch-theologische Methodik auf keinen Fall mechanisch verstanden werden darf, sondern immer ästhetisch verstanden werden muss. „Alle Vorschriften der praktischen Theologie können nur allgemeine Ausdrücke sein, in denen die Art und Weise ihrer Anwendung auf einzelne Fälle nicht schon mit bestimmt ist, d. h. sie sind Kunstregeln im engeren Sinne des Wortes."[44] Das Konzept der Kunst für alle lässt sich gegenwärtig wohl am besten mit Kompetenz beschreiben, bei der „das richtige Handeln in Gemäßheit der Regeln immer noch ein besonderes Talent erfordert, wodurch das Rechte gefunden werden muß"[45].

Zu Luthers Verständnis von Kompetenz gehört das Verunsichernde und dadurch Verändernde allen kompetenten Handelns konstitutiv dazu. Von hieraus ist es kein weiter Schritt zu einem Verständnis von Praktischer Theologie als

---

40 Henning Luther: Schleiermachers Verständnis des Verhältnisses von Theorie und Praxis nach den §§ 1 bis 19 der Glaubenslehre. Examensarbeit Mainz 1971; zit. nach Gert Otto (Hg.): Praktisch-theologisches Handbuch, Hamburg ²1975, 31.

41 Wilhelm Gräb / Dietrich Korsch: Selbsttätiger Glaube. Die Einheit der Praktischen Theologie in der Rechtfertigungslehre, Neukirchen-Vluyn 1985, 69. Gräb und Korsch hatten Luthers Habilitationsschrift fälschlicherweise in diese Richtung interpretiert.

42 Er rekurriert dabei auf seine berühmte Verhältnisbestimmung von „Identität und Fragment"; vgl. dazu Andrea Bieler in diesem Band.

43 Friedrich Schleiermacher: Die praktische Theologie nach den Grundsäzen der evangelischen Kirche im Zusammenhange dargestellt. Aus Schleiermachers handschriftlichem Nachlasse und nachgeschriebenen Vorlesungen herausgegeben von Jacob Frerichs, Berlin 1850. Photomechanischer Nachdruck, Berlin / New York 1983, 50.

44 Friedrich Schleiermacher: Kurze Darstellung des theologischen Studiums zum Behuf einleitender Vorlesungen. Kritische Ausgabe, hg. von Heinrich Scholz, Darmstadt 1982, § 265.

45 Ebd.

Performance, die in der Art und Weise ihrer Darstellung kritisch-kommunikative Prozesse in Gang setzt, über die sie letztlich nicht mehr verfügt.[46]

Luther entdeckt in Schleiermachers Grundsatz von Praktischer Theologie als einer Kunst für alle[47] seine eigenen Überlegungen zu Kommunikation und Kritik der religiösen Subjekte in Kirche und Gesellschaft wieder. Mit Schleiermachers Verankerung der sog. freien Geistesmacht in der Kirchenleitung sieht Luther ein entscheidendes Moment in Schleiermachers Praktischer Theologie, so dass kirchliche Tätigkeit „nicht nur von der ‚äußeren Autorität' der Kirche aus[geht], sondern gleichermaßen auch von den Einzelnen in der Kirche" (389). Damit „gewinnt die Individualität des Einzelnen *konstitutive* Bedeutung für die Kirche" (391), was enorme Konsequenzen für eine kritische praktisch-theologische Kirchentheorie hat: „Das die Praktische Theologie bestimmende Leitbild der Kirche hat demnach keinen institutionell-hierarchischen Charakter, sondern einen kommunikativ-intersubjektiven Zuschnitt" (392f.). Vor diesem Hintergrund beschreibt Luther sein Verständnis von Praktischer Theologie, für die die Subjektfrage eine entscheidende ist, mit Schleiermacher programmatisch:

> „Weder wird das Subjekt gleichsam hypostasiert, indem der Kirche als Kollektiv- oder gar Wesens- und Idealgröße der Subjektstatus zugeschrieben wird, noch wird der Subjektstatus nur wenigen, nämlich den amtlich, klerikalisch Tätigen zugebilligt. Deren Tätigkeit dient vielmehr dem ‚Umlauf' innerhalb der kirchlichen Gemeinschaft, d. h. der kirchlichen Kommunikation zwischen *allen*. Kirche und Kirchenleitung so verstanden, fördert und fordert die Selbständigkeit und Subjektivität der Einzelnen. Kirche (und Kirchenleitung) tritt den einzelnen nicht als abstrakte (anstaltliche, hierarchische) Größe gegenüber, sondern ist mit ihnen kommunikativ vermittelt. Kirche ist *Inter-subjektivität*" (393).

Die durch Luther praktisch-theologisch etablierte Subjektfrage ist in den vergangenen Jahrzehnten vielfach aufgegriffen worden, wobei ihr Verunsicherungspotential weitaus weniger zur Geltung kam. Dies scheint mir auch damit zusammenzuhängen, dass es die politischen Implikationen der von der Kritischen Theorie herkommenden Theologie Luthers deutlich schwieriger hatten, Gehör zu finden. Dazu mag beigetragen haben, dass Luthers frühe Schriften die Adorno'sche Skepsis gegenüber der Popkultur weitgehend unkritisch übernommen haben. Hier hat die Subjektorientierung mittlerweile zu anderen ästhetischen Zugängen geführt.[48] Es bleiben jedoch die politischen Anfragen an Kirche

---

[46] Vgl. dazu Harald Schroeter-Wittke: Praktische Theologie als Performance, in: Eberhard Hauschildt / Ulrich Schwab (Hg.): Praktische Theologie für das 21. Jahrhundert, Stuttgart 2002, 143–159.

[47] Die Programmatik dieses (An-)Satzes wird auch daran deutlich, dass Luther ihn gegenüber dem Schleiermacher'schen Original komplett kursiv drucken lässt.

[48] Vgl. Kristian Fechtner / Gotthard Fermor / Uta Pohl-Patalong / Harald Schroeter-Wittke (Hg.): Handbuch Religion und Populäre Kultur, Stuttgart 2005 sowie Harald Schroeter-Wittke (Hg.): Popkultur und Religion. Best of …, Jena 2009.

und Gesellschaft als notwendige Äußerungen einer Praktischen Theologie, die Luther in seinen späteren Schriften ästhetisch transformiert, ohne dass deren Radikalität dadurch eingebüßt hätte. Mit Henning Luthers Tod ist eine prophetische Stimme in der Praktischen Theologie verstummt, die Wissenschaft und Kirche in den vergangenen zwanzig Jahren, in denen beide mit umfassenden Reformprozessen befasst waren, sehr gut hätte tun können, wenn sie denn auf offene Ohren gestoßen wäre.

Volkskirche als plurale Kommunikationsgemeinschaft

Kirche und Gemeinde aus der Perspektive der Subjekte

Gerald Kretzschmar

Henning Luthers Praktische Theologie ist konsequent subjektorientiert angelegt. Damit lässt er eine lange vorherrschende „Fixierung auf die kirchliche Gestalt und institutionelle Einfassung des Christentums“ hinter sich, „in der unter der Hand doch wieder eine pastoraltheologische Engführung und damit verbunden die Beschränkung auf das (amtliche) Handeln von Pfarrern und Pfarrerinnen sich einstellt.“[1] Demgegenüber vollzieht Henning Luthers Praktische Theologie „die Öffnung des Blickfeldes in einer Reflexion kirchlicher, religiöser und gesellschaftlicher Praxis, in der der ‚Kommunikation des Evangeliums‘ (Ernst Lange) nachgespürt und deren Verhinderung kritisch zur Sprache gebracht wird.“[2] Die praktisch-theologischen Themenfelder, anhand derer Henning Luther seine Praktische Theologie des Subjekts entfaltet, beziehen sich schwerpunktmäßig auf homiletische, religionspädagogische, seelsorgerliche und diakonische Fragestellungen. Luthers Subjektzentrierung legt diese thematischen Schwerpunktsetzungen nahe.

Angesichts der subjektzentrierten Profilierung seiner Praktischen Theologie stellt sich die Frage, inwieweit die Themen ‚Kirche‘ und ‚Gemeinde‘ für Henning Luther überhaupt praktisch-theologisch relevant sind. Der flüchtige Blick über seine Veröffentlichungen erweckt tatsächlich den Eindruck, er habe diese Themen zugunsten subjekttheoretischer Fragestellungen hinter sich gelassen. Doch dieser Schein trügt. Vermittelt über den Subjektansatz lassen sich den Schriften Henning Luthers durchaus klare Eckpunkte einer – konsequent subjektorientierten – Kirchen- und Gemeindetheorie entnehmen. Wie sich diese im Einzelnen gestalten, zeigen die folgenden Ausführungen.

---

1 Kristian Fechtner: Mikrologischer Blick und Empathische Praxis. Hinweise zu Henning Luthers Praktischer Theologie des Subjekts, in: ThPr 27 (1992), 184–193 (185).

2 Ebd.

I. Kirche und Gemeinde bei Henning Luther – eine These

Henning Luthers Kirchen- und Gemeindetheorie, so meine These, hat sich im Zuge eines Prozesses entwickelt, der eng an seine Biografie gekoppelt ist. Berufsbiografische Aspekte im Zusammenhang mit dem Vikariat, seine Doppelqualifikation als Theologe *und* Pädagoge sowie seine Tätigkeit als Hochschullehrer für das Fach Praktische Theologie konturieren diesen Prozess. Zusammengefasst, so die Annahme, könnte der Weg diesen Verlauf genommen haben:

Im Vikariat gesammelte Eindrücke und Erfahrungen aus der Arbeit mit Kindern und Jugendlichen, insbesondere mit Konfirmandinnen und Konfirmanden, haben Henning Luther motiviert, das Thema ‚Kirche und Gemeinde' genauer in den Blick zu nehmen. Dies unternimmt er primär aus pädagogisch-entwicklungspsychologischer Sicht. Damit ist sein Nachdenken über Kirche und Gemeinde von vornherein subjektorientiert.[3] Luthers Leitfrage lautet vor diesem Hintergrund nicht: Wie müssen Jugendliche sein und geformt werden, damit sie zu Kirche und Gemeinde passen? Die entscheidende kirchen- und gemeindetheoretische Frage ist vielmehr: Wodurch sollten sich Kirche und Gemeinde auszeichnen, dass Jugendliche sich als eigenständigen, vollwertigen und integralen Bestandteil von Kirche und Gemeinde wahrnehmen und begreifen können? Aus dieser Fragestellung heraus entwickelt Luther zu einem frühen Zeitpunkt seiner akademischen Berufsbiografie einen subjektorientierten Kirchen- und Gemeindebegriff. Diesen wird er im Laufe der folgenden Jahre retrospektiv im Gespräch mit Niebergall und Schleiermacher theologisch rückbinden und weiter qualifizieren. Parallel dazu wird er das Bezugsfeld ‚Jugend' als Ausgangspunkt seines Kirchen- und Gemeindebegriffs überschreiten und seine kirchentheoretischen Impulse unabhängig von bestimmten Zielgruppen verallgemeinern. Aus den Überlegungen, die er im Blick auf Jugendliche über Kirche und Gemeinde anstellt, entwickelt er einen Kirchen- und Gemeindebegriff, den er generell auf die spätmoderne Religion der Subjekte bezieht. Wie genau gestaltet sich dieser Prozess?

3 Den Aspekt der Subjektorientierung macht Luther mit Schleiermacher auch in seiner – während des Vikariats eingereichten – Dissertation über „Wissenschaft als kommunikativer Bildungsprozeß. Die Reform des Theologiestudiums im Rahmen einer diskursiven Hochschuldidaktik" (1976) geltend. Einer der dortigen Spitzensätze lautet: „Die Wahrheit theologischer Wissenschaft läßt sich nicht länger als etwas Unveränderlich-Vorgegebenes aneignen, sondern ist konstitutiv an die Vermittlung des produktiven Vernunftsubjektes und an intersubjektive Kommunikation geknüpft" (Henning Luther: Hochschuldidaktik, 82). Die Subjektorientierung bezieht Luther hierbei auf die Wissenschaft bzw. das Hochschulstudium und (noch) nicht auf Kirche und Gemeinde.

II. Kirche und Gemeinde im Horizont des Konfirmandenunterrichts – der Ausgangspunkt

Seine ersten und zugleich wohl profiliertesten kirchentheoretischen Überlegungen stellt Henning Luther bereits während seines Vikariats an. Er absolviert es von 1975 bis 1977 in der Kirchengemeinde Gemünden im Westerwald. Das Handlungsfeld, anhand dessen er nicht nur seine kirchentheoretische Position, sondern auch andere Grundzüge seines praktisch-theologischen Arbeitens entfaltet, ist der Konfirmandenunterricht. Gerade dieses Handlungsfeld dürfte dem Theologen *und* Pädagogen Henning Luther die Möglichkeit geboten haben zu zeigen, wie er eine *pädagogisch grundierte* Praktische Theologie an einem spezifischen kirchlichen Praxisfeld konkretisiert. Den maßgeblichen Text dazu veröffentlichte Luther bereits im Jahr 1977, noch während des Vikariats, in der Zeitschrift „Ansätze“[4] und zwei Jahre später inhaltlich nahezu unverändert, aber unter geändertem Titel und geringfügig überarbeitet in der Zeitschrift „Theologia Practica“.[5]

1. *Kirche und Gemeinde als Problem*

Das grundsätzliche Problem des Konfirmandenunterrichts sieht Luther in dem Verhältnis von Jugend und Kirche, das bislang noch nicht hinreichend kritisch-theoretisch bewältigt worden sei. Nach einer weithin dominierenden internen ekklesiologischen Perspektive werde Jugend danach „für die Kirche als Rekrutierungspotential von Mitgliedern betrachtet, deren in der Taufe nur zugeschriebene Mitgliedschaft durch pädagogische Maßnahmen in eine erworbene und akzeptierte Mitgliedschaft umzuwandeln“ (160) sei. Selbst in modernen Formen des Konfirmandenunterrichts fungiere die Jugend lediglich als „Objekt ekklesiologischer Überlegungen“ oder als „Betreuungsklientel kirchlicher Begleithilfen“ (ebd.). In dieser Perspektive erscheine die Jugend einseitig als Problem für die Kirche.

Luthers Situationsanalyse vollzieht demgegenüber einen Perspektivenwechsel und hebt hervor, dass es stattdessen die Kirche sei, die das Problem darstelle: Die Kirche, so Luther, sei das „Problem für die Jugend“ (ebd.). Es herrsche eine „einseitige, nichtreziproke Kommunikation mit der Jugend“, die „Kommunika-

[4] Vgl. Henning Luther: Theorie des Konfirmandenunterrichts.

[5] Vgl. Henning Luther: Kirche und Adoleszenz. Die inhaltlichen Eckpunkte seines 1977 erschienenen Textes finden sich auch in der Einführung zu dem Band „Konfirmandenunterricht und Konfirmation. Texte zu einer Praxistheorie im 20. Jahrhundert“ wieder, den Henning Luther gemeinsam mit Christof Bäumler im Jahr 1982 herausgegeben hat (vgl. dort 17–47). Die folgenden Ausführungen basieren auf Luthers Text „Kirche und Adoleszenz“ aus dem Jahr 1979; im Folgenden finden sich die Seitennachweise im Text.

tionslosigkeit“ (ebd.) geradezu prädisponiere. Diese Problemstellung spitze sich sowohl in einem als Katechismusunterricht praktizierten Konfirmandenunterricht als auch in einem weithin herrschenden Unvermögen eines angemessenen und konstruktiven Umgangs mit der volkskirchlichen Pluralität zu (vgl. 161–167).

2. *Ein kirchentheoretischer Vorschlag zur Problemlösung*

Die Überwindung der Krise des Konfirmandenunterrichts sei möglich, so Luther, wenn die kirchliche Begegnung mit der Jugend nicht länger der Logik „kerngemeindlicher Selbstausgrenzung“ (167) folge, sondern wenn versucht werde, der Pluralität der volkskirchlichen Situation der Gegenwart gerecht zu werden. Für die Arbeit mit Jugendlichen bedeute dies allerdings, sie nicht mehr auf die „Stabilisierung und Pflege selbstverständlicher Kirchlichkeit“ (ebd.) auszurichten. Vielmehr müssten für die Jugendlichen Möglichkeiten geschaffen werden, „sich vom Pfarrer und damit von der Kirche als der hinter ihm stehenden Institution zu emanzipieren“ (ebd.). In der Gruppe, so Luther, seien alle religiösen Überzeugungen gleichrangig, auch die des Pfarrers. In seiner Verantwortung liege es, „daß das allgemeine Lernergebnis nicht die Form von Bekenntnissen“ (ebd.) annehme.

Für das Kirchenverständnis bedeute das: Über „die Definition dessen, was Kirche ist oder sein sollte, [sc. kann] nicht unabhängig von den Subjekten, die Kirche konstituieren bzw. konstituieren sollen, entschieden werden [...] – wenn anders Kirche nicht als totale Institution oder geschlossene Anstalt begriffen werden soll“ (ebd.). Auf dieser Grundlage sei das Verständnis von Konfirmandenarbeit „nicht nur vom jeweiligen Kirchenbegriff abhängig [...], sondern auch und gerade davon, wie dieser *Definitionsprozeß von Kirche* gefaßt wird, d. h. inwieweit er für die kommunikative Beteiligung aller Betroffenen offen bleibt“ (ebd.).

3. *Eine entwicklungspsychologische Intervention und ihre kirchentheoretischen Konsequenzen*

Die hohe Bedeutung, die Luther den Subjekten für die Konstitution von Kirche beimisst, begründet er durch das Gespräch mit der Entwicklungspsychologie. Insbesondere der Theorieansatz von Rainer Döbert, Gertrud Nunner-Winkler und Jürgen Habermas leitet ihn dabei.[6] Auf dieser Basis sieht Luther die pädago-

[6] Vgl. exemplarisch den Sammelband Rainer Döbert / Jürgen Habermas / Gertrud Nunner-Winkler (Hg.): Entwicklung des Ichs, Köln 1977.

gisch wichtigste Determinante des Konfirmandenunterrichts in der Tatsache, „daß er in einer entwicklungspsychologisch bedeutenden Phase der Identitätsbildung" (172) stattfinde. So sei das zentrale Problem der Adoleszenzphase nicht die Frage, wie es gelinge, „vorgegebene Rollenmuster [...] zu übernehmen, sondern inwieweit die Individuierung durch zunehmende Autonomie ihnen gegenüber möglich wird" (173).

Auf dieser Grundlage solle die Begegnung mit der Jugend in der Kirche nicht als „auf Identifikation zielende Integration von Nachwuchs gestaltet" (176) werden. Zur Entwicklung einer Ich-Identität müssten die Jugendlichen vielmehr lernen, „sich mit der gesellschaftlichen Wirklichkeit und dem Kosmos der diese Wirklichkeit interpretierenden, stabilisierenden und auch transzendierenden Werte und Deutungsmuster auseinanderzusetzen" (ebd.). Sowohl die Institution Kirche als auch die religiös-christliche Tradition zählt Luther zu den Instanzen, zu denen sich Adoleszente zu verhalten lernen sollten.

Um diesen entwicklungspsychologischen Prozess nicht negativ zu beeinflussen, dürfe sich die Kirche Jugendlichen gegenüber weder als „einverständnisheischende Lehrmeisterin" noch als „mater therapeutica" (ebd.) darstellen. Die Institution Kirche müsse sich kritisch von den Jugendlichen befragen lassen. Ziel sei es, dass die Konfirmandinnen und Konfirmanden zu *Subjekten* würden und der Kirche der Status des *Unterrichtsgegenstandes* zukomme (vgl. 177). Dementsprechend sollten die Gehalte der christlichen Überlieferung nicht in „dogmatisch kodifizierter Form" (ebd.) präsentiert werden. Stattdessen sollten sie im Rahmen eines gemeinsamen Verständigungsprozesses kommunikativ verflüssigt und hypothetisiert werden. Auf diesem Weg, so Luther, könnten sie zu einer „selbstreflexiven Aneignungsform" (ebd.) werden. Erst ein „kritisch-distanziertes Verhältnis zur Überlieferung" (ebd.) setze die Fähigkeit zum kreativ-produktiven Umgang mit ihr frei. Für das Erscheinungsbild von Kirche bedeute dies, dass sie Jugendlichen „nicht in einem einseitigen Belehrungsverhältnis" gegenübertrete, sondern vielmehr einen kommunikativen Austauschprozess initiiere, „in dem die kritische Interpretationstätigkeit der Jugendlichen aufgegriffen und fruchtbar gemacht werden" (ebd.) könne.

4. *Das Ziel: Volkskirche als Kommunikationsgemeinschaft*

Die Überlegungen zu Jugend, Kirche und Konfirmandenunterricht lässt Luther in eine kirchentheoretische Skizze münden. Darin plädiert er für ein offenes und kritisches Volkskirchenkonzept, bei dem Jugendliche als „kritische *Subjekte* der Volkskirche und in ihrem Anspruch auf ‚herrschaftsfreie Kommunikation' ernstgenommen" (179) werden. Im Verständnis Luthers vereint die Volkskirche „das Ensemble unterschiedlicher Interpretationen und Positionen (einschließlich der de-facto Negationen) hinsichtlich der christlichen Überlieferung" (ebd.).

Gerade in der Begegnung mit Konfirmanden könne die Kirche „kritische Kommunikation exemplarisch realisieren, insofern hier nicht die kerngemeindliche Selbstvergewisserung im Mittelpunkt steht, sondern die Bereitschaft, sich den Fragen unterschiedlicher Positionen im Blick auf Kirche und christlichen Glauben auszusetzen" (ebd.).

Auf diese Weise könne die Tradition eine je neue Gestalt gewinnen. Nicht mit einer fixierten Selbstdefinition trete die Kirche an die Jugendlichen heran, sondern in der Kommunikation mit den Jugendlichen würde der „offen[e] und offenbleibend[e] Prozeß der Definierung von Kirche" (ebd.) allererst beginnen. Christlicher Glaube könne „so konstitutiv als Bildungsprozeß gefaßt werden [sc. und] Kirche entsprechend als Kommunikationsgemeinschaft, in der sich dieser Bildungsprozeß entfaltet" (180). Das aber impliziere: „Der besondere Bildungsprozeß, den die kirchliche Begegnung mit den Jugendlichen darstellt, würde in dem Maße, wie er zur Bildung einer kritischen Ich-Identität der Adoleszenten beiträgt, auch den Bildungsprozeß der Kirche befördern. Im kommunikativen Austausch mit den Jugendlichen würde Kirche selbst lernen und sich erneuern" (ebd.).

III. Niebergall und Schleiermacher als theologische Ankerpunkte

Berufsbiografisch entfaltet Luther bereits zu einem sehr frühen Zeitpunkt eine klar konturierte Kirchentheorie. Die Grundlinien seines kirchentheoretischen Ansatzes lassen sich unter der Überschrift „Volkskirche als Kommunikationsgemeinschaft" subsumieren. Im Kern versteht Luther Kirche nicht als statische, immer gleich bleibende und objektive Größe, sondern als offenes und stets offen*bleibendes* Prozessgeschehen. Konkret handelt es sich dabei um einen religiösen *Bildungsprozess*, der konsequent auf die Bildung des und der je Einzelnen zielt. Dieses Prozessgeschehen und die mit ihm in Verbindung stehenden Subjekte konstituieren die Kirche.

An diesen kirchentheoretischen Eckpunkten wird sich in der weiteren Berufsbiografie Luthers nichts Wesentliches mehr ändern. Allerdings wird Luther seine kirchentheoretischen Überlegungen in der Folgezeit verallgemeinern. Seine Impulse, die er ursprünglich aus der Reflexion der Konfirmandenarbeit und damit einhergehend des Verhältnisses zwischen Kirche und Jugend entwickelt hat, wird er generalisieren und auf die Konstitution und das Selbstverständnis der Kirche insgesamt beziehen.[7] Außerdem wird er seine kirchentheoretischen Überlegungen, die sich maßgeblich dem Gespräch mit der Pädagogik und Entwicklungs-

[7] Vgl. zu dieser Entwicklung zum Beispiel Henning Luther: Jugendreligionen, bes. 137f. und Ders.: Erziehung und Vertrauen, bes. 146f.

psychologie verdanken, theologisch rückbinden. Seine Referenzgrößen sind dabei *Friedrich Niebergall* und *Friedrich Schleiermacher.*

1. „Gemeinschaft der Persönlichkeiten" – Brückenschläge zu Friedrich Niebergall

Pädagogik, Erziehung, Bildung – unter anderem diese Begriffe stellen das Fundament der Praktischen Theologie Friedrich Niebergalls dar. Die Zentralstellung der (Religions-)Pädagogik im theologischen Werk Niebergalls ist für den Pädagogen *und* Theologen Henning Luther der entscheidende Anknüpfungspunkt seiner Relektüre Niebergalls. Wesentliche kirchen- und religionstheoretische Impulse Luthers lassen sich zu Niebergalls Ansatz in Beziehung setzen und dadurch weiter theologisch profilieren.[8] Im Folgenden werden markante kirchentheoretische Bezüge zwischen Luther und Niebergall herausgestellt.[9]

Ein wichtiger Anknüpfungspunkt für Henning Luther ist die entschiedene Betonung des *subjektiven Faktors* im Gefüge der Praktischen Theologie Niebergalls. Durch den Ansatz beim Subjekt wolle Niebergall, so Luther, die Theologie „vor dem Fehler aller orthodox-intellektualistischen Theologie bewahren", die religiöse Kommunikation „eindimensional kognitiv mißzuverstehen und mit theoretischer Beweisführung die Einsicht in praktisch-relevante Wahrheiten erzwingen zu wollen" (432). Bei der religiösen Kommunikation gehe es Niebergall um einen *kommunikativen* Weg von Bildung und Erziehung. Auf dieser Basis fokussiere sich das praktische Wirken der Kirche für Niebergall nicht primär auf die Ebene der begriffsorientierten, kognitiven Lehre, sondern auf die der „umfassenden, persönlichkeitsbezogenen Bildung und Erziehung" (433).

So lautet der Untertitel von Niebergalls Praktischer Theologie bezeichnenderweise „Lehre von der kirchlichen Gemeindeerziehung auf religionswissenschaftlicher Grundlage".[10] Da die Ebene des Subjekts und der konkreten Kommunikation unter Subjekten in einem Globalbegriff wie ‚Kirche' leicht unterzugehen droht, bevorzugt Niebergall den Begriff ‚Gemeinde'. Der hohen Wertschätzung des Subjekts entsprechend verstehe Niebergall unter Erziehung weder „autoritäre Fremdbestimmung noch desinteressiert-gleichgültiges Wachsenlassen" (441). Vielmehr ziele religiöse Erziehung auf das Anbieten von Reizen, die nicht zwin-

8 Vgl. zur Praktischen Theologie Niebergalls: Achim Plagentz / Ulrich Schwab: Religionswissenschaftlich-empirische Praktische Theologie: Friedrich Niebergall, in: Christian Grethlein / Michael Meyer-Blanck (Hg.): Geschichte der Praktischen Theologie. Dargestellt anhand ihrer Klassiker, Leipzig 1999, 237–278 (zur Kirchentheorie vgl. dort bes. 253–258).

9 Die folgenden Ausführungen beziehen sich auf Henning Luther: Praktische Wissenschaft; im Folgenden finden sich die Seitennachweise im Text.

10 Vgl. Friedrich Niebergall: Praktische Theologie. Lehre von der kirchlichen Gemeindeerziehung auf religionswissenschaftlicher Grundlage. Erster Band, Tübingen 1918 (zweiter Band 1919).

gen, aber den anderen veranlassen, „,alles aus seiner Seele hervorgehen zu lassen, was diesem Reiz in seiner Besonderheit entspricht'. Erziehung ist also Erziehung zur (selbsttätig-selbständigen) Entwicklung" (ebd.).[11] Im Kern stellt Niebergall damit die Persönlichkeitsbildung in den Mittelpunkt seines theologischen Ansatzes. In kirchentheoretischer Hinsicht sei dabei jedoch zu berücksichtigen, dass Niebergall das liberale Leitbild der Persönlichkeit keineswegs einseitig überhöhe. Durch die „Akzentuierung der Gemeinschaft" (448) werde dieses Leitbild seiner Einseitigkeit enthoben. „Das autarke freischwebende Individuum", so Luther, werde bei Niebergall „durch die Idee der ‚Gemeinschaft der Persönlichkeiten'" (ebd.) ersetzt.

Aus der „Betonung des subjektiven Faktors" und der „Wertschätzung der Persönlichkeit der Subjekte religiöser Praxis" folge für Niebergall, „daß das Subjekt der Erziehung [...] weder das pastorale Amtssubjekt ist noch die überindividuelle abstrakte Größe ‚Kirche', sondern die (konkrete *und* ideale, anzustrebende) Gemeinde" (450) sei. Damit, so Luther, sei die Gemeinde als Gemeinschaft der Persönlichkeiten bei Niebergall „kein abstrakt dogmatischer Begriff, sondern wirkliche, Idee und Tatsache konkret vermittelnde Gemeinde von Subjekten" (ebd.).

Mit Niebergall kann sich Henning Luther nicht zuletzt in Bezug auf seine kirchentheoretischen Gedanken auf einen prominenten Vertreter liberaler Theologie berufen. Niebergalls kirchentheoretischer Programmbegriff der ‚*Gemeinschaft der Persönlichkeiten*' und das hinter ihm stehende Konzept eines umfassenden, kontinuierlich andauernden und nicht abschließbaren religiösen Erziehungsprozesses als Wesensmerkmal kirchlichen Lebens stehen in großer Nähe zu Luthers Verständnis von *Volkskirche als Kommunikationsgemeinschaft*. Beide, Niebergall wie auch Luther, stellen das autonome, sich religiös fortwährend entwickelnde Subjekt in den Mittelpunkt ihrer kirchentheoretischen Überlegungen. Beide werten damit Kirche als Sozialgestalt mit konkreten Formen der Vergemeinschaftung keineswegs ab. Doch gerade als Gemeinschaft und Gemeinde ist Kirche unter moderngesellschaftlichen Bedingungen nur glaubwürdig und überlebensfähig, wenn sie durch autonome, in religiöser Hinsicht selbstbestimmte und selbsttätige Subjekte als ihrem Fundament immer wieder neu konstituiert wird. Subjekt und Gemeinschaft sind sowohl bei Niebergall als auch bei Luther, vermittelt über die Prozesse der Erziehung und Bildung, dialektisch aufeinander bezogen.[12]

---

11 Das Zitat im Zitat stammt aus Friedrich Niebergall: Die religiöse Erziehung in Haus und Schule, Leipzig 1920, 18.

12 Vgl. dazu die ausführlichen Reflexionen in Luthers Habilitationsschrift (Religion, Subjekt, Erziehung, bes. 170–221).

2. *„Kirche ist Inter-subjektivität" – Brückenschläge zu Friedrich Schleiermacher*

Eine weitere prominente Referenzgröße für eine pädagogisch grundierte und konsequent subjektbasierte Kirchentheorie findet Luther in Schleiermachers praktisch-theologischem Ansatz. Die Relektüre Schleiermachers unter dem Aspekt der Verhältnisbestimmung von Individualität und Kirche kennzeichnet Luther ausdrücklich als Fortsetzung und weitere Vertiefung seiner Ausführungen über Niebergalls Verständnis von Kirche und Gemeinde als ‚Gemeinschaft von Persönlichkeiten'. Ziel seiner Analyse Schleiermachers ist es zu zeigen, dass ein die Individualität und kommunikative Intersubjektivität beachtendes Kirchenverständnis bereits in Schleiermachers praktisch-theologischem Ansatz vorgebildet ist.[13]

Luthers Schleiermacher-Relektüre setzt an bei dessen Theorem einer in der Kirche gegebenen *Ungleichheit* zwischen den *Hervorragenden* und der *Masse.*[14] Der Begriff Ungleichheit zielt bei Schleiermacher entgegen erster Assoziationen keineswegs auf eine Defizitanzeige in Bezug auf das kirchliche Kommunikationsgefüge etwa in der Form, dass eine kleine Gruppe Hervorragender die große Masse dominieren würde. Vielmehr zielt Schleiermachers kirchentheoretisches Ungleichheitstheorem auf Phänomene, die Luther anspricht, wenn er Kirche als Kommunikationsgemeinschaft oder als unabschließbaren Bildungsprozess beschreibt. So verstehe Schleiermacher den „Gegensatz von Klerus und Laien [...] nicht im Wesen der christlichen Religion selber begründet" (378). Vielmehr handle es sich dabei um ein „Gestaltungsprinzip der Geschichte" und damit gleichsam um ein „organisationssoziologisches Prinzip" (ebd.).

Anders als im katholischen, rechtlich-hierarchischen Kirchenverständnis ziele die bei Schleiermacher zur Debatte stehende Ungleichheit einzig darauf, „daß christlicher Glaube sich zur Mitteilung des geschichtlichen Mediums der Sprache bedienen muß" (380). Gerade in Bezug auf die Sprachfähigkeit und damit einhergehend auf die Bildung gebe es jedoch unter den Gläubigen Differenzen, d. h. eine Ungleichheit (vgl. ebd.). Produktiv aufgegriffen werden könne diese Ungleichheit, wenn man sich vergegenwärtige, dass sich Gemeinschaft nur durch den gegenseitigen *Austausch* konstituiere, was nichts anderes bedeute, als dass sich die Ungleichheit durch Mitteilung von einem zum anderen vollziehe.

Im Sinne von Schleiermachers kirchentheoretischer Figur der *lebendigen Circulation* oder des *Umlaufs* bestehe die kirchliche Ungleichheit in nichts anderem, als dass die einen auf dem Weg der Mitteilung mehr zu geben haben als die anderen. Dass die einen mehr haben, solle nach Schleiermacher durch den Austausch bzw. die Mitteilung *aufgehoben* werden. „Die Wahrnehmung und be-

[13] Vgl. Henning Luther: Kunst für alle; im Folgenden finden sich die Seitennachweise im Text.

[14] Vgl. in Schleiermachers KD dazu § 267.

stimmte Gestaltung der Ungleichheit erfolgt also zu einem bestimmten Ziel: nämlich der Aufhebung derselben" (384). Somit gehe es Schleiermacher nicht um die Festschreibung der mit der Ungleichheit gesetzten Differenzen, sondern vielmehr um deren Überführung „in ein fruchtbares Spannungsverhältnis [...], das einen wechselseitigen Austausch *zwischen* beiden Seiten in Gang bringt" (385). In der Summe ziele Schleiermachers Gedanke der Ungleichheit darauf, „die lebendige Zirkulation, den Umlauf, die Kommunikation in der kirchlichen Gemeinschaft zu ermöglichen" (ebd.).

Auf dieser Grundlage kann Luther zeigen, inwiefern bereits Schleiermacher Kirche als kommunikative Gemeinschaft versteht, die *allen* Gläubigen die selbständige Ausübung des Christentums ermöglichen solle. Als Fazit zu Schleiermachers Kirchentheorie hält Luther fest: „Weder wird das Subjekt gleichsam hypostasiert, indem der Kirche als Kollektiv- oder gar Wesens- und Idealgröße der Subjektstatus zugeschrieben wird, noch wird der Subjektstatus nur wenigen, nämlich den amtlich, klerikalisch Tätigen zugebilligt. Deren Tätigkeit dient vielmehr dem *Umlauf* innerhalb der kirchlichen Gemeinschaft, d. h. der kirchlichen Kommunikation zwischen *allen*. [...] Kirche (und Kirchenleitung) tritt den einzelnen nicht als abstrakte (anstaltliche, hierarchische) Größe gegenüber, sondern ist mit ihnen kommunikativ vermittelt. Kirche ist *Inter-subjektivität*" (393; Hervorh. im Orig.).[15]

Über Niebergall hinaus kann Luther mit Schleiermacher eine weitere prominente Referenzgröße aus dem Spektrum liberaler Theologie präsentieren, die sein Verständnis von *Volkskirche als Kommunikationsgemeinschaft* theologisch, aber auch organisationssoziologisch weiter begründet und plausibilisiert. Ergänzend zu Niebergall, dessen Reflexionen zum Verhältnis von Subjekt und Gemeinschaft schwerpunktmäßig auf Fragen der kirchlichen Erziehungs- respektive Bildungsaufgabe zielen, setzt Schleiermachers kirchentheoretischer Ansatz zunächst bei dem empirischen Erscheinungsbild von Kirche an. Der „Kniff" Schleiermachers, der für Henning Luther so wesentlich ist, besteht darin, dass es sich bei geschichtlich gewachsenen Ungleichheitsphänomenen im Erscheinungsbild von Kirche lediglich um Momentaufnahmen eines viel entscheidenderen Phänomens innerhalb des evangelischen Christentums handelt: nämlich der Tatsache, dass dieses durch einen ständigen kommunikativen Austausch und Umlauf all derjenigen konstituiert wird, die sich als Teil des evangelischen Christentums betrachten. Verschiedene Positionen innerhalb der Kirche und vordergründig hierarchisch wirkende Statusunterschiede sind aus Schleiermachers Perspektive heraus betrachtet Teil eines fortwährenden und nicht abschließbaren Kommunikationszusammenhangs, in dem allen Beteiligten unabhängig von der momenta-

15 Zur Herausarbeitung des Schleiermacher'schen Kirchenverständnisses von Kirche als Intersubjektivität bezieht sich Luther über Schleiermachers Ungleichheitstheorem hinaus auch auf dessen dialektisch angelegte Reflexionsfiguren von Produktivität und Empfänglichkeit (vgl. 384f.) sowie gebundenem und ungebundenem Kirchenregiment (vgl. 386–389).

nen Stellung im kirchlichen Gefüge die gleiche theologische Dignität, d. h. der gleiche theologische Subjektstatus, beigemessen wird. Kirche als Gemeinschaft kann im Kontext des evangelischen Christentums nur als Kommunikationsgemeinschaft selbständiger religiöser Subjekte, mithin als Intersubjektivität, verstanden werden. In diesem Kirchenverständnis reicht eine ideengeschichtliche Linie von Schleiermacher über Niebergall bis Luther.

IV. Volkskirche als plural verfasste Kommunikationsgemeinschaft

1. *Zusammenfassende Skizze des Kirchenverständnisses Luthers*

Im Begriff der Volkskirche kann eine Art Rahmenkategorie für das Kirchenverständnis Henning Luthers gesehen werden. Dabei fungiert die Kategorie Volkskirche für ihn nicht als organisatorische Größe, die es durch bestimmte strategische und planerische Maßnahmen zu erhalten und zu gestalten gelte. Ebenso wenig ist Volkskirche für Luther ein kirchentheoretischer Programmbegriff, den er eigenständig füllen und weiter profilieren würde. Vielmehr verwendet er den Begriff der Volkskirche als Kategorie, die auf die faktischen *Strukturen* innerhalb des kirchlichen Kommunikationszusammenhangs verweist. Dabei handelt es sich um die *plurale* Verfasstheit der Kirche, die sich in Phänomenen wie Differenzierung und Individualisierung innerhalb der Mitgliedschaft niederschlägt. Ferner, und das ist für Luther wohl der entscheidende Aspekt, schlägt sich die plurale Verfasstheit der Kirche in der Koexistenz einer Vielzahl religiöser Ansichten und Meinungen nieder, die, keineswegs einheitlich, zum Teil sogar divergierend und im Kontrast zueinander stehend, mit jeweils eigenen Wahrheitsansprüchen ausgestattet sind.

Luther sieht in all dem kein Problem, sondern eine Chance für die Kirche. Steht die plurale Verfasstheit der Volkskirche doch für nichts anderes als die Tatsache, dass die Kirche keine abstrakte Größe ist, die den Menschen auf eine mehr oder weniger numinose Art gegenübersteht, sondern vielmehr durch eine Vielzahl konkreter, je eigener autonomer Menschen konstituiert wird. Die Vielzahl religiöser Überzeugungen, Meinungen und Ansichten, die damit in der Kirche anzutreffen sind, zählen für Luther damit ebenso zu deren Konstitutionsmerkmalen.

Weil Luther Kirche in dieser Weise wahrnimmt, begreift er sie als *Kommunikationsgemeinschaft*. In diesem Zusammenhang ist für ihn die entscheidende Frage, wie es gelingen kann, den Einzelnen und die Einzelne bei der Ausbildung und Entwicklung ihrer religiösen Subjektivität zu unterstützen und zu fördern. Die Wahrnehmung alternativer Standpunkte und Meinungen, das selbstverständliche Zulassen kritischer Fragen, mithin die Begegnung und das Gespräch auf Augenhöhe sind für ihn die Voraussetzungen zum Erreichen dieses Ziels.

Kirche ist damit nie etwas Vorgegebenes, in das hinein ein Mensch zu integrieren wäre. Für Luther ist Kirche stattdessen ein fortwährender, offenbleibender und nicht abschließbarer Kommunikationsprozess, in dem sich bei allen Beteiligten Formen religiöser Bildung und Erziehung ereignen. Mit Niebergalls Begriff der *Gemeinschaft der Persönlichkeiten* und Schleiermachers Gedanken des *religiösen Austauschs bzw. Umlaufs* stehen Luther prominente Anknüpfungspunkte zur Verfügung, die sein zunächst erziehungswissenschaftlich und entwicklungspsychologisch basiertes Kirchenverständnis theologisch anschließen und weiter vertiefen lassen.

Die Frage, wie Kirche sich konkret empirisch gestalten sollte, bleibt bei Luther unbeantwortet - und sie scheint für ihn auch eher zweitrangig zu sein. Für Luther entscheidend ist: Wo sich religiöse Kommunikation zwischen Menschen ereignet, da *ist* Kirche. Damit zielen Luthers kirchentheoretische Impulse weniger auf Fragen von Kirche als *Organisation* oder als *Institution*. Der Anknüpfungspunkt für seine Impulse sind stattdessen *Interaktionen*, d. h. Formen der Kommunikation unter Anwesenden.[16] Sie stellen die Orte dar, an denen sich die religiösen Subjekte begegnen und so etwas wie der religiöse Austausch bzw. Umlauf stattfindet.

Abschließend stellt sich die Frage, welche Rolle auf diesem Hintergrund die Kategorie der Gemeinschaft spielt. Bei aller Betonung des Subjekts ist sie für Luther keineswegs irrelevant. Das zeigt schon der hohe Stellenwert, den er Niebergalls Leitbegriff von der *Gemeinschaft der Persönlichkeiten* entgegenbringt. Wesentlich bei Luthers Verständnis von Gemeinschaft dürfte jedoch sein, dass er sie nicht als statisch dinghafte Größe, etwa im Kontext von Kirchengemeinden, begreift. Vielmehr ist Gemeinschaft überall dort gegeben, wo durch christlich-religiöse Themen bedingte Interaktionen zwischen autonomen Subjekten auf Augenhöhe stattfinden.

Dieses Verständnis schließt nicht nur längerfristige oder auf Dauer angelegte Formen von Gemeinschaft ein. Es umfasst darüber hinaus auch alle punktuellen, zeitlich befristeten und der Erfüllung eines ganz konkreten Zwecks dienenden Formen sozialer Nähe.[17] Damit werden in Luthers kirchentheoretischer Perspektive all die vielen volkskirchentypischen Gelegenheitsstrukturen und kasuellen Phänomene als theologisch legitime Formen christlicher Gemeinschaft gewürdigt und einer immer noch häufig anzutreffenden abschätzigen Wahrnehmung,

---

16 Mit den kirchentheoretischen Begriffen der Organisation, Institution, Interaktion (und Inszenierung) greife ich den vierdimensionalen praktisch-theologischen Kirchenbegriff Jan Hermelinks auf; vgl. Jan Hermelink: Kirchliche Organisation und das Jenseits des Glaubens. Eine praktisch-theologische Theorie der evangelischen Kirche, Gütersloh 2011, 89–123. Zur Dimension ‚Interaktion' vgl. dort 110–115.

17 Dass hierin im Unterschied zu dauerhaften Vergemeinschaftungsformen die moderngesellschaftlichen Normalformen von Gemeinschaft zu sehen sind, zeigt Gerald Kretzschmar: Kirchenbindung. Praktische Theologie der mediatisierten Kommunikation, Göttingen 2007, bes. 90–121.

die darin lediglich so etwas wie Beliebigkeit, Bindungslosigkeit und Unbestimmtheit sieht, enthoben.

2. *Eine dauerhaft aktuelle Utopie – Impulse für die Kirchenreform*

Luthers maßgeblicher Impuls in Bezug auf Debatten der Kirchenreform besteht nicht in der Präsentation eines bestimmten Konzepts. Eher besteht sein kirchenreformerischer Impuls in dem klaren Plädoyer für die *Subjektorientierung*, die man als so etwas wie eine *Haltung* oder ein *Ethos* verstehen kann, aus der bzw. dem heraus Kirchenreform betrieben werden sollte. Die Leitfragen, die sich aus Henning Luthers kirchentheoretischer Perspektive heraus für die Kirchenreform formulieren lassen, könnten lauten: Wo und inwieweit dient die vorfindliche kirchliche Praxis der Subjektwerdung des und der Einzelnen? Was muss geändert werden, damit die Subjektwerdung des und der Einzelnen gefördert werden kann? Was hindert, was fördert den religiösen Austausch bzw. Umlauf zwischen den Subjekten?

Mit diesen Leitfragen zielen Maßnahmen der Kirchenreform, die aus der Perspektive von Henning Luthers Kirchentheorie gedacht werden, auf die Ebene des kirchlichen Lebens, auf der sich konkrete Begegnungen zwischen Menschen ereignen. *Kirche als Interaktion*, als Kommunikation unter anwesenden Menschen, das ist der Ansatzpunkt für eine Kirchenreform aus der Perspektive Luthers. Substantiell wird dieser kirchenreformerische Zugang, indem für die vielfältigen Interaktionen im Kontext von Gottesdienst, Predigt, Seelsorge, Diakonie und religionspädagogischer Arbeit in Schule und Gemeinde je spezifisch gefragt werden kann, inwieweit sich hier Subjekte gleichberechtigt begegnen können und ein Kommunikationsgeschehen stattfinden kann, innerhalb dessen sich Kirche als offener und offenbleibender Bildungsprozess ereignet.[18]

Würde diesen Fragestellungen auf allen Ebenen kirchlichen Handelns konsequent nachgegangen und würden Maßnahmen ergriffen, nach deren Umsetzung sich so etwas wie ein herrschaftsfreies Kommunikationsgeschehen unter gleichberechtigten Subjekten vollziehen würde, wäre das Ziel einer Kirchenreform aus der Perspektive Henning Luthers wohl verwirklicht. Es liegt auf der Hand, dass

[18] Im Zusammenhang seiner Überlegungen zu einer ‚Praktischen Theologie als Kunst für alle' weist Luther auf zwei Aspekte der Schleiermacher'schen Kirchentheorie hin, die er in seinen eigenen Schriften selbst nicht mehr weiterverfolgt. Zum einen bestehe die Aufgabe der Theologie (in kirchenleitender Absicht) darin, die „durch die Differenzen verursachten Kommunikationsbehinderungen [zu beseitigen, G. K.], oder positiv: […] für die Ermöglichung von Verständigung zwischen den Differenzen der Gläubigen [zu sorgen, G. K.]" (Henning Luther: Kunst für alle, 381). Zum anderen falle dem Theologen hierbei eine moderierende Funktion zu, da er „aufgrund seiner Bildung fähig ist, zwischen den verschiedenen Sprachwelten der einzelnen Gläubigen (in der Kirche) zu vermitteln und sie ins Gespräch miteinander zu bringen" (ebd.).

dieses Ziel in Reinform wohl niemals umzusetzen sein wird. Umso wichtiger ist es jedoch, dieses Ziel als *dauerhaft aktuelle Utopie* im Blick zu behalten.

Auf diese Weise ist es möglich, aktuelle Bemühungen um die Kirchenreform kritisch und präzise wahrzunehmen sowie diese ggf. zu korrigieren. So könnten im Hinblick auf die Kirchenreformbemühungen, die in zahlreichen Landeskirchen in den vergangenen Jahren von dem EKD-Impulspapier „Kirche der Freiheit"[19] inspiriert wurden, Fragen wie zum Beispiel diese gestellt werden:

- Welche Rolle spielen die religiösen Meinungen und Ansichten der Subjekte innerhalb der Kirchenreform? Wie wären solche Kirchenreformen ‚von oben' mit Luthers Perspektivenwechsel hin zu einer „Praktischen Theologie ‚gleichsam von unten'"[20] zu vermitteln?
- Welche Rolle spielt die Subjektwerdung des und der Einzelnen bei den Reformbemühungen?
- Beschränken sich die Maßnahmen der Kirchenreform auf Strukturfragen (Ansatz bei der Organisation)? Oder gehen sie von den Subjekten und der Kommunikation unter ihnen aus (Ansatz bei Interaktionen) und werden daraus erst in einem zweiten Schritt strukturelle, d. h. organisatorische Maßnahmen abgeleitet?

Wie auch immer die Antworten auf die gestellten Fragen im Falle einzelner Kirchenreformbemühungen ausfallen dürften, es ist anzunehmen, dass Henning Luther in vielen Fällen eine deutlich stärkere Subjektorientierung einfordern würde. Damit würde er zahlreiche Reformbemühungen, die einseitig auf Fragen der Organisation und strukturell-formale Maßnahmen zielen, mit einer tragfähigen Substanz versehen. Diese bestünde in nichts mehr und nichts weniger als darin, dass Varianten der Kirchenreform realisiert würden, in denen sich die Menschen mit dem, was sie in die Kirche einzubringen haben, ernst genommen und aufgehoben fühlen – zum Beispiel als Mitglied einer *Gemeinschaft der Persönlichkeiten*.

---

19 Vgl. Kirchenamt der EKD (Hg.): Kirche der Freiheit. Perspektiven für die evangelische Kirche im 21. Jahrhundert, Hannover 2006.

20 Henning Luther: Religion, Subjekt, Erziehung, 293.

II. Handlungsfelder

Paradoxe Institution

Zum Funktionswandel des Pfarramts im Individualisierungsprozess

Henning Luther

Bislang unveröffentlichtes, nicht autorisiertes Manuskript eines Gastvortrags, den Henning Luther im Sommersemester 1991 an der Theologischen Fakultät der Universität Bern hielt. Der Text wurde der neuen Rechtschreibung angepasst und grammatikalisch stillschweigend berichtigt. Der Abdruck erfolgt ungekürzt, wobei aus dem Original sowohl handschriftliche Kürzungsvermerke (//) als auch Hervorhebungen durch Anstreichungen (*) übernommen wurden.[1] *Die Literaturverweise wurden nachrecherchiert und in Fußnoten überführt.*[2]

I.

Seit der Reformation ist das evangelische Pfarramt eine paradoxe Institution. Das Amt institutionalisiert den Anspruch auf rechte Verwaltung von Wort und Sakrament. Wort und Sakrament machen nun aber nach evangelischem Verständnis alle Getauften zu Priestern. Die Intention der Institution des Pfarramts zielt also auf die Ermöglichung des ‚Priestertums *aller* Getauften'. Paradox ist diese Institution also, insofern sie – der Idee nach – ihren eigenen Selbstwiderspruch mit institutionalisiert hat. Diese paradoxe Grundstruktur ist vergleichbar der Institution der Erziehung, die seit der Aufklärung ihren eigenen Widerspruch mit in-

---

1 Luthers Hervorhebungen einzelner Worte und Formulierungen werden einheitlich durch Kursivsatz kenntlich gemacht.

2 Die Datierung wurde durch Christoph Morgenthaler bestätigt, der den Vortrag seinerzeit hörte. Frederik Ebling erledigte die Literaturrecherchen. Die Verantwortung für die Textedition liegt bei Simone Mantei und Kristian Fechtner. Es gilt das Prinzip der dokumentierenden, nicht interpretierenden Edition. Texteingriffe sind durch eckige Klammern kenntlich gemacht ([]).

stitutionalisiert hat: Die beste Erziehung ist die, die sich selbst überflüssig macht, der beste Erzieher derjenige, der sich selbst überflüssig macht.

Das evangelische Pfarramt kann ähnlich verstanden werden: Der eigentliche Sinn des Pfarramts kommt in der Realisierung des Priestertums *aller* Getauften – also in der Aufhebung einer Differenz von Klerus und Laien – zum Ziel.

Der wesentliche Charakter der paradoxen Institution besteht gerade darin, über sich *hinauszuweisen.* Sie ist nicht Selbstzweck, sondern dient der Realisierung eines Zwecks, einer Idee, die durch die Institution angeregt, ermöglicht, nicht aber in ihr selbst verwirklicht wird.

(So ist die Institution der Erziehung nicht um dieser selbst willen eingerichtet, sondern – nimmt man pädagogische Theorien ernst – um der Mündigkeit und Selbstbestimmung der ‚Zöglinge'.) * Paradoxe Institutionen haben also transitorischen Charakter. *[3] Sie weisen immer über sich hinaus. Auch das evangelische Pfarramt kann also wie Kirche als ‚Institution im Übergang' (Wolf-Dieter Marsch)[4] verstanden werden. Auch die Kirche ist nicht Selbstzweck, sondern Institution, die auf anderes – z. B. [das] Reich Gottes – verweist und diesen Verweisungsbezug repräsentiert und vermittelt. Das Pfarramt ist nicht um des Amtes willen eingerichtet, sondern um des Auftrags willen, den dieses repräsentiert, aber nicht verwirklicht.

Das Pfarramt ist evangelischem Verständnis zufolge um der befreienden Rechtfertigungsbotschaft willen da. Die Rechtfertigungsbotschaft weckt den Glauben der Einzelnen und begründet die individuelle Subjektivität der Glaubenden. * Die Institution des Pfarramts zielt mithin auf die Ermöglichung und Freisetzung der Subjektivität der Glaubenden. *

Das paradoxe Verhältnis von Institution und Individualität, von Amt und Subjektivität kehrt in der internen Struktur des Pfarramts in der Zuordnung von Amt und Person noch einmal wieder. Einerseits wird der Vorrang des Amtes betont, um einer möglichen subjektivistischen Verfälschung des einen Wortes der Rechtfertigung zu wehren. Andererseits kann die Person vom Amt nicht objektivistisch abgetrennt werden. Vielmehr ist die Person des Amtsträgers selber erster Adressat dieses Wortes, das auch ihn als gerechtfertigten Sünder qualifiziert.

Bekanntlich hat sich im Verlauf der protestantischen Kirchengeschichte dieser paradoxale Charakter des Pfarramts nicht verwirklichen lassen. Die Objektivität des Amtes trat in den Vordergrund und begründete die Entwicklung zur Amts- und Pastorenkirche, in dem die Institution des Pfarramts ihr dialektisches Verhältnis zum Gedanken des Priestertums aller Getauften verlor. Auch im internen

---

3 Handschriftliche Hervorhebung durch senkrechten Strich am Textrand hier mit * wiedergegeben.

4 Wolf-Dieter Marsch: Institution im Übergang. Evangelische Kirche zwischen Tradition und Reform, Göttingen 1970.

Amtsverhältnis wurde die Dialektik von Amt und Person weitgehend durch eine Priorisierung des Amtscharakters aufgelöst.

Obwohl diese Entwicklung zur Pastorenkirche und zur Betonung des Amtscharakters theologisch zumindest umstritten war, sind Impulse zur Veränderung dieses Verständnisses vom Amt des Pfarrers weniger aus theologischen Motiven hervorgegangen, sondern aus sozialgeschichtlichen Veränderungen der gesellschaftlichen Bedeutung von Kirche und christlicher Tradition.

Diese gesellschaftlichen Veränderungsprozesse, die ideell zwar bereits in der Reformation angelegt sind, sich aber sozial breitenwirksam erst in diesem Jahrhundert und selbst da erst in den letzten Jahrzehnten durchgesetzt haben, sind als *Individualisierung* – und damit gekoppelt – als *Pluralisierung* zu kennzeichnen.

//[5] Ich will im Folgenden zunächst die wesentlichen Kennzeichen und Konsequenzen dieses Individualisierungsprozesses beschreiben, um dann zu fragen, was dies für das Verständnis des Pfarramts bedeutet. Meine These ist, dass der Individualisierungsprozess zu einem Funktionswandel des Pfarramts führt.

Bevor ich meine eigene inhaltliche Bestimmung dieses gewandelten Pfarramtsverständnisses näher entfalte, will ich auswahlweise auf einige neuere pastoraltheologische Bestimmungsversuche eingehen, die versuchen, das Pfarramt angesichts der gegenwärtigen gesellschaftlichen und kirchlichen Situation neu zu bestimmen. Ich möchte eingehen auf

- Manfred Josuttis' Versuch zur (religionspsychologisch und religionsgeschichtlich abgeleiteten) Resakralisierung des Pfarramts (Der Pfarrer ist anders[6]);
- die Professionalisierungsansätze, die die Eigenart des Pfarramts in seiner besonderen (theologischen, missionarischen, therapeutischen etc.) Kompetenz sehen (Eilert Herms[7], Würzburg[8]);
- die neokonservativen Versuche, die die Besonderheit des Pfarramts in seiner Autorität und seinem Vorbildcharakter sehen (Volker Drehsen[9], Reinhard Schmidt-Rost[10]);

---

5 Handschriftlich eingefügte Winkelzeichen im Manuskript lassen sich als Kürzungen für den Vortrag bzw. die Drucklegung interpretieren und sind hier durch // wiedergegeben.

6 Manfred Josuttis: Der Pfarrer ist anders, München 1982.

7 Eilert Herms: Theorie für die Praxis – Beiträge zur Theologie, München 1982 sowie Ders.: Die ethische Struktur der Seelsorge, in: PTh 80 (1991), 40–62.

8 Kirchenamt der EKD (Hg.): Der Beruf des Pfarrers / der Pfarrerin heute. Ein Diskussionspapier zur V. Würzburger Konsultation über Personalplanung in der EKD, Hannover 1989.

9 Volker Drehsen: Die angesonnene Vorbildlichkeit des Pfarrers. Geschichtliche Reminiszenzen und pastoralethische Überlegungen, in: PTh 78 (1989), 88–109.

10 Reinhard Schmidt-Rost: Seelsorge zwischen Amt und Beruf. Studien zur Entwicklung einer modernen evangelischen Seelsorgelehre seit dem 19. Jahrhundert, Göttingen 1988.

- schließlich auf jene Ansätze, die versuchen, den Widerspruch von Institution und Individualität zu überwinden und das Pfarramt als ,Repräsentanz von Subjektivität' (Godwin Lämmermann[11], Jörg Dierken[12]) bestimmen.

Mein eigener Versuch knüpft an den letzten Versuch als m. E. einzig tragfähigen an und versucht, das Pfarramt als paradoxe Institution der Ermöglichung von Subjektivität und Individualität zu sehen. Dies soll in einzelnen Punkten näher entfaltet werden. //

II. Individualisierung und Pluralisierung – Folgen der Enttraditionalisierung der modernen Gesellschaft

Die Entdeckung und Betonung der Individualität und Subjektivität des Einzelnen zählt zu den entscheidenden Kennzeichen neuzeitlichen Denkens, dessen Anfänge sich bis in die Reformation und Renaissance zurückverfolgen lassen. Freilich blieb diese ,Individualisierung' weithin auf den ideengeschichtlichen Bereich des philosophischen Diskurses bzw. besondere gesellschaftliche Schichten beschränkt. In der sozialen Ordnung der Gesellschaft ist bis in dieses Jahrhundert hinein das Prinzip der Individualisierung kaum zur Geltung gekommen. Sozialgeschichtlich – und d. h. für die breiten Bevölkerungsschichten – relevant wurde Individualisierung als soziologischer Sachverhalt vor allem seit der Nachkriegszeit. Hier zeigt sich in zunehmendem Maße eine Individualisierung der objektiven Lebenslagen der einzelnen Gesellschaftsmitglieder. Ulrich Beck unterscheidet dabei folgende drei Formen der Individualisierung:

- die „*Herauslösung* aus historisch vorgegebenen Sozialformen und -bindungen im Sinne traditionaler Herrschafts- und Versorgungszusammenhänge (,Freisetzungsdimension')",
- den „*Verlust von traditionalen Sicherheiten* im Hinblick auf Handlungswissen, Glauben und leitende Normen (,Entzauberungsdimension')" und
- „eine *neue Art der sozialen Einbindung* (,Kontroll- bzw. Reintegrationsdimension')."[13]

Die Individualisierung ist insgesamt eine Folge der Enttraditionalisierung der Gesellschaft. Die individuelle Lebensführung des Einzelnen wird immer weniger durch traditionale Vorgaben – wie Geburt, Herkunft, Standeszugehörigkeit – festgelegt, sondern unterliegt immer mehr eigener Entscheidung und indivi-

[11] Godwin Lämmermann: Der Pfarrer – elementarer Repräsentant von Subjektivität?, in: ZEE 35 (1991), 21–33. Vgl. auch Ders.: Wider „die gesellschaftliche Verdrängung von Schwäche". Zu Henning Luthers Verständnis von Seelsorge und Diakonie, in: ThPr 27 (1992), 218–231.

[12] Jörg Dierken: Amtsverständnis und Berufsrolle des Pfarrers. Thesen zur Integration theologischer und soziologischer Perspektiven, in: DtPfrBl 90 (1990), 284–288.

[13] Ulrich Beck: Risikogesellschaft. Auf dem Weg in eine andere Moderne, Frankfurt a. M. 1986, 206 (Hervorh. im Orig.).

dueller Wahl. Die Identität des Einzelnen wird immer weniger askriptiv zugewiesen und von diesen bloß übernommen, sondern selbstständig im Rahmen des Möglichen gestaltet.

Zugleich verbindet sich mit der Freisetzung aus unbefragten, vorgegebenen sozialen Ordnungs- und Lebensmustern eine Veränderung in der Beziehung zur religiösen, weltbildhaften Deutungstradition. Dabei geht es nicht so sehr – wie Kulturkritiker beklagen – um einen prinzipiellen Traditionsabbruch oder Traditionsverlust, sondern primär um einen veränderten Umgang mit Tradition. Während die fraglose Gültigkeit und Plausibilität der religiös-kirchlichen Überlieferungen traditionalen Gesellschaften einfach unterstellt wurde, tritt der Einzelne dieser Tradition zunehmend als selbstständig denkendes und kritisch nachfragendes Subjekt gegenüber, das nur das ‚übernimmt', was ihm einzuleuchten und ihn zu überzeugen vermag. An die Stelle einer Lenkung *durch* Tradition tritt nun die selbstbewusste Auseinandersetzung mit ihr. * Der Rückgang der Kirchlichkeit ist auch Ausdruck dieses veränderten Traditionsbezugs: Die Arbeit an eigenen Sinn- und Deutungsmustern wollen sich viele nicht abnehmen lassen von kirchlich-institutionellen Vorgaben. *

Die dritte von Beck angeführte Dimension des Individualisierungsprozesses hebt darauf ab, dass eine Gesellschaft, die sich wesentlich über Individualisierung der Lebenslagen bildet und gleichsam über den Einzelnen reproduziert, anderer Integrationsmechanismen bedarf, die das leisten, was zuvor Herkunft, Klasse oder Familie bewerkstelligt haben: den gesellschaftlichen Zusammenhalt. Es kommt nach Beck daher notwendig zu einer institutionenbezogenen Standardisierung.

Die Ausdifferenzierung individualisierter Lebenslagen erfordert eine Formalisierung und Standardisierung durch Institutionen (Recht, Bildung, etc.).

Der Individualisierungsprozess ist nun insgesamt ambivalent zu beurteilen. Einerseits schafft er die Möglichkeit zur Ausbildung einer unverwechselbaren, individuellen Identität. Andererseits – und darauf macht Beck vor allem aufmerksam – entstehen mit dem Freisetzungsprozess der Individualisierung *neue Abhängigkeiten*. Der Individualisierungsprozess verläuft damit nicht eindeutig, sondern enthält immanente Widersprüche. Dazu Ulrich Beck:

> „In der fortgeschrittenen Moderne vollzieht sich Individualisierung unter den Rahmenbedingungen eines Vergesellschaftungsprozesses, der individuelle Verselbstständigungen gerade in zunehmendem Maße unmöglich macht: Der einzelne wird zwar aus traditionalen Bindungen und Versorgungsbezügen herausgelöst, tauscht dafür aber die Zwänge des Arbeitsmarktes und der Konsumsexistenz und der in ihnen enthaltenen Standardisierungen und Kontrollen ein. An die Stelle *traditionaler* Bindungen und Sozialformen (soziale Klasse, Kleinfamilie) treten *sekundäre* Instanzen und Institutionen, die den Lebenslauf des einzelnen prägen und ihn gegenläufig zu der individuellen Verfügung, die sich als Bewusstseinsform durchsetzt, zum Spielball von Moden, Verhältnissen, Konjunkturen und Märkten machen."[14]

[14] A. a. O., 211.

Der Individualisierungsprozess fördert also nicht schon die Ausbildung einer eigenständigen, unverwechselbaren und einmaligen Individualität, sondern bewirkt auch und gerade die Abhängigkeit von standardisierten Lebensmustern und institutionellen Vorgaben. Diese Diskrepanz zwischen Bewusstseinsform und objektiver Lebenslage der Individuen verschärft sich nun freilich wechselseitig: In dem Maße, in dem bewusstseinsmäßig die Bedeutung von Individualität und eigenständiger Personwerdung wächst, muss die Verhinderung von Individualität durch Standardisierung umso stärker empfunden werden. * Die Idee einer unverwechselbaren Individualität weckt ein Versprechen, das die gesellschaftliche Realität de facto kaum einzulösen vermag. *

Oder anders: Das gesellschaftliche Versagen hinsichtlich der Ausbildung unverstellter Individualität wird gerade in dem Maße empfunden, in dem die Ansprüche darauf geweckt und entwickelt werden. Das Leiden an versachlichten, standardisierten Sozialbeziehungen, die Individualität nur begrenzt zulassen, kann erst da aufkommen, wo der Anspruch auf Individualität sich als selbstverständlich durchgesetzt hat.

Die Ambivalenz des Individualisierungsprozesses, die die Subjektwerdung der einzelnen in dieser Gesellschaft prekär werden lässt, kann am kontraproduktiven Verlauf des Bestrebens, eine eigenständige, unverwechselbare Identität auszubilden, aufgezeigt werden. In dem Wunsche, eine einmalige und besondere Identität zu entwickeln, versucht der Einzelne, sich von anderen abzugrenzen. Er versucht, seine Individualität also nicht aus sich heraus zu entwickeln, sondern in der negativen Abhebung von anderen. Er bleibt also negativ fixiert an gesellschaftlichen Vorgaben. Im schnellen Wechsel der Moden muss das Individuum freilich immer schnell erfahren und erkennen, dass seine vermeintlich individuelle Besonderheit bereits gesellschaftlich vorgegeben und vermittelt ist.

Die Individualisierung unterliegt mithin einem sekundären Konformitätszwang.

Was bedeutet der Individualisierungsprozess nun für die Institution des Pfarramts?

Die Pfarrerorientierung der Amts- und Pastorenkirche basiert auf der weithin unangefochtenen Geltung der religiösen Tradition und der traditionalen sozialen Ordnungen und Bindungen. Der Pfarrer war Repräsentant dieses geschlossenen und einheitlichen Weltbildes. Der Pfarrer trat den einzelnen weniger als individueller Seelsorger mit je unterschiedlichem persönlichem Profil gegenüber, sondern als Vertreter des kirchlichen Amtes. Als Garanten einer letzten (göttlichen) Sinnordnung waren die kirchlichen Amtsträger somit ‚Stützen der Gesellschaft'.

Der Individualisierungsprozess, der mit der Auflösung eines einheitlichen und unbefragten Weltbildes einhergeht, muss dann zu einem Funktionsverlust des Amtes führen.

Der Individualisierungsprozess berührt das Pfarramt in zweifacher Weise. Zum einen orientieren die Einzelnen sich in ihrer privaten Lebensführung immer weniger unmittelbar an kirchlichen Vorgaben, die von den Amtsträgern repräsentiert und vorgetragen werden. In der Deutung und Rechtfertigung der eigenen Biografie sehen die Einzelnen sich vielmehr zunehmend auf sich selbst verwiesen – und im negativen Fall: auch auf sich selbst zurückgeworfen. Im Blick auf die Individualisierung der Liebesbeziehungen beschreiben Beck/Beck-Gernsheim dies eindrücklich wie folgt:

> „Männer und Frauen werden mehr und mehr die Gesetzgeber ihrer eigenen Lebensform, die Richter ihrer Verfehlungen, die Priester, die ihre Schuld wegküssen, die Therapeuten, die die Fesseln der Vergangenheit lockern und lösen."[15]

Es scheint so, als komme die protestantische Idee, dass wir keiner priesterlichen Vermittlungsinstanz für die Beziehung zu Gott brauchen, sondern dass jeder Getaufte selber Priester und unmittelbar zu Gott ist, erst jetzt – auf säkulare Weise – zur Erfüllung.

Zum anderen verändert der Individualisierungsprozess das Selbstverständnis des Pfarramts. Jedenfalls dort, wo der gesellschaftliche Verlust der kirchlichen Autorität des Amtes reflektiert wahrgenommen wird, kommt es zunehmend zu einer Umkehrung im Verhältnis von Amt und Person. Nicht das Amt trägt mehr die Person des Pfarrers, sondern die Person des Pfarrers trägt zunehmend das Amt.

Bereits zu Anfang dieses Jahrhunderts hat Ernst Troeltsch genau diese Konsequenz aus dem gesellschaftlichen Prozess der Individualisierung gezogen:

> „... es bleibt nichts anderes übrig, als einen sehr weitgehenden Einfluß diesem modernen – vielleicht ist das Wort nicht gerade glücklich gewählt, es erweckt Nebensinn – aber jedenfalls diesem heutigen Individualismus und Subjektivismus einzuräumen. Wir sind in Wahrheit darin schon ziemlich weit gegangen, wir tun es nur nicht prinzipiell. Und die Hauptsache ist: man müßte das prinzipiell und mit gutem, ehrlichem Gewissen tun. Denn das, was der Theologe zuerst braucht, ist ein gutes und ehrliches Gewissen. Das wird ihm so außerordentlich schwer gemacht. // Man müßte prinzipiell jedem einzelnen Theologen zubilligen, daß er in seiner persönlichen Entwicklung einen eigenen Weg gehen darf, daß, wenn er wirklich die Absicht hat, christliches Leben zu verkünden, er sich dogmatisch und ethisch zu einer eigenen Persönlichkeit ausbilden darf."[16] //

Nach Troeltsch tritt der seine individuelle Persönlichkeit ausbildende Pfarrer vor die Gemeinde und sagt „in voller Ehrlichkeit [...]: ich biete euch das Evangelium so, wie ich es verstehe und es tun kann."[17]

---

15 Ulrich Beck / Elisabeth Beck-Gernsheim: Das ganz normale Chaos der Liebe, Frankfurt a. M. 1990, 13.

16 Ernst Troeltsch: Religiöser Individualismus und Kirche. Vortrag im Badischen Wissenschaftlichen Predigerverein, in: PrM 15 (1911), 250–270 (260f.).

17 A. a. O., 261.

Dies bedeutet zugleich, dass der Pfarrer weniger ‚fertige Wahrheiten' bietet, sondern den Prozess der fragenden Auseinandersetzung mit der Tradition in Gang setzt: „Dann kommt weiter dazu, wie wir in Predigt und Unterricht unsere Zuhörer zu behandeln pflegen. Da ist die große Frage: Bieten wir ihnen nur fertige Wahrheiten dar, so gefärbt oder so gefärbt? Wollen wir sie nur belehren und hineinziehen in normative Überzeugungen? Oder stehen wir ihnen gegenüber als gemeinsam mit ihnen Suchende da?"[18]

Die Erhebungen zur Kirchenmitgliedschaft in den letzten Jahren haben in der Erwartung der Kirchenmitglieder diesen Wandel in der Zuordnung von Amt und Person bestätigt. Während zum einen die Institution der Kirche gegenüber der Person des Pfarrers in der Wahrnehmung der Mitglieder zurücktritt, was dazu führt, dass der Pfarrer mit Kirche identifiziert wird, wächst das gesellschaftliche Ansehen in dem Maße, in dem er sich den Einzelnen auf authentisch-persönlicher Ebene zuwendet und ihnen nicht als Kirchenfunktionär begegnet. Godwin Lämmermann schreibt dazu:

> „Die Erwartungen an den Pfarrer sind höchst widersprüchlich: aufgrund einer normativen Überhöhung bisheriger Erfahrungen erwartet – oder besser – befürchtet man vom Pfarrer die vorbehaltlose Identifikation mit der Institution, zugleich will man mit ihm gerade in dieser Rolle aber nichts zu tun haben, weil sich darin der Verdacht zu bewahrheiten scheint, daß hier eine Institution ein Individuum vereinnahmt und zum Verschwinden bringen will. Ersehnt wird vielmehr ein Mensch, der über persönliche Eigentümlichkeit, Verlässlichkeit und Identität verfügt."[19]

Am Wunsch nach einer persönlichen Gestaltung der Kasualien, die auf die Individualität der Betroffenen eingeht, wird diese Erwartung besonders augenfällig.

Zusammenfassend lässt sich also fragen: Wenn der Individualisierungsprozess zu einem gesellschaftlichen Bedeutungsverlust des klassischen (institutionell vermittelten) Amtes führt, bedeutet dies dann einen Funktionsverlust des Pfarramts überhaupt oder ist damit eher ein Funktionswandel angezeigt?

// Bevor ich letztere Deutung näher entfalte, sollen zuvor einige gegenwärtige pastoraltheologische Konzepte untersucht werden, die versuchen, auf den veränderten gesellschaftlichen Stellenwert des Pfarramts produktiv einzugehen. //

---

[18] A. a. O., 262.

[19] Lämmermann 1991 (Anm. 11), 25.

III. Tendenzen der aktuellen Pastoraltheologie

1. Zur Resakralisierung des Pfarramts[20] *bei Manfred Josuttis*

// Manfred Josuttis hat in seiner zweibändigen zeitgenössischen Pastoraltheologie ein differenziertes Bild der gegenwärtigen Konfliktzonen des Pfarramts gezeichnet. Normative und empirische Aspekte sind dabei ebenso in ihrer Verknüpfung beachtet wie theologische, soziologische, kulturanthropologische, psychologische und religionswissenschaftliche Perspektiven. Dadurch werden Einseitigkeiten und Übervereinfachungen vermieden.

Die von mir im Folgenden herausgearbeitete Tendenz der Resakralisierung des Pfarramts charakterisiert daher nicht ausschließlich das Pfarrerbild Josuttis', andere – auch gegenläufige – Züge lassen sich in dieser, gerade an Konflikten und Spannungen ausgerichteten Pastoraltheologie finden. Gleichwohl habe ich den Eindruck, dass mit der genannten Tendenz für Josuttis ein – wenn nicht dominanter, so doch ausschlaggebender Aspekt benannt ist. Dieser Aspekt ist im ersten Band der Pastoraltheologie im Zusammenhang mit Ausführungen zur Frömmigkeit des Pfarrers bereits angedeutet und scheint mir dann im zweiten Band weitergeführt und verstärkt zu werden.[21] //

Der programmatische Titel „Der Pfarrer ist anders" meint erwartetes und gewolltes, erfahrenes und gesolltes Anderssein des Pfarrers. Josuttis reflektiert diese unterschiedlichen, Miteinander- und Gegeneinander-Aspekte der Andersartigkeit des Pfarrers kritisch, ohne dabei allerdings – wenn ich es recht sehe – einen Anspruch, dass der Pfarrer anders zu sein habe, überhaupt in Frage zu stellen. Es geht ihm vor allem um einen reflektierten Umgang mit der Andersartigkeit.

Die Andersartigkeit des Pfarrers wird zum einen – in der Tradition der Dialektischen Theologie – von dem ‚ganz Anderen' Gottes her verständlich zu machen versucht, dessen Wort der Pfarrer verkünden soll, zum anderen aber zunehmend auch aus religionsphänomenologischen und kulturanthropologischen Überlegungen heraus, die den engeren theologischen Begründungsrahmen übersteigen. Der Pfarrer ist dann insofern ein ‚Anderer', insofern er die Sphäre des Heiligen repräsentiert und damit die in der Profanität bleibende Welt der anderen, der Laien, der Gemeinde, übersteigt.

Im ersten Band seiner Pastoraltheologie lässt Josuttis dies in der Beschreibung der Frömmigkeitspraxis der Pfarrer anklingen, die in der modernen säkularisierten Gesellschaft weithin defizitär und prekär erscheint, aber um der Dimension des Heiligen umso notwendiger sei.

---

[20] Im Original: Pfarrers. Im weiteren Text wird jedoch ausschließlich von der „Resakralisierung des Pfarramts" gesprochen.

[21] Manfred Josuttis: Der Pfarrer ist anders, München 1982, 12 sowie Ders.: Der Traum des Theologen, München 1988.

Entgegen theologischen Tendenzen, den lange Zeit nur negativ bewerteten Säkularisierungsprozess konstruktiv als Selbstexplikation des christlichen Glaubens zu beurteilen, fordert Josuttis Theologie und Theologen dazu auf, die Säkularisierung auch als einen von der Ökonomie diktierten Zerstörungsprozess wahrzunehmen und den dadurch verursachten „Verlust an religiöser Wirklichkeit" nicht länger zu verdrängen, sondern zu betrauern. Josuttis folgert daraus die Forderung einer neuen praxis pietatis der Pfarrer, in denen dieser Bezug auf die „religiöse Wirklichkeit", d. h. auf das Heilige, wieder sichtbar und anschaulich werde.[22]

Er fragt die Theologie, „ob sie für den Umgang mit dem Heiligen in der säkularisierten Gesellschaft eine neue Basis zu liefern vermag".[23]

// „Nachdem es keine heiligen Orte, Zeiten und Gegenstände mehr gibt", gewinnt der Pfarrer als „religiöses Symbol" zunehmend Bedeutung, wenngleich dies von den Pfarrern selbst kaum so wahrgenommen werde und der Pfarrer „als religiöses Symbol einigermaßen verloren in einer säkularisierten Gesellschaft" stehe.[24]

Umso wichtiger hält es Josuttis, dass der Pfarrer diese Dimension des Heiligen zurückgewinnt. Bei aller Anpassung an die „profanen Gewohnheiten" „sollte er doch im Inneren eine geordnete, stabile, möglichst auch ungebrochene Beziehung zum Heiligen aufweisen".[25] Dies erfordere eine „geistliche Erneuerung des Pfarrerstandes"[26] und eine Regeneration der Frömmigkeitspraxis, die sich vor allem in Bibellektüre (als Versenkung in die Heilige Schrift), Gebet und Meditation niederschlagen müsse. Die Ausdrucksformen der Frömmigkeit – wie Gebet, Gottesdienst und Bibellektüre – versteht Josuttis nicht nur theologisch begründet, sondern anthropologisch: Sie sind ihm „elementare Aspekte des Menschseins"[27], die zudem „weltweit unter den Religionen verbreitet sind"[28]. Im Ritual des Gottesdienstes sucht der Mensch „die Erfahrung von Heil durch die Beziehung zum Heiligen zu gewinnen"[29].

Der Pfarrer soll in seiner Frömmigkeitspraxis und in seinem Leben Repräsentant und Symbol dieser Beziehung zum Heiligen in einer ansonsten profanisierten Gesellschaft werden.

Im zweiten Band „Der Traum des Theologen" hat Josuttis diesen Aspekt aufgegriffen und vertieft, indem er ihn zu einem konstitutiven Merkmal des Pfarrberufs erhebt. //

---

22 A. a. O., 199.
23 A. a. O., 203.
24 A. a. O., 200.
25 Ebd.
26 A. a. O., 203.
27 A. a. O., 205.
28 A. a. O., 208.
29 A. a. O., 207.

Josuttis beschreibt hier – unter Verwendung religionsphänomenologischer Kategorien – die Aufgabe des Pfarrers dreifach:

> „Der Pfarrer erzählt die heiligen Mythen;
> er vollzieht die heiligen Riten;
> er führt ein heiliges Leben."[30]

Der Beitrag des Pfarrers lässt sich damit nach Josuttis insgesamt als „Arbeit am Heiligen"[31] charakterisieren.

Josuttis betont diesen ‚archaischen' Kern des Pfarrerberufs, um die Dimension des Heiligen in der gegenwärtigen Gesellschaft zurückgewinnen. Das Heilige leitet sich aus der Heiligkeit des Lebens ab. Diese aber sieht Josuttis im „Zeitalter der Lebensgefahr" bedroht. Der Pfarrer hat darum mit seiner „Arbeit am Heiligen" gleichsam die gesellschaftskritische Funktion, den Tendenzen zur Lebensbedrohung und Lebenszerstörung zu wehren.

Die Dimension und Intention des Heiligen, dem der Pfarrer dienen soll, beschreibt Josuttis wie folgt:

> „Es geht um einen Aspekt der Dynamik des Lebens, der sakrosankt ist, weil sich in ihm die Ordnung des Lebens darstellt, der heil ist, weil er Konflikte und Krisen transzendiert, der heilvoll ist, weil er die Macht des Bösen bekämpft, der aber auch Gefahren enthält, weil er sich nicht instrumentell benutzen und für andere Zwecke mißbrauchen läßt."[32]

Die „Arbeit am Heiligen" durch den Pfarrer soll die Sakrosanktheit des Lebens gegen die Bedrohungen bewahren und zur Lebensvergewisserung beitragen:

> „Indem der Pfarrer Riten vollzieht, Mythen erzählt und ein heiliges Leben führt, praktiziert er die alte religiöse Aufgabe der Lebensbejahung und Lebensvergewißerung an den gegenwärtigen gesellschaftlichen Brennpunkten von Lebensgefahr."[33]

Ich kann an dieser Stelle nicht ausführlich in eine Auseinandersetzung mit Josuttis' Konzept eintreten, möchte aber abschließend anfragen, ob der Versuch zur Resakralisierung nicht einerseits auf theologisch problematische Weise unverzichtbare Einsichten der Religionskritik und der Vergeistigung, Subjektivierung und Ethisierung des christlichen Glaubens einzieht und ob dieser Versuch nicht andererseits gesellschaftlich zu einer Behinderung statt Förderung von Kommunikation und Enthierarchisierung führt. Ich fürchte, dass die Tendenzen zur Rückgewinnung der exklusiven Sphäre des Heiligen und die Bindung der

---

30 Josuttis 1988 (Anm. 21), 62.

31 A. a. O., 63.

32 A. a. O., 62f.

33 A. a. O., 72.

Pfarrer an diese Sphäre die notwendigen Wege zur Realisierung eines ‚Priestertums aller Getauften' eher erschweren.

2. *Der Professionalisierungsansatz (Eilert Herms / GK-Papier / Würzburg)*

Während für Josuttis' pastoraltheologischen Ansatz der Begriff des Heiligen zentrale Bedeutung erlangt, steht im Professionalisierungsansatz der Begriff der ‚*Kompetenz*' im Mittelpunkt, // wobei in der Diskussion unterschiedliche Charakterisierungen dieser Kompetenz genannt werden: theologische Kompetenz, pastorale Kompetenz, hermeneutische Kompetenz, missionarische Kompetenz, kommunikative Kompetenz, kybernetische Kompetenz. //

Der Professionalisierungsansatz versucht, den Pfarrberuf gerade nicht aus dem Gegenüber zur Gesellschaft, aus der kritischen Distanz gegenüber den Modernisierungsprozessen zu begreifen, wie etwa der Resakralisierungsansatz, sondern gerade aus seiner gesellschaftsfunktionalen Einbindung. Es geht hier weniger um die Betonung der Andersartigkeit des Pfarrers, sei sie theologisch (Amt), sei sie religionsphänomenologisch begründet, sondern gerade darum, ihn als einen gesellschaftlichen Beruf zu verstehen, der vergleichbar ist mit anderen Professionen, besonders den akademischen Berufen des Arztes, des Juristen etc. Die Identität des Pfarrers soll danach vorrangig in seiner „berufliche[n] Identität" bestehen, die „die Kompetenz zu einem berufsmäßigen Handeln" enthält.[34] Kennzeichen und Bedingung einer Profession ist ihre wissenschaftsorientierte Ausbildung, die theoriegeleitetes Handeln ermöglicht und bloß traditionales Handeln aus Erfahrung und Routine übersteigt. Herms formuliert so:

> „Berufliche Kompetenz schließt in der heutigen Gesellschaft notwendig ein, daß dem Berufstätigen eine empirisch-funktionale Theorie seines Handlungsfeldes zur Verfügung steht."[35]

Der aufgabenspezifische Charakter des Amtsträgers „wird nicht durch eine sakramentale Weihe, sondern durch Aus- und Fortbildung gewonnen."[36] // Freilich ist der kirchliche Auftrag des Pfarramts für die Form der Professionalisierung regulativ.[37] Das Papier der Gemischten Kommission bestimmt daher die „theologische Kompetenz", die die wissenschaftliche Ausbildung vermitteln soll, als

[34] Herms 1982 (Anm. 7), 290.

[35] Ebd.

[36] Kirchenamt der EKD (Hg.): Grundsätze für die Ausbildung und Fortbildung der Pfarrer und Pfarrerinnen der Gliedkirchen der EKD, Hannover 1988.

[37] A. a. O., 6.

den „Inbegriff der Fähigkeiten, die für die *auftragsgemäße* und *professionelle* Führung des Pfarramts erforderlich sind."[38] //

Kennzeichen einer professionellen Führung des Pfarramts ist – wie erwähnt – ihre wissenschaftliche, theoriegeleitete Fundierung. Was charakterisiert sie nun näher?

Als kompetent bezeichnet Herms „dasjenige Handeln des Theologen, welches seine Ziele nicht rein zufällig, sondern aufgrund einer Orientierung an stichhaltigen, entscheidungsrelevanten Einsichten über sein Handlungsfeld erreicht".[39] Grundlage solcher Einsichten ist was Herms „eine empirisch-funktionale Theorie seines Handlungsfeldes"[40] nennt.

Die Handlungssituation mit Mitteln der empirisch-funktionalen Theorie zu bearbeiten, impliziert zwei aufeinander aufbauende Schritte: Es erfordert zum Ersten ein erfahrungsinduziertes Wissen über Regelzusammenhänge, deren Kenntnis dann zum Zweiten ein wirksames und effektives Eingreifen in die Situation ermöglicht. Mit dem empirisch-funktionalen Wissen wird also ein Handlungstyp vorgebildet, der primär aus seiner ‚Erfolgsorientierung' bestimmt ist.

Professionalität des beruflichen Handelns besteht diesem Ansatz zufolge also wesentlich im wirksamen, effektiven Handeln, einem Handeln, das sich theoriegeleitet und methodisch zielstrebig am Erreichen eines Erfolges ausrichtet.

Das in die Situation eingreifende intervenierende Handeln zielt auf Verbesserungen, sei es die Aufhebung von Störungen und Behinderungen, sei es die Förderung und Steigerung vorhandener Möglichkeiten.

Diese Dominanz der Orientierung an Effektivität und Erfolg – mit den beiden Aspekten der eingreifenden Intervention sowie der Ausrichtung an Wachstum – lässt sich besonders deutlich machen an der Beschreibung der Aufgabe des Seelsorgers, die in einem neueren Aufsatz zum Zusammenhang von Seelsorge und Ethik gegeben ist.

Ausgangspunkt der zu bearbeitenden Handlungssituation der Seelsorge sind danach „Störung[en] der Urteilsfähigkeit der Person".[41] Professionelles seelsorgerliches Handeln zielt auf eine „Kräftigung oder Erweiterung der Fähigkeit zu ethisch positiv qualifiziertem – am ethischen Urteil orientiertem – Handeln, also eine Steigerung der ethischen Urteilsfähigkeit".[42] Seelsorge hat ihr Ziel erreicht, „wenn sie diese Störung hat überwinden und an dieser Stelle ein Hindernis des ethischen Reifungsprozesses hat ausräumen können."[43] An anderer Stelle spricht Herms von der „intervenierenden Interpretation" im Beratungsgespräch: „Spezi-

---

38 Ebd.

39 Herms 1982 (Anm. 7), 51.

40 A. a. O., 290.

41 Herms 1991 (Anm. 7), 53.

42 Ebd.

43 Ebd.

fikum der *intervenierenden* Interpretation ist also die *effektive*, auf den Klienten *wirkende* Darstellung der beraterischen Situationsinterpretation.“[44]

Ich kann hier nicht annähernd in eine Erörterung des komplexen Theorieansatzes bei Herms eintreten (auch nicht seine Aneignung der Schleiermacher'schen Handlungstypen diskutieren). Wichtig erscheint in unserem Zusammenhang, dass Professionalität hier wesentlich am Modell des erfolgsorientierten Handelns ausgerichtet wird, für das Merkmale wie empirisch-funktionales Regelwissen, effektive Intervention und Wachstum (Steigerung) ausschlaggebend sind.

Die Dominanz dieser Kategorien – die insgesamt die Kennzeichen neuzeitlicher Rationalität ausmachen – in der Beschreibung des beruflichen Handelns des Pfarrers veranlasst zu ähnlichen kritischen Rückfragen, die auch an den neuzeitlich vorherrschend gewordenen Rationalitätstyp zu stellen sind. Es fragt sich, ob die Handlungs- bzw. besser Praxissituation des Pfarramts nicht einseitig verkürzt wird. Zum einen bleibt ausschließlich empirisch-funktionales Regelwissen monologisch strukturiert, der kommunikativ-hermeneutische Aspekt von Praxis bleibt zumindest stark vernachlässigt. Die Folgen liegen dann auch in der – unten noch zu behandelnden – Asymmetrie in der Beziehung zwischen professionellem Amtsträger und Gemeinde.

Zum anderen drohen die vorherrschenden Kategorien der Effektivität, des eingreifenden Handelns und der Leistungssteigerung ungebrochen der Fortschritts- und Wachstumsideologie aufzusitzen, die theologisch bedenklich ist. Wird hier nicht das Muster der Weltbewältigungs- und -bemächtigungsstrategien auch zum Leitbild pastoralen Handelns erhoben – in dem mögliches Scheitern, mögliche Brüche zwar konzediert, aber – in der Theorie „endlicher Freiheit“ – funktional aufgefangen und abgefedert werden?

Mit diesem – sit venia verbo – technokratischen Leitbild professionellen pastoralen Handelns droht nicht nur leicht eine Überforderung, sondern vor allem eine theologisch bedenkliche Vernachlässigung von Schwachheit und Leiden in der Bestimmung pastoraler Existenz. (Allenfalls wird das *Wissen* darum theoretisch aufgenommen, nicht aber als *Erfahrung* zum tragenden Bestimmungsgrund.)

Auf die fehlende kommunikative Dimension der derart bestimmten Professionalität wurde bereits hingewiesen. Sie zeigt sich deutlich an einer Implikation, die mit dem Professionalisierungs[ansatz] direkt verknüpft [ist].[45] Professionalisierung ist gesellschaftlich Ausdruck von Differenzierung und Spezialisierung. Spezialisierte Professionen setzen voraus und bedingen notwendigerweise das Gegenüber von Fachmann und Laien. Im Rahmen der fachspezifischen Kompe-

44 Herms 1982 (Anm. 7), 293 (Hervorh. im Orig.).

45 Im Original liegt eine Textverderbnis vor, so dass der Satz durch die Editoren vervollständigt wurde.

tenz (z. B. Gesundheit, Recht) ist die Beziehung zwischen ihnen asymmetrisch. (Wobei sich in anderen spezialisierten Beziehungen das Verhältnis umdrehen kann: Der Arzt wird in der Autowerkstatt zum Laien.)

Kennzeichen der Beziehung zu professionalisierten Berufsträgern sind also: erstens eine spezialisierende Einschränkung des Beziehungsverhältnisses (beim Arzt geht es nur um Aspekte der Gesundheit, beim Rechtsanwalt nur um Aspekte des Rechts, die anderen möglichen Inhalte der Beziehung sind systematisch ausgeschaltet); zweitens ist diese Beziehung aufgrund des konstitutiven Kompetenzgefälles asymmetrisch konstruiert – der Nichtfachmann wird zum Klienten oder Patienten.

Es fragt sich nun, ob dieses professionelle Beziehungsmuster übertragbar ist auf das Pfarramt. Lässt sich zum einen die ‚theologische' oder ‚religiöse Kompetenz' analog zu den spezialisierten Einzelkomponenten der professionellen Berufe deuten? Im Diskussionspapier zur V. Würzburger Konsultation wird zu diesem Punkt m. E. zu Recht hervorgehoben, dass gerade die Zuwendung zum „ganzen Menschen" und das „Generalistische" das Spezifikum des Pfarrberufs ausmache:

> „Die Mehrzahl heutiger Berufe ist leistungs- und zweckorientiert, auf spezielle Bedürfnisse ausgerichtet und deshalb durch ein hohes Maß an Spezialisierung gekennzeichnet. Im Unterschied dazu ist das Gegenüber des Pfarrers/der Pfarrerin der ganze Mensch, der in seinem gesamten persönlichen, mitmenschlichen und gesellschaftlichem Dasein der Adressat des Evangeliums ist."[46]

Zum anderen lässt sich die pastorale Beziehungs- und Begegnungsstruktur insgesamt kaum angemessen in der Asymmetrie von Fachmann und Laien bestimmen. Auch hierzu bemerkt das Würzburger Papier m. E. zutreffend:

> „Von daher versteht sich, weshalb typische Berufsrelationen wie die von Arzt-Patient, Anwalt-Mandant, Therapeut-Klient usw. sich hier nicht gleichermaßen aufzeigen lassen. Spezialisierten Berufen gegenüber ist der Inhaber eines Pfarramts – vor allem eines Gemeindepfarramts – kein ‚Spezialist' sondern ein ‚Generalist', und dies hat zugleich eine wichtige gesellschaftliche Funktion."[47]

Zudem droht die Gefahr, dass sich die aus der professionellen Spezialisierung abgeleitete Asymmetrie in der Beziehung zwischen Pfarrer und Gemeinde zusätzlich noch durch die Verbindung zu einem bestimmten (hierarchischen) Amtsverhältnis verstärkt.

* Vergleicht man den Resakralisierungs- und den Professionalisierungsansatz, so kann man vereinfacht sagen, dass beide auf je spezifische Weise den paradoxen Charakter der Institution des Pfarramts nach einer Seite hin auflösen: Wäh-

---

46 Kirchenamt der EKD 1989 (Anm. 8), 2.

47 A. a. O., 2f.

rend ersterer die Distanz zur Gesellschaft betont und verschärft (der Pfarrer ist anders), wird im zweiten die funktionale Einpassung in die Gesellschaft zum Leitmotiv. *

Beide stimmen hinsichtlich ihrer Wirkung aber darin überein, dass sie kaum zur Überwindung der Pfarrerorientierung und zu einer Enthierarchisierung sowie zu einer stärker partizipatorisch-kommunikativen Gemeindepraxis beitragen. Sowohl der professionelle Experte als auch der Repräsentant des Heiligen vertiefen eher die Distanz zur Gemeinde, anstatt zu helfen, sie abzubauen.

Auf den Individualisierungsprozess reagieren beide unterschiedlich: Josuttis' Ansatz geht darauf nicht explizit ein, man kann aber die emphatische Rückbesinnung auf die Dimension des Sakralen indirekt als Versuch der kritischen Überwindung der negativen Folgen von Vereinzelung und Egoismus ansehen. Auch Herms bezieht sich nicht explizit auf die Individualisierung. Für die inhaltliche Ausrichtung der theologischen Arbeit spielt aber der Bezug auf Individualität und persönliche Identität eine zentrale Rolle. Das professionelle Berufshandeln des Pfarrers hat hier die Funktion, die Bildung individueller Identität gleichsam zu steuern und den Individualisierungsprozess vor Chaos und Diffusion zu bewahren.

~~3. Der Pfarrer als Vorbild und Autorität (Volker Drehsen, Reinhard Schmidt-Rost)~~[48]

IV. Das Pfarramt – Institution der Individualität

Im folgenden Kapitel ist Pfarrer durch Pfarrerin zu e[rsetzen][49]

// Der Prozess der Individualisierung wurde als ambivalenter Vorgang beschrieben. Zum einen erhält er den unverzichtbaren und [un]hintergehbaren Freiheitsgewinn der Einzelnen zur individuellen Lebensgestaltung. Die Möglichkeit zur Gestaltung von Subjektivität sind die Chancen dieses Prozesses. Zum anderen gefährden die gesellschaftlichen Bedingungen dieses Prozesses zugleich diese Chancen und schaffen für den Einzelnen Risiken, die gerade seine Subjektwerdung gefährden und bedrohen.

---

48 Nicht ausgearbeitetes Kapitel. Überschrift im Original handschriftlich durchgestrichen.

49 Maschinenschriftlicher Vermerk im Original. Da die exklusiv feminine Formulierung jedoch zu missverständlichen Bedeutungsverschiebungen führt, unterblieb sie für diese Textedition. Näheres dazu im Beitrag von Simone Mantei in diesem Band.

Das Pfarramt – so mein Verständnis – muss auf diese Ambivalenz des Individualisierungsprozesses reagieren. Es kann dies in der paradoxen Funktion einer Institution von Individualität. Dies will ich abschließend kurz entfalten. //

Das Pfarramt muss mindestens auf zweifache Weise auf den Individualisierungsprozess reagieren.

Wenn Individualisierung das Ende einer bloß traditionalen Abhängigkeit in der Lebensgestaltung meint, kann der Pfarrer den Einzelnen nicht länger als Amtsträger gegenübertreten, der gleichsam die objektive Gültigkeit einer für alle verbindlichen christlichen Tradition vertritt.

Als Repräsentant kirchenamtlicher Lehre gelingt dem Pfarrer – wie die Umfragen belegen – kaum eine glaubwürdige Vermittlung der christlichen Tradition. Glaubwürdig und zugänglich wird die Tradition dann, wenn sie mit der je individuellen Lebenssituation hermeneutisch vermittelt ist. Dies impliziert gleichsam eine zweifache Individualisierung der Traditionsvermittlung: Zum einen muss die Glaubensüberlieferung so verflüssigt werden, dass sie beziehbar wird auf die je unterschiedliche soziale und biografische Lebenssituation der Betroffenen, zum anderen muss das je subjektive Verhältnis des Pfarrers zur Tradition, die er vermittelt, erkennbar werden. Die Subjektivität des Pfarrers hat so gleichsam katalysatorische Anregungsfunktion, insofern sie deutlich macht, dass und wie christliche Tradition für das Leben einzelner Bedeutung gewinnen kann. Sie kann also dazu anregen, dass jeder *seinen* je persönlichen Zugang zur Überlieferung findet.

Die Betonung der subjektiven Authentizität des Pfarrers hat dabei also nicht – wie etwa Volker Drehsen in seinem Beitrag zur ‚angesonnenen' und ‚notwendigen' Vorbildlichkeit des Pfarrers[50] – die Funktion, als Vorbild und Orientierungsmuster für Christlichkeit zu dienen, sondern die Aufgabe zur schöpferischen Freisetzung je verschiedener Realisierungen des Christlichen in den differenten Lebenswelten zu werden. Sie dient also gerade der Pluralisierung, anstatt sie durch amtliche Regulierung zu beschneiden.

Diese hermeneutische Aufgabe des Pfarramts folgt aus der *formalen* Struktur des Individualisierungsprozesses: Wenn die christliche Tradition nicht verholzen soll, müssen diejenigen, die – wie die Pfarrer – diese vermitteln, sowohl der eigenen Individualität als auch der der ‚Adressaten' hermeneutisch Rechnung tragen.

Der Individualisierungsprozess hat nun daneben und vor allem auch einen wesentlich inhaltlichen Aspekt. Dieser bezieht sich besonders auf die mit ihm verbundenen Gefahren und Risiken der gesellschaftlich vermittelten Individualisierung. Die Ambivalenz der gesellschaftlich geforderten Individualisierung besteht u. a. darin, dass sie nicht nur die Lebenschancen erhöht, sondern für den Einzelnen zugleich auch die Risiken des Scheiterns, d. h. auch das Scheitern wird

[50] Drehsen (Anm. 9).

individualisiert, mit dessen Folgen die Einzelnen allein fertig werden müssen. Der Individualisierungsprozess impliziert damit zugleich die Tendenz zur Vereinzelung und Vereinsamung. Das Versprechen einer erhöhten Chance, seine eigene unverwechselbare Identität auszubilden, ist ständig bedroht vom Versagen, insofern das Versprechen im Rahmen des Konkurrenzdenkens als Forderung verinnerlicht wird.

Diese immanente Selbstwidersprüchlichkeit führt dann zugleich zu einer Gefährdung der Identitätsbildung, insofern diese aufgrund des Konkurrenzdenkens in der Außenorientierung stecken bleibt. Das Bemühen, in der so genannten Massengesellschaft eine unverwechselbare besondere Identität auszubilden, verleitet dazu, sich ständig von anderen (Außen) abgrenzen zu müssen. Die Außenorientierung macht damit die Anerkennung der eigenen Identität abhängig von Konventionen und Moden der Gesellschaft. In dieser gesellschaftlichen Situation kommt dem Pfarramt aufgrund seines ‚Verkündigungsauftrages' besondere Bedeutung zu.

Die zentrale Rechtfertigungsbotschaft soll die befreiende Einsicht vermitteln, dass die Identität des Einzelnen nicht durch Leistung herstellbar ist und nicht auf der Anerkennung durch andere basiert, sondern zuvorkommend durch die Anerkennung Gottes immer schon gesetzt ist.

Die Vermittlung dieser Botschaft gibt also dem Pfarramt seine besondere inhaltliche Funktion im Individualisierungsprozess: Es erinnert und vergegenwärtigt Kriterien gelingender Identitätsbildung. Damit hält es die Sehnsucht der Menschen nach sich selbst wach – jene Sehnsucht, die im gesellschaftlichen Individualisierungsprozess zwar angestachelt, aber immer wieder enttäuscht wird. Die Rechtfertigungsbotschaft, der das Pfarramt dient, befreit von dem letztlich destruktiven ‚Kampf um Anerkennung' konkurrierender Einzelner.

Aus der Beachtung sowohl der formal-strukturellen Aspekte als auch des inhaltlichen Aspektes ergeben sich für das Verständnis der Pfarrerrolle folgende Konsequenzen:

(1) Aus den hermeneutischen Anforderungen aus dem Individualisierungsprozess erwächst die Notwendigkeit, dass der Pfarrer sich *am Ort des Lebens* der Betroffenen aufhält. Wenn der Pfarrer nicht länger Repräsentant einer amtlichen Lehre sein kann, sondern zum Hermeneuten wird, der Tradition und Situation je neu vermittelt, muss er Anteil nehmen an der Lebenswelt der Menschen, denen er mit seiner Botschaft begegnen will. Nicht die Entfernung und Distanz von den Anderen zeichnet dann die Eigentümlichkeit der Pfarrerrolle aus, sondern die empathetische *Nähe* zu ihnen. Es käme dann gerade nicht auf die Betonung der Andersartigkeit des Pfarrers an, sondern auf seine *Mit-Menschlichkeit*, die Anteil nimmt an den Erfahrungen der Menschen, ihren Sehnsüchten und ihren Leiden. Dann würde das Pfarramt nicht durch die Exklusivität einer sakralen Sonderexistenz gekennzeichnet, sondern gerade durch Nähe und Nachbarschaft. Ernst Lange hat daher m. E. treffend die Rolle des Pfarrers als die

des „professionellen Nachbarn“ beschrieben, der an der Herstellung und Pflege von *Beziehung* und freundschaftlicher Verständigung interessiert ist.[51]

Das Grund*motiv* des Pfarramts ist dann die Bewegung des *Eingehens in* die Lebensverhältnisse, nicht die des Herausgehens aus ihnen. Das Spezifikum der pastoralen Funktion des Pfarramts bestünde dann darin, sich den Lebensverhältnissen der Menschen in ihrer Widersprüchlichkeit und Brüchigkeit zuzuwenden und an ihnen teilzunehmen (compassion). Nicht die Exklusivität eines ‚heiligen Lebens‘, sondern die einfühlende Teilhabe am unheiligen Leben wäre die Grundintention pastoraler Existenz.

* In der nachbarschaftlich-freundschaftlichen Nähe geht es um die hilfreiche *Interpretation* der Bedürfnisse der Menschen, nicht primär um ihre pauschale Kritik oder gar Denunziation, wenn anders Bedürfnisse als ‚Chiffre für Subjekthaftigkeit‘ (Christof Bäumler) verstanden und entschlüsselt werden können.[52] *

(2) Das Eingehen in die Verhältnisse bedeutet nun aber nicht – wie oft geargwöhnt wird – ein *Aufgehen* in den Verhältnissen. In der Beschreibung der Pfarrerrolle tritt darum neben das Moment der nachbarschaftlichen Vertrautheit auch das Moment der gesellschaftlichen Dysfunktionalität, die Irritation und Befremdung auslöst. Diese Distanz bezieht sich nun nicht auf die Menschen, sondern auf die sozialen Bedingungen ihres Zusammenlebens. Diese sind nun im Rahmen einer funktional differenzierten und arbeitsteilig spezialisierten Gesellschaft durch Fragmentarisierung der Lebensverhältnisse und durch Rollenabhängigkeit der Beziehungsmuster gekennzeichnet. In dieser Situation gewinnt das Pfarramt seine eigentümlich paradoxe Funktion: Das Besondere der seelsorgerlichen Interaktion besteht gerade darin, dass in ihr der Einzelne nicht als Träger einer spezifischen Rolle und Funktion, sondern als ‚ganzer Mensch‘ wahrgenommen werden will. Das Archaische und Gesellschaftsdysfunktionale des Pfarrberufs besteht nun darin, dass die Pfarrerrolle gerade nicht aufgeht in der gesellschaftlichen Struktur spezialisierter Berufsrollen. Die paradoxe Rolle des Pfarrers kann daher beschrieben werden als ‚Rolle der Rollentranszendenz‘. Die Chance besonders des am Lebens- und Wohnort der Menschen wirkenden Gemeindepfarrers besteht darin, Anspruch und Vision auf unzerstückelte Lebensverhältnisse anschaulich werden zu lassen. So kann gerade das Unmoderne am Pfarramt, die mangelnde funktionale Spezialisierung und vor allem die fehlende Differenzierung und Trennung der Sphäre des Privat-Persönlichen und

---

51 Ernst Lange: Die Schwierigkeit, Pfarrer zu sein, in: Ders.: Predigen als Beruf, Stuttgart 1976, 142–166 (165).

52 Der Terminus technicus „Chiffre für Subjekthaftigkeit“ geht auf Gert Schneider zurück und wird von Christof Bäumler aufgenommen in: Ders.: Kommunikative Gemeindepraxis. Eine Untersuchung ihrer Bedingungen und Möglichkeiten, München 1984, 76–79. Nach Schneider sind unmittelbar artikulierte Bedürfnisse der Gemeindeglieder als Zeichen für das dahinterliegende Bedürfnis, als Subjekt anerkannt zu werden, ernst zu nehmen (Ders.: Grundbedürfnisse und Gemeindebildung. Soziale Aspekte für eine menschliche Kirche, München 1982, 99–104; 149–154).

der des Beruflich-Öffentlichen, die von jüngeren Pfarrern oft als Belastung empfunden wird, für die betroffenen Menschen als hoffnungsvoller Verweis auf Lebensverhältnisse verstanden werden, in denen der Einzelne *nicht* in seinen Rollen und gesellschaftlichen Funktionen aufgeht, sondern in seiner unverwechselbaren Individualität und Subjektivität wahrgenommen werden kann.

Der Pfarrer, der sich als Nachbar den Menschen in ihren Lebensverhältnissen zuwendet, lässt sich also gerade um der Menschen willen nicht unkritisch auf die herrschenden Spielregeln gesellschaftlicher Normalität ein. Für seine Rolle der Rollentranszendenz kann er anknüpfen an die Tradition gesellschaftlicher Außenseiterrollen, wie die des Narren oder des (exzentrischen) Künstlers. Das Spezifische dieser Außenseiterrollen besteht darin, dass sie sich nicht im ‚Jenseits der Gesellschaft' ansiedeln, sondern *in* der Gesellschaft irritierend an Möglichkeiten des Anders-Seins erinnern.

Die paradoxe Rolle der Rollentranszendenz gewinnt so Züge des Grenzgängers oder der „Schwellenexistenz" (Victor Turner) der in der arbeitsteilig-hierarchischen Struktur der Gesellschaft die anderen Möglichkeiten einer „Communitas" repräsentiert.[53] Der Pfarrer als „Pierrot" (Erhard Domay) oder der Pfarrer als „Clown" (Heije Faber) würde sich einer umstandslosen Funktionalisierung und Professionalisierung des Pfarramts entziehen.[54] Der Pfarrer, die sich auf Religion als einen gesellschaftlichen Teilbereich spezialisieren würde, würde diese zugleich um ihre Widerständigkeit bringen.

(3) Ich komme zu meinem dritten und letzten Punkt, der noch einmal den paradoxen Charakter des Pfarramts betont. Aus dem Bisherigen folgt nämlich, dass auch die pastorale Kompetenz (oder theologische Kompetenz) des Pfarrers nur eine im paradoxen Sinn sein kann. Insofern der Pfarrer nicht Spezialist für Einzelfunktionen ist, sondern gleichsam ein ‚Generalist', gehört zu seinen wesentlichen Fähigkeiten gerade die, sich um verschiedene Lebensbereiche zu kümmern und sich eben nicht nur auf einen einzigen zu spezialisieren. Während es Kennzeichen der Professionalisierung ist, die Kompetenz durch fach- und bereichsbezogene Spezialisierung zu erhöhen, lässt sich die besondere Kompetenz des Pfarrers als Generalisten mit Joachim Scharfenberg eher als die des „kompetenten Dilettanten" charakterisieren.[55]

Aus einem weiteren, theologisch m. E. gewichtigen Grund kann schließlich der Kompetenzbegriff nur in gebrochener, paradoxer Weise für den Pfarrerberuf Anwendung finden. Der Kompetenzbegriff suggeriert fachliche Überlegenheit, Stärke, Erfolg. Am Bild des Clowns, mit dessen Hilfe Heije Faber den Pfarrer zu

---

[53] Victor Turner: Das Ritual. Struktur und Anti-Struktur, Frankfurt a. M. 1989.

[54] Vgl. Erhard Domay: Pierrot, Prinzipal, Partisan …, in: DtPfrBl 78 (1978), 324–329; Heije Faber: Profil eines Bettlers? Der Pfarrer im Wandel der modernen Gesellschaft, Göttingen 1976.

[55] Joachim Scharfenberg: Pastoralpsychologische Kompetenz von Seelsorgern/-innen, in: Isidor Baumgartner (Hg.): Handbuch der Pastoralpsychologie, Regensburg 1990, 135–152 (147).

beschreiben versucht hat, hebt dieser vor allem das Moment der Verletzlichkeit hervor.

Im Gegenzug zum vorherrschenden Erfolgsdenken müsste das Umgehen mit Schwäche und Versagen, das Zulassen von Niederlagen und Scheitern gerade zu einem konstitutiven Merkmal der Berufsrolle des Pfarrers werden.

Die Kompetenz des Pfarramts, das der Rechtfertigungsbotschaft dient, realisiert sich darin, diese auch auf den Pfarrer selbst bezogen sein zu lassen.

Während im Kontext anderer professionalisierter Berufe das Zeigen von Schwäche eher das Vertrauen mindert, dürfte beim Pfarrberuf eher umgekehrt das Nichtzeigen von Schwäche die Glaubwürdigkeit mindern und die gewagte Verletzlichkeit das Vertrauen der Menschen fördern.

Paul Tillich fordert von den Theologen daher:

> „Nichts ist für Theologen selbst anstößiger und läßt ihn denen, die er überzeugen möchte, verächtlicher erscheinen als eine Theologie der Selbstsicherheit. Der wahre Theologe ist der, der die Kraft besitzt, seine Schwachheit zu erkennen und zu bekennen, und der deshalb die Kraft hat, für die Schwachen so schwach zu sein, daß der Sieg sein ist.“[56]

Ich fasse zusammen:

Angesichts der Ambivalenz des Individualisierungsprozesses kommt dem Pfarramt, das die Rechtfertigungsbotschaft zur Sprache bringen soll, besondere Bedeutung zu: Es wird zur Institution der Individualität, die unter den (unhintergehbaren) Bedingungen von Individualisierung und Pluralisierung gegen die Gefahren des Konkurrenzegoismus Zeichen gelingender Subjektwerdung setzt.

Um diese Funktion zu erfüllen, sollte das Pfarramt dialektisch-kritisch auf Gesellschaft bezogen sein und damit weder sich durch Resakralisierung völlig absetzen von der Gesellschaft, noch aber auch mit den vorherrschenden Spielregeln und Normen der Gesellschaft durch Professionalisierung und Kompetenzsteigerung sich gleichschließen.

Vielmehr sollte das Pfarramt seine seit der Reformation bestehende, latente paradoxe Grundstruktur bewusst entfalten. Es müsste gleichsam die paulinische ‚os me‘-Einstellung für sein berufliches Handeln entdecken. Gegen die Ernsthaftigkeit und Rigidität des Heiligen und des Experten gewinnt das Pfarramt so auch vielleicht etwas Spielerisch-Befreiendes. Auf jeden Fall wird die Institution des Pfarramts, die ihren eigenen Selbstwiderspruch und die Selbstdistanz mit realisiert, einen deutlich *kommunikativeren* Bezug zu der Gemeinde entwickeln, der sowohl durch die Sakralisierung als auch durch die Intensivierung des Expertentums verloren geht.

Als mögliche Konkretionen eines Pfarrerbildes, das dieser paradoxen Struktur folgt, habe ich anzudeuten versucht:

---

56 Paul Tillich: Religiöse Reden, Berlin / New York 1987, 119.

- der Pfarrer als professioneller Nachbar, der aufgrund seines Amtes an Nähe und Beziehung zu den Menschen arbeitet,
- der Pfarrer als professioneller Außenseiter und Grenzgänger, dessen Rolle gerade in der Rollentranszendenz besteht und
- der Pfarrer, dessen berufliche Stärke gerade im Zulassen und Zeigen von Schwachheit besteht.

Die hier – auswahlweise – genannten Aspekte eines gebrochenen Pfarramtsverständnisses verweisen auf eine zusätzliche Paradoxie: Werden damit nicht einem traditionell männlich geprägten Beruf eher ‚weibliche Züge' zugewiesen? Aber dies wäre Thema eines neuen Vortrags – über die ‚weibliche Zukunft des Pfarrberufs'.

Paradoxe Intervention

Henning Luthers Beitrag zur Pastoraltheologie

Simone Mantei

I. Einleitung

Henning Luthers Beitrag zum pastoraltheologischen Diskurs gleicht inhaltlich wie formal einer paradoxen Intervention – im wörtlichen nicht therapeutischen Sinn. Über zwanzig Jahre, nachdem Luther kurz vor seinem Tod 1991 einen Vortrag zum Funktionswandel des Pfarramts im Individualisierungsprozess an der Theologischen Fakultät in Bern hielt, wird das Manuskript „Paradoxe Institution" im Rahmen dieses Sammelbandes erstmals veröffentlicht und als alter Beitrag neu in die unterdessen vorangeschrittene pastoraltheologische Diskussion eingespeist. Macht das Sinn? Hat die Geschichte den Text nicht längst überholt? Und was können Luthers damalige Überlegungen zu aktuellen Diskursen rund um den Pfarrberuf beitragen?

Der folgende Beitrag erkundet Henning Luthers Pfarramtsverständnis, das auch inhaltlich als paradox bzw. gebrochen zu charakterisieren ist. Dazu fasse ich zunächst die zentralen Gedanken des einzigen zu Lebzeiten veröffentlichten pastoraltheologischen Aufsatzes „Pfarrer und Gemeinde" von 1984 sowie des nunmehr veröffentlichten Redemanuskripts „Paradoxe Institution" von 1991 zusammen (II.). Sodann richtet sich der Blick auf Luthers Rezeptionsgeschichte in der jüngeren Pastoraltheologie. Wo nahm sie – sei es in Zustimmung oder Abgrenzung – Bezug auf Luther und welche Aspekte seiner Theologie wurden weiterentwickelt? (III.1) Den Abschluss bildet eine kritische Würdigung, die ebenso nach Grenzen und Zeitbedingtheiten der ‚paradoxen' Intervention fragt wie nach Anregungen, die von Luthers ‚neuem alten' Beitrag für den weiteren pastoraltheologischen Diskurs ausgehen (III.2).

II. Luthers pastoraltheologischer Ansatz

1. Von der Gemeinde- und Laien- zur Pastoraltheologie

Die erste inhaltliche Paradoxie in Luthers pastoraltheologischem Beitrag besteht bereits in der Hinwendung zum Thema, denn Luther stand in einem kritischen Verhältnis zur Pastoraltheologie. Seine Praktische Theologie des Subjekts grenzt sich mit ihrem Perspektivwechsel von der Kirche bzw. ihren Funktionsträgern zu einer Laien- und Alltagsperspektive bewusst von pastoraltheologischen und ekklesiologischen Engführungen der Praktischen Theologie ab. Praktische Theologie, so Luther im Anschluss an Schleiermacher, ist ausdrücklich *keine* „Klerikertheorie“, sondern eine „Kunst für alle“.[1]

Einer ‚pastoraltheologischen Klerikerorientierung‘ begegnet Luther ähnlich ablehnend wie die Dialektische Theologie – allerdings weniger aus Sorge, sie könne den Blick auf die Botschaft denn auf die Gemeinde verstellen. Um der Gemeinde willen ist ihm daran gelegen, übersteigerte pastorale Selbstbilder und daraus resultierende hierarchische Kommunikationsstrukturen zwischen Klerus und sog. Laien zu problematisieren, kurzum das Erbe der Amts- und Pastorenkirche zu überwinden. Luthers Beschäftigung mit pastoraltheologischen Fragen entspringt somit in erster Linie einem Einspruch, oder wie er selbst formuliert, ihn leitet dabei „weniger eine systematische Absicht, die auf eine in sich konsistente Theorie des Pfarrerberufs abzielt, als das Interesse an einer kritischen Bestandsaufnahme geläufiger Selbst- und Fremdkonzepte des Pfarrers unter der besonderen Berücksichtigung des Gemeindebezugs.“[2]

In bewusster Abgrenzung von einer pastoraltheologischen ‚Tradition der Selbstbespiegelung‘ richtet sich Luthers Fokus damit – auch und gerade in seinen pastoraltheologischen Überlegungen – nicht auf die Pfarrperson, sondern letztlich auf die Gemeinde. Diese wiederum versteht er nicht als abstraktes Kollektivsubjekt, sondern im Anschluss an Schleiermacher und Niebergall als Gemeinschaft miteinander kommunizierender religiöser Subjekte.

2. *Neue Beziehungsmuster zwischen Pfarrer und Gemeinde*

In seinem Habilitationsvortrag „Pfarrer und Gemeinde“ formuliert Luther 1984 die Eckpunkte seiner pastoraltheologischen Position. Wie oben ausgeführt, nähert er sich dem Pfarrberuf aus gemeindetheologischer Perspektive. Seine Ausgangsfrage lautet: Wie – wenn nicht länger hierarchisch – kann die künftige Beziehungsstruktur zwischen Gemeinde und Pfarrperson bestimmt werden? „Es geht um eine Form des Pfarrbildes, das jede Form der Unmündigkeit der Gemeinde ausschließt.“[3] Es geht um die Entfaltung der Vision einer solidarischen, „nichtfragmentarische[n] und nichtentfremdete[n] Kommunikation in und mit der Gemeinde“[4]

Die sogenannte Krise des Pfarrberufs, welche seit Beginn der 1980er Jahre zu

1 Henning Luther: Kunst für alle, 385.

2 Henning Luther: Pfarrer und Gemeinde, 28. Luther verwendet die maskuline Form bewusst, worauf zurückzukommen sein wird (III.2.2).

3 A. a. O., 27.

4 A. a. O., 42.

einer Renaissance der Pastoraltheologie führte, ist für Luther weniger ein Problematischwerden der Berufs*inhalte* als vielmehr der asymmetrischen *Beziehungsmuster* zwischen Pfarrperson und Gemeinde. Daher bedürfe es einer Rückbesinnung auf die in der Reformation mittels der Lehre vom Priestertum aller Getauften geleistete Entsakralisierung des Priestertums. Der damals geschaffene Freiheitsraum sei allerdings bald durch neue Hierarchisierungen – etwa in Form der Akademisierung und Professionalisierung des Pfarrstandes – verschüttet worden.

Herausgefordert durch Manfred Josuttis' Veröffentlichung „Der Pfarrer ist anders", die zur bewussten Annahme des hierarchischen Verhältnisses zwischen Klerus und ‚Laien' auffordert, statt eine Aufhebung der Asymmetrie anzustreben, formuliert Luther seine *machtkritische* Position und konturiert die Pfarrperson als „Anti-Typ beruflichen Rollen- und Erfolgsdenkens".[5]

„Die paradoxe Rolle des Pfarrers bestünde dann also darin, in der Kommunikation mit der Gemeinde das Rollenverhalten zu überschreiten und sich mit der Wahrhaftigkeit seiner Person einzubringen und nicht mit der Idealisierung einer besonderen theologischen Existenz."[6]

Luther greift auf verschiedene pastoraltheologische Leitbilder zurück, um zentrale Aspekte seines Ansatzes zu veranschaulichen. Die kommunikativ-solidarische Dimension der von ihm angestrebten neuen Beziehungsstruktur findet er in Ernst Langes Bild vom „professionellen Nachbarn" ausgedrückt.[7] Gewissermaßen als ersten Prototyp seiner pastoraltheologischen Vision einer neuen egalitären Beziehungsstruktur betrachtet Luther seinerzeit Frauen im Pfarrberuf.[8]

In Heije Fabers Leitbildern vom Pfarrer als Bettler bzw. Clown findet Luther ferner den Aspekt des Nichtverdrängens von Verletzlichkeit, der ihm ebenso wie die Generalistenrolle – ausgedrückt in Scharfenbergs Wendung vom Pfarrer als „kompetenten Dilettanten" – zur machtkritischen Abgrenzung von einem theologischen Expertentum bedeutsam ist.[9] Denn das Ziel aller theologischen Bildung und individuellen Rollenüberschreitung besteht nach Luther darin, die Gemeinde zu vielfältigen, individuellen religiösen Ausdrucksformen anzuregen; nicht im

---

5 A. a. O., 43. Vgl. Manfred Josuttis: Der Pfarrer ist anders, München 1982. Auch bei Luther ist die Pfarrperson ‚anders', jedoch mit machtkritischem, nicht legitimatorischem Impetus.

6 Henning Luther: Pfarrer und Gemeinde, 43. So später auch Godwin Lämmermann: Der Pfarrer – elementarer Repräsentant von Subjektivität?, in: ZEE 35 (1991), 21–33.

7 Ernst Lange: Die Schwierigkeit, Pfarrer zu sein, in: Ders.: Predigen als Beruf. Aufsätze zu Homiletik, Liturgie und Pfarramt, München 1982, 142–166 (165). Während Luther Langes Nachbarschaftsbild 1991 erneut aufnimmt, findet sich Niebergalls Freundschaftsbild 1991 nicht mehr.

8 Pfarrerinnen stand das amtsherrliche Pfarrverständnis, welches Luther aufzubrechen sucht, allerdings kaum als Rollenoption zur Verfügung, da es an das Geschlecht gekoppelt war (Pfarrherr). Sie waren somit eher unfreiwillige Prototypen. Ihre Außenseiterrolle war nicht frei gewählt, sondern ihnen in den ‚ernsten Spielen des Wettbewerbs' zugewiesen und damit machtkritisch zu hinterfragen. Vgl. Henning Luther: Pfarrer und Gemeinde, 42.

9 Vgl. Heije Faber: Profil eines Bettlers? Der Pfarrer im Wandel der modernen Gesellschaft, Göttingen 1976; Joachim Scharfenberg: Ein kompetenter Dilettant?, in: EK 13 (1980), 145–147.

Sinne eines exklusiven Vorbildes, sondern „im Sinne der Solidarität mit der gebrochenen (christlichen) Existenz des normalen, typischen Christen“[10].

3. *Das Pfarramt als paradoxe Institution*

In seinem zweiten – bislang unveröffentlichten – pastoraltheologischen Beitrag von 1991 bleibt Luther den wesentlichen Gedanken von 1984 treu und greift sie erneut auf.[11] Nunmehr bettet er sie allerdings stärker in ein gesellschaftstheoretisches (Ulrich Beck) als in ein gemeindetheologisches Bezugssystem ein. Im Zuge des gesellschaftlichen Individualisierungs- und Pluralisierungsprozesses, so seine Ausgangsthese, erfährt das Pfarramt keinen Funktions*verlust*, sondern einen positiv zu bewertenden Funktions*wandel*, dessen Konturen Luther zu umreißen sucht.

Das traditionelle Leitbild der Pfarrperson als Repräsentant kirchenamtlicher Lehre (Amtsträger) und Stütze der Gesellschaft habe in der Spätmoderne in der Tat seine Funktion verloren: „Die Arbeit an eigenen Sinn- und Deutungsmustern wollen sich viele nicht abnehmen lassen von kirchlich-institutionellen Vorgaben.“[12]

Das neue unter den gesellschaftlichen Bedingungen angemessene Pfarramtsverständnis ist nach Luther am ehesten als gebrochen zu beschreiben. Ein solchermaßen dialektisches Pfarramtsverständnis verdichtet sich in Christian Palmers Diktum: „Dienste dieser Art haben in der That den schließlichen Zweck, sich selber überflüssig zu machen.“[13] Das Zitat bildet nicht nur den Abschluss des Luther-Artikels „Pfarrer und Gemeinde“ von 1984, sondern 1991 indirekt auch den Auftakt des Vortrags „Paradoxe Institution“. Die beste Pfarrperson ist nach Luther diejenige, welche sich – der Idee nach – qua Amt überflüssig macht, indem sie andere zu vielfältigen und individuellen religiösen Ausdrucksformen anregt. Das Pfarramt hat damit (ähnlich der Erziehung) seinen eigenen Selbstwiderspruch institutionalisiert. Diese paradoxe Grundstruktur, so Luther, wurde dem Pfarramt in der Reformation eingeschrieben, denn seither ist es nicht Selbst-

---

10 Henning Luther: Pfarrer und Gemeinde, 42. Luther kritisiert nicht theologische Bildung an sich, sondern deren Ziel, das nicht im statusbewussten Machterhalt, sondern der Neuausrichtung auf Kommunikationsfähigkeit bestehen sollte (A. a. O., 44; vgl. dazu auch Christof Bäumler: Christliche Gemeindepraxis, in: Ders. / Norbert Mette [Hg.]: Gemeindepraxis in Grundbegriffen. Ökumenische Orientierungen und Perspektiven, München 1987, 9–38 [27]). Zu Luthers Bildungsbegriff vgl. Christian Mulias Beitrag in diesem Sammelband.

11 „Paradoxe Institution“ ist das erweiterte Manuskript eines Gastvortrages an der theologischen Fakultät in Bern / Schweiz im Frühsommer 1991. Es kam nicht zur Veröffentlichung, da Henning Luther im Sommer 1991 verstarb. Der Text findet sich erstmals im vorliegenden Sammelband abgedruckt.

12 A. a. O., 5.

13 Christian Palmer: Pastoraltheologie, Stuttgart ^{2}1863, 35.

zweck, sondern funktional begründet: Es dient der Realisierung des Priestertums aller Getauften (durch Verkündigung der Rechtfertigungsbotschaft, die den Glauben weckt, welcher die individuelle Subjektivität der Glaubenden begründet).[14] Das Pfarramt ist daher nach Henning Luther zu bestimmen als „paradoxe Institution der Ermöglichung von Subjektivität und Individualität".[15]

Paradox sei es auch insofern, als es auf sein Ziel, die Freisetzung von Subjektivität und Individualität, zwar qua Amt verweisen und dazu anregen, es jedoch nicht selbst verwirklichen kann. Mit der Bestimmung des Pfarramts als paradoxe Institution der Ermöglichung von Individualität transferiert Luther seinen subjekttheoretischen Ansatz in die Pastoraltheologie, wobei die Subjektorientierung sich nicht primär (oder gar ausschließlich) auf die Pfarrperson bezieht, sondern auf die einzelnen Gläubigen.

Als paradoxe Institution fällt dem Pfarramt unter den gegebenen gesellschaftlichen Bedingungen in zweifacher Hinsicht eine neue Funktion zu, da der Individualisierungsprozess einerseits *formal* zu begrüßen und aufzunehmen ist, andererseits *inhaltlich* jedoch der kritischen Korrektur bedarf. Die inhaltliche Funktion des Pfarramts im Individualisierungsprozess besteht nach Luther in der Verkündigung der Rechtfertigungsbotschaft als Korrektiv gegenüber einer ökonomisch verkürzten Individualisierung, denn das moderne Versprechen individueller Identitätsbildung ist nicht nur ein Freiheitsgewinn, sondern zugleich eine risikobehaftete Herausforderung.

> „Die zentrale Rechtfertigungsbotschaft soll die befreiende Einsicht vermitteln, dass die Identität des Einzelnen nicht durch Leistung herstellbar ist und nicht auf der Anerkennung durch andere basiert, sondern zuvorkommend durch die Anerkennung Gottes immer schon gesetzt ist."[16]

Unter Aufnahme der formalen Struktur des Individualisierungsprozesses ist das Pfarramt ferner vor die hermeneutische Aufgabe der zweifachen Individualisierung der Traditionsvermittlung gestellt:

> „Zum einen muss die Glaubensüberlieferung so verflüssigt werden, dass sie beziehbar wird auf die je unterschiedliche soziale und biografische Lebenssituation der Betroffenen, zum anderen muss das je subjektive Verhältnis des Pfarrers zur Tradition, die er vermittelt, erkennbar werden. Die Subjektivität des Pfarrers hat so gleichsam katalysatorische Anregungsfunktion, insofern sie deutlich macht, dass und wie christliche

---

[14] Vgl. dazu Luthers Rede von der Individualisierung *durch* Religion sowie der Individualisierung *der* Religion (Henning Luther: Religion und Alltag, 9–20 [17]). Sie korrespondiert mit Luthers Bestimmung der inhaltlichen und formalen Funktion des Pfarramts im Individualisierungsprozess.

[15] Henning Luther: Paradoxe Institution (Anm. 11), 60. Luther bestimmt das Verhältnis von Institution und Individuum als paradox sowohl im Blick auf das Pfarramt und das Priestertum aller Getauften als auch innerberuflich im Blick auf Amt und Person. Anders als 1984 handelt der Text 1991 stärker vom Amt (Institution) als von der Person (Pfarrer/in).

[16] A. a. O., 74.

> Tradition für das Leben einzelner Bedeutung gewinnen kann. Sie kann also dazu anregen, dass jeder *seinen* je persönlichen Zugang zur Überlieferung findet."[17]

Um die christliche Tradition vor Verholzung zu bewahren, ist sie somit hermeneutisch zu versprechen mit der biographischen Situation sowohl der Gemeindeglieder (z. B. in den Kasualien) als auch der Pfarrperson, wobei letzterer ausdrücklich *keine* Vorbild-, sondern eine exemplarische Funktion zukommt. „Sie dient also gerade der Pluralisierung, anstatt sie durch amtliche Regulierung zu beschneiden."[18]

3.1 (Leit-)Bilder in Bewegung

Welche Konsequenzen ergeben sich aus den von Luther skizzierten formalen und inhaltlichen Aspekten des Funktionswandels des Pfarramts im Individualisierungsprozess für dessen Selbstverständnis? Wie schon 1984 beschränkt Luther sich zur Beantwortung nicht auf ein einzelnes Leitbild, sondern beschreibt – analog zur Ambivalenz des Individualisierungsprozesses – mit z. T. widersprüchlichen Bildern eine pastoraltheologische Dynamik in dialektischer Spannung zwischen der Nähe zu den Menschen und der Distanz zu den Strukturen.

Als Hermeneut, der die Bedürfnisse der Menschen hilfreich zu interpretieren sucht und sie ins Verhältnis zur Tradition setzt, ist die Rolle der Pfarrperson nach Luther zunächst durch empathische Nähe (Nachbarschaft) gekennzeichnet. Das *Ein*gehen auf die Lebensverhältnisse bedeutet allerdings nicht das *Auf*gehen in ihnen:

> „In der Beschreibung der Pfarrerrolle tritt darum neben das Moment der nachbarschaftlichen Vertrautheit auch das Moment der gesellschaftlichen Dysfunktionalität, die Irritation und Befremdung auslöst. Diese Distanz bezieht sich nun nicht auf die Menschen, sondern auf die sozialen Bedingungen ihres Zusammenlebens. [...] Der Pfarrer, der sich als Nachbar den Menschen in ihren Lebensverhältnissen zuwendet, lässt sich also gerade um der Menschen willen nicht unkritisch auf die herrschenden Spielregeln gesellschaftlicher Normalität ein."[19]

Das Gesellschaftsdysfunktionale des Pfarramts besteht somit darin, dass es sich bewusst nicht einfügt in die gesellschaftliche Struktur spezialisierter Berufsrollen, sondern am Ideal der Generalistenrolle festhält: „Die paradoxe Rolle des Pfarrers kann daher beschrieben werden als ‚Rolle der Rollentranszendenz'."[20]

Verkörpert findet Luther diese paradoxe Rolle in gesellschaftlichen Außen-

---

[17] A. a. O., 73. Vgl. bereits Henning Luther: Pfarrer und Gemeinde, 44.
[18] Henning Luther: Paradoxe Institution (Anm. 11), 73.
[19] A. a. O., 75f.
[20] A. a. O., 75.

seiterrollen wie dem Narren, exzentrischen Künstler, Clown, Pierrot, dem Grenzgänger oder der Schwellenexistenz, die „sich nicht im ‚Jenseits der Gesellschaft‘ ansiedeln, sondern *in* der Gesellschaft irritierend an Möglichkeiten des Anders-Seins erinnern.“[21] Die Rollenvorbilder transportieren eine Freiheit von gesellschaftlichen Notwendigkeiten und zielen damit auf eine innere Haltung – zur Gesellschaft wie zur eigenen Berufsrolle. Sich im Pfarramt exzentrisch als Witzfigur zu stilisieren, ist nicht intendiert.[22]

Der besondere Reiz des neuen Pfarramtsverständnisses, mit dem Luther den Funktionswandel des Pfarrberufs im Zuge der gesellschaftlichen Individualisierungsprozesse zu beschreiben sucht, liegt indes nicht in den einzelnen Bildern – Narr oder Nachbar – sondern in ihrer spannungsvollen Zusammenstellung, wodurch ein statisches Verständnis aufgebrochen und Pfarrbilder zwischen verschiedenen Polen in Bewegung gebracht werden.

Zum Abschluss seines Vortrages deutet Luther eine letzte Paradoxie an: Sein gebrochenes Pfarramtsverständnis schreibt dem bis dahin ‚männlich‘ geprägten Berufsbild ‚weibliche‘ Züge ein. Wie genau diese Andeutung zu verstehen ist, bleibt allerdings offen, da Luther die Geschlechterthematik – wie bereits 1984 – nur benennt, ohne sie weiter zu entfalten.[23]

3.2 Henning Luther im Gespräch mit der Pastoraltheologie

Da Luther die paradoxe Grundstruktur zwischen Pfarramt und Priestertum aller Getauften nicht aufzulösen, sondern bewusst zu entfalten sucht, grenzt er sich gegen jede Form der Hierarchisierung des Pfarramts über die Gemeinde ab, sei sie liturgisch, theologisch oder ethisch begründet. Ausführlich und bestechend setzt er sich dazu mit dem pastoraltheologischen Diskurs seiner Zeit auseinander, den er wie folgt rubriziert:

- Der *Resakralisierungsansatz* stilisiert die Pfarrperson zum Repräsentanten des Heiligen und versucht damit das Pfarramt zu resakralisieren (Manfred Josuttis);
- *Professionalisierungsansätze* sehen die Eigenart des Pfarramts in seiner besonderen theologischen, missionarischen oder therapeutischen Kompetenz und stilisieren die Pfarrperson zum religiösen Experten (Eilert Herms, Würzburger Synode);

---

21 A. a. O., 76 (Hervorh. im Orig.).

22 Im Gegensatz zur Ernsthaftigkeit der von Luther kritisierten Leitbilder des Heiligen oder Experten tragen die Außenseiterrollen gleichwohl ein spielerisch-befreiendes Moment ins Berufsbild ein und – wichtiger noch – integrieren Schwäche und Scheitern als konstitutives Merkmal eines ‚gebrochenen Pfarramtsverständnisses‘ (A. a. O., 78).

23 Vgl. ebd. (ausführlicher dazu III.2.2).

- *Neokonservative Versuche* sehen die Besonderheit des Pfarramts in seiner Autorität und stilisieren die Pfarrperson z. B. zum ethischen Vorbild (Volker Drehsen, Reinhard Schmidt-Rost);
- schließlich *subjekttheoretische Ansätze*, die den Widerspruch von Institution und Individualität zu überwinden suchen, indem sie das Pfarramt als ‚Repräsentanz von Subjektivität' bestimmen (Godwin Lämmermann, Jörg Dierken).[24]

Da die ersten drei Ansätze die Distanz zwischen Gemeinde und Pfarramt vertiefen, statt zu ihrer Überwindung beizutragen, hält Luther die letzte Position für die einzig tragfähige und schließt sich ihr an. Zudem sieht er die paradoxe Grundstruktur des Pfarramts aufgelöst, wo es durch Resakralisierung von der Gesellschaft abgesetzt, bzw. durch Professionalisierung und Kompetenzsteigerung den vorherrschenden Normen der Gesellschaft gleichgeschlossen wird. Damit werden die intensiven Bemühungen der vergangenen zwei Jahrzehnte um Kompetenzsteigerung und Professionalisierung im Pfarrberuf obschon nicht in ihrer Berechtigung so doch in ihrer Zielsetzung bereits ex ante hinterfragt.

III. Die Pastoraltheologie im Gespräch mit Henning Luther

Mit der Veröffentlichung des Vortragsmanuskripts über zwanzig Jahre nach seiner Abfassung wird ein Beitrag in den aktuellen pastoraltheologischen Diskurs eingespielt, der zugleich neu und nicht mehr ganz auf der Höhe der Zeit ist. Wohin hat sich der pastoraltheologische Diskurs unterdessen entwickelt? Kann Luthers paradoxes Pfarramtsverständnis ihm u. U. neue Impulse geben und wo liegen aus heutiger Sicht seine zeitbedingten Grenzen? Eingeleitet werden die Überlegungen von einem kursorischen Überblick über die Pastoraltheologie seit Anfang der 1990er Jahre.

1. *Rezeptionsgeschichte und Diskursfortgang seit Luthers Tod*

Luthers einziger zu Lebzeiten veröffentlichter pastoraltheologischer Beitrag „Pfarrer und Gemeinde" entfaltete keine nennenswerte Rezeptionsgeschichte.[25]

---

[24] Vgl. a. a. O., 65–72. Luther selbst gab der letzten Kategorie keinen Namen.

[25] David Plüss sieht Luthers Grundanliegen im aktuellen Berner Pfarrleitbild umgesetzt (Ders.: Männlichkeitskonstruktionen im Pfarramt, in: Simone Mantei / Regina Sommer / Ulrike Wagner-Rau (Hg.): Pfarrberuf und Geschlechterverhältnisse im Wandel. Irritationen, Analysen, Forschungsperspektiven, Stuttgart 2013, 53–71 [65]). Nikolaus Schneider und Volker Lehnert nehmen aktuell Bezug auf Luther in der Konturierung des Pfarrdienstes als Befähigungsdienst, verbinden dies jedoch mit einem hierarchischen Leitbild von der Pfarrperson als Repräsentant Christi bzw. der Kirche, was sich nicht mit Luther vereinbaren lässt (Dies.: Berufen – wozu? Zur gegenwärtigen Diskussion um das Pfarrbild in der Evangelischen Kirche, Neukirchen-Vluyn

Gleichwohl hinterlässt Henning Luther bis heute Spuren in der Pastoraltheologie, da verschiedenste seiner übrigen Texte rezipiert wurden.[26] Der folgende Überblick verortet Luther im pastoraltheologischen Diskurs der zurückliegenden zwei Jahrzehnte.

Insgesamt verlief die Entwicklung in den 1991 von Luther skizzierten Bahnen, so dass sich die Mehrzahl der seither vorgelegten Entwürfe umstandslos einer der vier oben genannten Kategorien zuordnen lässt. Ab Mitte der 1990er Jahre verlagerte sich der Fokus allerdings zunehmend vom Resakralisierungs- auf den Professionalisierungsansatz. Der subjekttheoretische Ansatz hatte in Wilhelm Gräb und Michael Klessmann zwar prominente Vertreter, fand dessen ungeachtet allerdings eher in trivialisierter Form (Stichwort: Betroffenheit) Eingang in die Pfarramtskultur der Jahrtausendwende.[27]

Nach der einflussreichen Veröffentlichung „Der Pfarrberuf als Profession" (2001), in der Isolde Karle sich entschieden gegen den subjekttheoretischen Ansatz abgrenzt, erreichte der Professionalisierungstrend 2007 mit dem EKD-Papier „Kirche der Freiheit" seinen Höhepunkt, verlor daraufhin jedoch – sei es durch die Überspannung des Ansatzes im Impulspapier oder die ‚Expertokratie-Ernüchterung' infolge der globalen Finanzkrise – an Einfluss.[28] Sowohl der Kompetenzbegriff als auch der Professionsansatz sind unterdessen machtkritisch hinterfragt worden, wobei Luthers Dekonstruktion von 1991 zweifellos die pointierteste ist.[29]

Neuere pastoraltheologische Entwürfe nähern sich Luthers (bis dato unveröffentlichtem) paradoxem Pfarramtsverständnis interessanterweise wieder an. 2009 markiert Ulrike Wagner-Rau, die wie Luther seinerzeit eine Professur für

2009, 63f.). Vgl. ferner Gustav A. Krieg: Gefangene Gottes. Auf der Suche nach pastoraler Identität, Stuttgart 2000; Albrecht Grözinger: Praktische Theologie und Ästhetik. Ein Beitrag zur Grundlegung der Praktischen Theologie, München 1987, 268–270.

26 Fast scheint es, jede pastoraltheologische Referenz auf Henning Luther gelte einem anderen Text: Die in Anm. 25 genannten Autoren beziehen sich auf Luthers Aufsatz ‚Pfarrer und Gemeinde'. Isolde Karle rekurriert auf ‚Predigt als Handlung' (Dies.: Der Pfarrberuf als Profession, Stuttgart [3]2011, 12); Ulrike Wagner-Rau auf ‚Religion als Weltabstand' (Dies.: Auf der Schwelle, Das Pfarramt im Prozess kirchlichen Wandels, Stuttgart 2009, 73); Michael Klessmann auf ‚Leben als Fragment' (Ders.: Pfarrbilder im Wandel, Neukirchen-Vluyn 2001, 21); Charles Campbell und Johan Cilliers auf ‚Identität und Fragment' (Dies.: Preaching Fools. The Gospel as a Rhetoric of Folly, Waco / Texas 2012, 45–48).

27 Wilhelm Gräb: Der Pfarrer als Musterprotestant. Zum Wandel einer kirchlichen Funktionselite, in: Friedrich-Wilhelm Graf / Klaus Tanner (Hg.): Protestantische Identität heute, FS Trutz Rendtorff, Gütersloh 1992, 246–255; Klessmann (Anm. 26). Auf die Unterschiede zwischen den verschiedenen subjekttheoretischen Ansätzen kann an dieser Stelle nicht eingegangen werden.

28 Karle (Anm. 26), 22; Kirchenamt der EKD (Hg.): Kirche der Freiheit. Perspektiven für die evangelische Kirche im 21. Jahrhundert. Ein Impulspapier des Rates der EKD, Hannover 2006; Christian Grethlein: Pfarrer – ein theologischer Beruf!, Frankfurt a. M. 2009.

29 Zum Kompetenzbegriff vgl. Christian Bouillon: Kompetenzorientierung für den evangelischen Pfarrberuf, in: Markus Iff / Andreas Heiser (Hg.): Berufen, beauftragt, gebildet – Pastorales Selbstverständnis im Gespräch. Interdisziplinäre und ökumenische Perspektiven, Neukirchen-Vluyn 2012, 127–148; zum Professionsansatz vgl. Mantei / Sommer / Wagner-Rau (Anm. 25).

Praktische Theologie in Marburg innehat, im Bild der Schwelle das Pfarramt als einen ‚Beruf im Übergang'. Er steht – wie die ganze Kirche – gegenwärtig in einer konstitutiven Spannung „zwischen einem notwendigen Grenzbewusstsein im materiellen, aber auch geistlichen Sinn auf der einen und einer Offenheit für die Gegenwartskultur auf der anderen Seite."[30] Als Leitbild entfaltet Wagner-Rau eine Kultur der Gastfreundschaft, die sich von einer ökonomischen Wachstumslogik ab- und dem Dialog zuwendet. Damit ist Wagner-Rau nicht nur in ihrer Terminologie (Schwelle, Grenze) ganz bei Luther, sondern auch in der dialektisch-spannungsvollen Konturierung des Pfarrberufs als zugleich menschenfreundlich und gesellschaftskritisch.

Auch international fand Henning Luthers Theologie – wiewohl nie ins Englische übersetzt – jüngst Würdigung. In ihrer Veröffentlichung „Preaching Fools" rekurrieren der südafrikanische Praktische Theologe Johan Cilliers und sein US-amerikanischer Kollege Charles Campbell in ihrem Bemühen um einen konstruktiven Umgang mit der Verflüssigung gesellschaftlicher Strukturen auf Luthers Identitätsbegriff.[31] Die Torheit des Evangeliums, so die Autoren, unterbricht den Lauf der Welt und schafft Übergänge, in denen sich geistgewirkte Veränderung ereignen kann. In dieser Liminalität, dem Niemandsland zwischen Räumen und Zeiten, ist der Ort des Narren (Fool). Ohne Luthers pastoraltheologischen Aufsatz zu kennen, entwickeln Cilliers und Campbell damit in ihrem Entwurf, der die Grenzen von Homiletik, Pastoraltheologie und Ekklesiologie hinter sich lässt, ein frappierend ähnliches, fluides Pfarrbild.

Es scheint somit, als habe sich der jüngste pastoraltheologische Diskurs Luthers gebrochenem Pfarramtsverständnis – zumindest in Teilen – wieder angenähert. Paradoxerweise ist der Vortrag von vor über zwanzig Jahren heute demnach aktueller als noch vor einem Jahrzehnt.

2. *Impulse für den weiteren Diskurs*

Gleich einer im Wortsinn paradoxen Intervention wird Luthers alter Beitrag in diesem Sammelband neu in den pastoraltheologischen Diskurs eingespielt. Ich greife den Ball auf und frage, was die damaligen Überlegungen zum künftigen Gespräch über den Pfarrberuf beitragen können. Welche Impulse gehen von

---

[30] Wagner-Rau (Anm. 26), 14. Im Unterschied zu Luther möchte Wagner-Rau die Schwelle allerdings nicht als Dauerzustand, sondern als gegenwärtige Situationsbeschreibung des Pfarrberufs verstehen und merkt an, Luther habe die Unsicherheit der Schwelle u. U. idealisiert (a. a. O., 119; 135; vgl. auch Dies.: Praktische Theologie als ‚Schwellenkunde'. Fortschreibung einer Anregung von Henning Luther, in: Eberhard Hauschildt / Ulrich Schwab [Hg.]: Praktische Theologie für das 21. Jahrhundert, Stuttgart 2002, 177–191).

[31] Campbell / Cilliers (Anm. 26).

ihnen aus? Was regt zum Weiterdenken an? Aber auch: Wo erhebt sich Widerspruch und zeigen sich zeitbedingte Grenzen?

Exemplarisch soll an einigen Punkten aufgezeigt werden, wo die Geschichte Luthers Beitrag von 1991 unterdessen überholt hat, wo er sich noch immer als aktuell erweist und welche Anregungen er der Pastoraltheologie am Beginn des 21. Jahrhunderts geben kann.

2.1 Das Pfarramt als Institution?

Die für Luther nicht weiter begründungsbedürftige Definition des Pfarramts als Institution ist auf dem historischen Hintergrund einer bis Mitte des 20. Jahrhunderts institutionell fest verankerten ‚Pastorenkirche' zwar nachvollziehbar, auf gegenwärtige Verhältnisse jedoch kaum mehr übertragbar. Das Pfarramt, von dem unterdessen folgerichtig meist als Pfarrberuf gesprochen wird, kann heute nicht mehr als fraglos gegebene Institution betrachtet werden – weder gesellschaftlich (Missbrauchsskandale) noch innerkirchlich (Stellenstreichungen, Begrenzung der Inhaberschaft).

Die seinerzeit nicht nur für Luther zentrale Problematik der Vereinnahmung des Individuums durch Institutionen hat durch deren Bedeutungsverlust bzw. -wandel an Aktualität verloren. Auch der wissenschaftstheoretische Diskurs zur Frage der Verhältnisbestimmung von Individualität und Sozialität ist unterdessen von Institutionen- über System- und Organisationstheorien zu sozialen Netzwerktheorien vorangeschritten.

Die Bestimmung des Pfarramts als paradoxe Institution wird daher nur unter Vorbehalt auf die Gegenwart zu übertragen sein.

2.2 Die Geschlechterthematik

Luthers Anmerkung, das gebrochene Pfarramtsverständnis trage ‚weibliche Züge' in das traditionell männlich konnotierte Pfarrbild ein, befremdet aus heutiger Sicht. Mit Recht werden derartige geschlechtsstereotype Deutungsmuster (kommunikativ-solidarisch = weiblich; hierarchisch = männlich) problematisiert. Die Pastoraltheologie und das Pfarrdienstrecht sind unterdessen von geschlechts*spezifisch* verfassten Pfarrberufen und Leitbildern zu geschlechter*übergreifenden* gelangt. Aktuelle geschlechterbewusste Pastoraltheologien richten ihren Blick nicht mehr primär auf Männer und Frauen, sondern auf die Konstruktionsbedingungen des Geschlechts, das als diskursiv hergestellte (Differenz-)Kategorie und nicht mehr essentialistisch als ontologische Grundkonstante verstanden wird.

Nicht wie, sondern dass Luther die Thematik aufgreift, ist vor dem Hintergrund einer bis dahin selbstverständlich androzentrisch ausgerichteten Pastoraltheologie freilich bemerkenswert. Seine Idee, im letzten Abschnitt des Vortragsmanuskripts die männlichen Formulierungen (Pfarrer, Pfarr*er*beruf, -rolle, -bild usw.) durch weibliche zu ersetzen und dadurch das klassische Pfarramtsverständnis irritierend aufzubrechen, würde indes zu Sinnentstellungen führen und erweist sich als nicht umsetzbar.[32] Es zeigt sich, was Luther u. U. bereits ahnte, dass der Pastoraltheologie eine Integration der Geschlechterthematik nicht umstandslos möglich war, da sie neue Grundsatzfragen – etwa nach dem Verhältnis von Identität und Diversität – aufwirft. Grundsatzfragen, die Luther mit dem kurzen Hinweis auf die Geschlechterthematik zwar einspielte, die zu bearbeiten jedoch dem weiteren pastoraltheologischen Diskurs aufgegeben blieb.

2.3 Differenzierte Subjektorientierung

In seiner Praktischen Theologie des Subjekts reflektiert Luther die Auswirkungen des Individualisierungsprozesses auf die Religion vice versa. Auch in seinen pastoraltheologischen Beiträgen legt er einen subjekttheoretischen Ansatz zugrunde, erweitert ihn allerdings über die Pfarrperson hinaus um die notwendige Perspektivierung auf die Gemeinde und die Gesellschaft.

Das Pfarramt dient der Freisetzung und Ermöglichung von Subjektivität und Individualität. Subjektivität wird nur durch Subjektivität freigesetzt.[33] Die Subjektivität der Pfarrperson ist somit nicht Selbstzweck, sondern funktional bezogen auf die Ermöglichung von Subjektivität anderer, bzw. auf das Priestertum aller Getauften. Indem Luther die Pastoraltheologie als Teil der Kirchen- bzw. Gemeindetheorie begreift, bewahrt er den subjekttheoretischen Ansatz vor einer „Pfarrherrlichkeit modernen Stils"[34] und rehabilitiert ihn damit für den weiteren Diskurs.

---

32 Auf grammatikalischer Ebene erwecken feminine Formulierungen den falschen Eindruck, Luther thematisiere ausschließlich Frauen. Auf inhaltlicher Ebene geht das irritierende Moment verloren, wo Luthers Aussagen in einer exklusiv femininen Formulierung konform gehen mit Geschlechtszuschreibungen statt das traditionelle Pfarrbild zu hinterfragen (z. B. ‚Ernst Lange hat daher m. E. treffend die Rolle der Pfarrerin als die der professionellen Nachbarin beschrieben, die an der Herstellung und Pflege von Beziehung und freundschaftlicher Verständigung interessiert ist.', vgl. Henning Luther: Paradoxe Institution [Anm. 11], 74f.).

33 Zu Luthers mehrschichtigem Subjektbegriff vgl. den Beitrag von Christian Mulia in diesem Band.

34 Luthers Subjektorientierung ist demnach missverstanden, wenn sie allein oder primär auf die Pfarrperson bezogen wird (Karle [Anm. 26], 14).

2.4 Identität und Pfarrbild – aufgebrochen und verflüssigt

Der Individualisierungsprozess als Loslösung von normierenden Traditionszwängen hat Freiheitsräume eröffnet, deren Ausschöpfung notwendig zu einer Pluralisierung der Lebensverhältnisse führte. Während sich Individualisierung für Luther noch im Aufbrechen der Traditionszwänge vollzog, ist die gegenwärtige Lebenswelt unterdessen weniger von Erstarrung oder ‚Verholzung' geprägt als von eben jener Verflüssigung der Strukturen, um die es Luther bestellt war.

> „Liminality as a phenomenon no longer functions on the margins, but has moved to the center in a globalized world that is characterized by ‚networking'. According to this thesis, [...] society as such is on the move; liminality has now become the central notion and dominant state of the current global culture. ‚Structure' has now moved into the margins."[35]

Der Übergang ist zum Status quo geworden mit weitreichenden Folgen auch für aktuelle Identitätskonzepte.[36] Im Zuge postmoderner Theorien wurde der Identitätsbegriff dekonstruiert und durch ein fluides Verständnis ersetzt: „So bezeichnet Identität keinen Zustand, sondern eine Bewegung."[37] Identität ist zu einem prinzipiell unabschließbaren Prozess geworden und wird heute meist im Plural gebraucht. Teilidentitäten, die nicht in Kongruenz gebracht werden müssen, bilden hybride bzw. Patchwork-Identitäten, die sich im kommunikativen Austausch nicht nur kontinuierlich wandeln, sondern in virtuellen Welten auch beliebig spielerisch ausgetauscht werden können.

Luthers Abschied von innerweltlichen Ganzheitsvorstellungen zugunsten ihres transzendent-eschatologischen Verständnisses, das er in dialektische Spannung bringt zur Identität als Fragment, erweist sich hier als überaus anschlussfähig.[38] Auch in der Pastoraltheologie ist das Konzept vielfach mit Gewinn rezipiert worden, wenngleich Luther selbst es nicht in seine pastoraltheologischen Überlegungen hat einfließen lassen.[39]

---

35 Campbell / Cilliers (Anm. 26), 41. Die Pluralisierung und Flexibilisierung der Lebenszusammenhänge ist durchaus ambivalent, da sich die Freiheit zur Veränderung zunehmend als Zwang darstellt (‚Stillstand ist Rückschritt'). Die Intervalle der ‚Kurzfristigkeit des Lebens' werden durch die neuen Medien erheblich verkürzt.

36 Entsprechend aktuell ist Luthers Theologie, in der Schwellen, Grenzen und Übergänge im Anschluss an Victor Turner zentrale Motive sind. Vgl. auch Lutz Friedrichs: Kasualpraxis in der Spätmoderne. Studien zu einer Praktischen Theologie der Übergänge, Leipzig 2008; Wagner-Rau (Anm. 26).

37 Henning Luther: Religion und Alltag, 150–159 (150f.).

38 Henning Luther: Identität und Fragment. Praktisch-theologische Überlegungen zur Unabschließbarkeit von Bildungsprozessen, in: A. a. O., 160–182; Ders.: Leben als Fragment.

39 Wo das Motiv des Fragments anklingt, dient es überdies nicht zur Beschreibung einer dialektischen Spannung, sondern trägt projektiv-idealisierende Züge ins Pfarrbild ein. So soll die Pfarrperson den „Anspruch und [die] Vision auf unzerstückelte Lebensverhältnisse anschaulich wer-

Für den weiteren Diskurs gilt es allerdings – gegen Tendenzen der ästhetisierenden Verharmlosung – präsent zu halten, dass sich in Luthers Rede vom Fragment stets auch das Noch-nicht-Ganzsein artikuliert. Anders als aktuelle Identitätskonzepte löst sich dieses fluide Konzept demnach nicht von Ganzheitsvorstellungen, sondern versteht sie transzendent und erhält dadurch die dialektische Spannung von Ganzheit und Fragment, Sehnsucht und Schmerz, Vision und Wirklichkeit aufrecht. Darin liegt sein Reiz und sein Potential – nicht nur für die Pastoraltheologie.

Auch im Blick auf pastorale Leitbilder liegt Luthers Verdienst jedoch darin, starre Vorstellungen aufgebrochen und neue dialektische Spannungsverhältnisse beschrieben zu haben. Luther fügt dem pastoraltheologischen Diskurs somit kein neues Pfarrbild, sondern eine neue *Dynamik* hinzu.

Indem er vorhandene Leitbilder wie Narr und Nachbar, Närrin und Nachbarin in produktive Spannung zueinander setzt, ohne auf eine Homogenisierung abzuzielen, gerät das bis dahin statische Pfarramtsverständnis (Experte/in; Heilige/r) in Bewegung. Auf diese Weise legt Luther die in der Reformation mittels des Priestertums aller Getauften ausgearbeitete paradoxe Grundstruktur des Pfarramts erneut frei und revitalisiert die Dynamik dialektischen Denkens innerhalb der Pastoraltheologie.

Der künftige pastoraltheologische Diskurs steht allerdings weniger vor der Aufgabe, verkrustete Strukturen aufzubrechen, als kritisch-konstruktiv mit deren Flexibilisierung umzugehen. Er wird mithin kein *gebrochenes* Pfarramtsverständnis entwickeln, sondern ein *fluides,* dessen Paradox. Dazu kann er freilich Luthers Dynamisierung des Pfarramtsverständnisses aufgreifen, um etwa eine dialektische Verhältnisbestimmung von Vielfalt und Einheit, Diversität und Identität im Amt zu entwickeln.

Gegenwärtig wird die zunehmende strukturelle Pluralisierung des Pfarrberufs (Teildienst, Funktions-, Teampfarrämter) sowie die Diversifizierung der Lebensformen im Pfarrhaus (Singles, homo-/heterosexuelle Paare, Geschiedene, Patchwork-, Regenbogenfamilien etc.) pastoraltheologisch wie kirchenpolitisch problematisiert, da das Pfarramtsverständnis über Homogenität definiert wird. Mit Luther ließe sich ein solchermaßen starres Pfarramtsverständnis aufbrechen, indem nicht nur die *individuelle* Identität fluide und transzendent begriffen würde, sondern auch die *kollektive* Identität als Berufsgruppe. Sie wäre damit kein innerweltlich herstellbarer Dauerzustand, sondern eine Sehnsucht oder Vision, die sich allenfalls punktuell als geistgewirktes Geschehen realisierte. Wie im Fragment die Ganzheit bliebe damit auch in der Vielfalt die Einheit präsent – als Bewegung eben in dialektischer Spannung.[40]

den […] lassen" (Henning Luther: Paradoxe Institution [Anm. 11], 75). Hier wäre Luther kritisch mit Luther gegenzulesen.

40 Vgl. dazu die von der Verfasserin derzeit erarbeitete Pastoraltheologie der Vielfalt, welche die hier angedeuteten Gedanken weiter ausführt.

IV. Fazit

Luthers pastoraltheologischer Beitrag war eingangs als paradoxe Intervention im Wortsinn bezeichnet worden. Die formale Paradoxie besteht darin, dass ein alter Beitrag neu in die pastoraltheologische Debatte eingespielt wird, wobei dieser Beitrag zugleich unzeitgemäß und zukunftsweisend ist, zugleich ein Beitrag zur Herkunft wie zur Zukunft des pastoraltheologischen Diskurses.

Luthers Intervention ist darüber hinaus inhaltlich paradox, insofern sie ein statisches Pfarramtsverständnis und starre Pfarrbilder aufbricht, ohne mit ihnen zu brechen. Sie werden vielmehr verflüssigt, indem sie in ein dialektisch-spannungsvolles Verhältnis gebracht werden – das Pfarramt zum Priestertum aller Getauften und der Narr zur Nachbarin. Der Pfarrberuf wird aufgespannt zwischen der Nähe zu den Menschen und der Distanz zu den gesellschaftlichen Strukturen, zwischen der Institution des Amtes und der Individualität der Subjekte, zwischen dem Auftrag der Ermöglichung von Subjektivität und der Unmöglichkeit seiner Erfüllung. Damit hat Luther die dem Glauben innewohnende dialektische Spannung und Dynamik nicht nur für den Religions- und Identitätsbegriff, sondern auch für die Pastoraltheologie fruchtbar gemacht.

Das gebrochene Pfarramtsverständnis löst das Pfarramt aus fixierenden Rollenzuweisungen, situiert es im produktiven Widerstreit der Kräfte und bahnt einen pluralismusoffenen Zugang zum Berufsverständnis an. Über zwanzig Jahre nach Luthers Tod eröffnet sich damit ein neues zukunftsweisendes Kapitel seines Beitrags zur Pastoraltheologie. Auch für den künftigen pastoraltheologischen Diskurs wird es daher von Gewinn sein, das Gespräch mit Henning Luther fortzuführen.

Heilsame Unruhe

Religiöse Bildung als kritisch-kreativer Umgang mit Differenzerfahrungen

Christian Mulia

Bildung ist für Henning Luther Grundimpuls menschlichen Lebens wie integrales Moment kirchlicher Praxis, sie stellt mithin das Rückgrat seines praktisch-theologischen Denkens dar. Dies hängt mit Luthers mehrschichtigem Subjektbegriff einerseits und seiner Auffassung von Religion als Weltabstand andererseits zusammen. Um diese These zu entfalten, soll zunächst in diachroner Perspektive nachgezeichnet werden, in welcher Weise sich Luthers anthropologischer Blick auf das Individuum entwickelt hat (I.). Hierbei tauchen bereits die Momente von religiöser Erfahrung und Deutung auf, die in einem zweiten Schritt systematisch gebündelt werden (II.). Auf der Basis des rekonstruierten Subjekt- und Religionsbegriffs wird dann näher inspiziert, wie sich (religiöse) Bildungsprozesse vollziehen. Aufgezeigt werden soll in diesem Erkundungsgang, wo die Grenzen von Luthers theologisch-pädagogischem Ansatz liegen, aber auch, an welchen Stellen seine kritisch-innovativen Impulse in aktuellen praktisch-theologischen Diskursen Aufnahme finden können (III.).

I. Fünf Konfigurationen des Ichs und dessen Gefährdungen

Von Beginn an ergreift Luther Partei für den Einzelnen und dessen Selbstentfaltung im Gegenüber zur Gesellschaft und Kirche, Kultur und Tradition. In Aufnahme wie Abgrenzung von philosophischen, soziologischen, theologischen und pädagogischen Ansätzen hebt er im Laufe seines akademischen Schaffens unterschiedliche Aspekte des Subjektseins heraus, die letzten Endes einander ergänzende Momente darstellen, wenngleich er sie – abhängig vom zeitgeschichtlichen Kontext, vom Argumentationszusammenhang seiner Arbeiten und von biografischen Widerfahrnissen – unterschiedlich akzentuiert hat. Zu beachten sind hierbei die Deformationen in bzw. von Politik und Öffentlichkeit, Wissenschaft und Bildung, Massenmedien und Gemeindepraxis, gegenüber denen Luther das ‚Ich' zu schützen gedenkt.

1. *Intersubjektiv-kommunikative Identität – gegen Kommunikationszerstörung und Geschichtsvergessenheit*

Zu Beginn der 1970er Jahre sieht der frisch examinierte Theologe – geprägt durch Einsichten der Kritischen Theorie und Forderungen der 68er-Bewegung – ein humanes Zusammenleben doppelt gefährdet: zum einen durch eine Verkümmerung der zwischenmenschlichen Kommunikation, zum anderen durch eine Ausblendung des geschichtlichen Bewusstseins.

Ausgangspunkt ist die Leitvorstellung einer dialektischen Verschränkung von individueller und sozialer Kommunikation, die auf Sinngebung – ausgerichtet am Kriterium eines „richtige[n], gute[n], gelungene[n] Leben[s]"[1] – abzielt. Indem die Einzelnen einander ihre Interessen, Wünsche und Bedürfnisse mitteilten, bilde sich „auf der Basis der wechselseitigen Anerkennung der Objektivationen des Bewußtseins des anderen"[2] Selbstbewusstsein aus. Dies sei Basis der sozialen Kommunikation als gemeinsamer Suche nach dem Sinn des gesellschaftlichen Lebens und damit als „Bildung des wachsenden Emanzipationsbewußtseins der Menschengattung"[3].

In der spätkapitalistischen Gesellschaft greife das zweckrationale Handeln, das im Subsystem der Ökonomie leitend ist, auf die Lebenswelt über (‚Kolonisation des Alltags'), so dass das herrschende Interesse an „technischer Verfügbarkeit" das „regulativ[e] Leitbild intersubjektiver Verständigung" in den Hintergrund dränge.[4] Die Ausschaltung des individuellen und kollektiven Bewusstseins gelinge auf zweifachem Wege: Die Kultur- und Freizeitindustrie bringe eine *adaptive Kultur* hervor, die insbesondere mittels Strategien der *Illusionierung* wirksam sei, d. h. den Menschen den Schein einer heilen Welt vor Augen führe (z. B. in der Trivialliteratur) oder die Befriedigung ihrer Bedürfnisse über den Erlebniswert konsumierter Waren suggeriere. Demgegenüber dominiere in der kirchlichen wie politischen Praxis eine *affirmative Kultur*, also „die verdinglichte Konservierung tradierter Kultur (als Ensemble bestehender/tradierter Sinngebungen), die der Rechtfertigung bestehenden Seins dient (Integrationsfunktion)."[5] Dementsprechend ordnet Luther den Gottesdienst dem *„autoritär-rezeptiven Kommunikationsmodell"*[6] zu, da dieser auf „die rituelle Übernahme einer spezifischen Werteordnung"[7] abziele, anstatt eine kritisch-kommunikative Auseinandersetzung mit der christlichen Symbolwelt anzuregen.

Für die weiteren Überlegungen zu Luthers Bildungsverständnis (vgl. III.3)

1 Henning Luther: Kommunikation und Gewalt, 32.
2 A. a. O., 30.
3 Ebd.
4 Henning Luther: Kommunikationszerstörung, 301.
5 Henning Luther: Kommunikation und Gewalt, 32.
6 Henning Luther: Kommunikationszerstörung, 310 (Hervorh. von C. M.).
7 A. a. O., 311.

lohnt es sich zu betrachten, welche Gegenstrategien er in seiner politästhetischen Theorie angesichts der fortgeschrittenen *Analphabetisierung* – gemeint ist die „Verkümmerung der intellektuellen, psychischen und sinnlichen Fähigkeiten des Menschen, die ihm, rezeptiv wie produktiv, Kommunikation ermöglichen“[8] – propagiert: Gegenüber einer verbalistischen Verengung von Kommunikation empfiehlt er deren „[m]ultimediale Erweiterung und Differenzierung“ durch eine „vielschichtig strukturierte Verknüpfung der Medien Sprache, Expressivität und Handlung, die eine kritisch-korrigierende Konvertierbarkeit der Medien ermöglicht und fördert.“[9] Den Mechanismen der Harmonisierung und Illusionierung sei wiederum durch „Strategien der provozierenden Verfremdung (Montageprinzip)“ und einer dichotomischen Weltsicht durch „Strategien der Umkehrung, Verdrehung und Verunsicherung“ zu begegnen.[10]

In seiner ‚frühen‘ Phase fokussiert Luther nicht nur auf kommunikatives Handeln, sondern auch auf das damit verknüpfte – Herrschaftsabbau und Mündigkeit intendierende – Prinzip der Kritik. In seinen Reflexionen über *„Kritik als pädagogische Kategorie“* (1973) stellt Luther heraus, dass immer auch „hermeneutisch nach der geschichtlichen Voraussetzung von Subjekt und Objekt der Kritik selbst zu fragen“[11] ist. Dazu zähle, die ambivalente „Wirkungsgeschichte des Christentums in ihrer Dialektik von Repression und Emanzipation“[12] wahrzunehmen. In der Folgezeit insistiert Luther darauf, dass Identitätsbildung auch eine geschichtliche Dimension beinhaltet, wonach die „Geschichte der Opfer“, d. h. deren „abgebrochen[e] und zerstört[e] Lebensläufe“, nicht in Vergessenheit geraten dürfe.[13]

2. *Autonome, selbstreflexive Subjektivität – gegen Traditionalismus und Objektivismus*

Das Leitbild eines (religiös) mündigen Subjekts auf der Basis von kritisch-hermeneutischen und verständigungsorientierten Lernprozessen profiliert Luther dann im Rahmen seiner beiden Qualifikationsarbeiten, die sich zum einen mit dem (Theologie-)Studium an der Universität und zum anderen mit dem gelebten Glauben in der Kirche auseinandersetzen.

---

[8] Henning Luther: Kommunikation und Gewalt, 59.

[9] A. a. O., 82. Im Anschluss an Wilhelm Dilthey geht Luther von einem komplexen Kommunikationsbegriff aus, der drei – in der Praxis meist zusammenwirkende – Klassen von Medien umfasst (vgl. Henning Luther: Kommunikationszerstörung, 309): Sprache (Informations- und Reflexionssprache), Expressivität (bildnerisch, lautbildend und darstellend) und Handlung (monologisch-autoritär: Arbeit und Ritual; dialogisch-interaktionistisch: Praxis und Spiel).

[10] Henning Luther: Kommunikation und Gewalt, 83.

[11] Henning Luther: Kritik, 6f.

[12] A. a. O., 8.

[13] Henning Luther: Religion und Alltag, 169.

In der Dissertation über „Wissenschaft als kommunikativer Bildungsprozeß. Die Reform des Theologiestudiums im Rahmen einer diskursiven Hochschuldidaktik" (1976)[14] arbeitet er heraus, dass Kommunikation (Diskurs) und Kritik in der Wissenschaft systematisch entwickelt und institutionalisiert sind. Diese beiden Grundprinzipien wissenschaftlicher Tätigkeit stellten gleichermaßen die „unausgesprochene Regel, der diese immer schon folgt, und Idealisierung des darin liegenden Anspruchs"[15] dar. Im Blick auf Luthers Bildungsbegriff sind m. E. vier Gesichtspunkte herauszustellen: Erstens spiele neben ‚Wissenschaft' und ‚Gesellschaft/Beruf' das ‚Individuum/Subjekt' als dritte „curricular[e] Bezugsgröß[e]" „eine konstitutive Rolle".[16] Denn das Studium vollziehe sich als ein *„reflexiver Bildungsprozeß"*[17], in dem sich das Subjekt kritisch-reflektierend zu den Lerninhalten, aber auch zu den Lernformen und -situationen in Beziehung setze. Dem korrespondiere eine reflexiv-selbstbestimmte Studiengestaltung.[18] Zweitens hebt Luther eine *„[p]rozeßhafte Studiengestaltung"*[19], also den Studienverlauf, gegenüber der bloßen Ergebnisorientierung hervor. Sie „bleibt offen für neue Bildungserfahrungen und Bildungsbedürfnisse, die nicht notwendig von den abstrakten Zielvorgaben abgedeckt sind."[20] Drittens ist zu beachten, dass Luther in entscheidenden Punkten auf Friedrich Schleiermachers Verständnis von „Theologie als praktischer Wissenschaft"[21] rekurriert (Betonung von Wissenschaftlichkeit, Praxisbezug und Bildung). Er steht Pate für eine Subjektorientierung, die Luther an dieser Stelle auf die Ebene der Theologie (nicht des Glaubens) bezieht:

> „Die Wahrheit theologischer Wissenschaft läßt sich nicht länger als etwas Unveränderlich-Vorgegebenes aneignen, sondern ist konstitutiv an die Vermittlung des produktiven Vernunftsubjektes und an intersubjektive Kommunikation geknüpft."[22]

Luthers Perspektivenwechsel hin zu einer subjektorientierten Praktischen Theologie geht, so legt der bisherige Durchgang nahe, auf eine *gleichursprüngliche Bezugnahme auf die Kritische Theorie (insbesondere auf Habermas' Universalpragmatik) wie auf Schleiermacher* zurück.[23]

---

14 Die folgenden Zitate stammen aus den separat publizierten (gekürzten) Kapiteln 3 und 5 der Promotionsschrift: Henning Luther: Hochschuldidaktik.

15 A. a. O., 119–133 (119).

16 Henning Luther: Hochschuldidaktische Anmerkungen, 307 (im Orig. teilw. hervorgeh.).

17 Henning Luther: Hochschuldidaktik, 149–158 (149; Hervorh. von C. M.).

18 Vgl. a. a. O., 114f.

19 A. a. O., 116 (Hervorh. von C. M.).

20 Ebd.

21 Vgl. a. a. O., 48–90.

22 A. a. O., 82.

23 Bereits in seiner Mainzer Examensarbeit von 1971 setzt sich Luther mit „Schleiermachers Verständnis von Theorie und Praxis nach den §§ 1 bis 19 der Glaubenslehre" auseinander. An späterer Stelle zeigt er auf, „daß ein die Individualität und kommunikative Intersubjektivität beach-

Schließlich und viertens fällt ins Auge, dass Luther für das Studium der angehenden Theologen genau jene bildungsdidaktischen Prinzipien geltend macht, die für den Subjektwerdungsprozess aller Individuen grundlegend sind (Kritik und Praxisbezug, Kommunikation und Intersubjektivität, Prozessualität und Selbstreflexion). Obgleich Luther dieses Wechselverhältnis nicht näher pastoraltheologisch auslotet, erscheinen die Pfarrer/innen letztendlich mit ihrer ‚exponierten religiösen Subjektivität' (Wilhelm Gräb) als öffentlichkeitswirksame Vorbilder und Förderer eines selbsttätigen Glaubens.[24]

Die Habilitation über „*Religion, Subjekt, Erziehung*" (1984) kann insofern als Luthers Programmschrift eingestuft werden, als er am Beispiel der Praktischen Theologie Friedrich Niebergalls zwei wesentliche Aspekte seines theologischen Ansatzes expliziert: Erstens sei (Erwachsenen-)Bildung „nicht *ein* Bereich kirchlichen Handelns und praktisch-theologischer Theorie neben anderen", sondern deren „integratives Moment" und „zentrale Perspektive" zur Erfassung der kirchlich-gemeindlichen Praxis.[25] Zweitens wendet Luther das – bereits im Blick auf die Aneignung von kulturellen Überlieferungen und Studieninhalten eingeforderte – Prinzip der *Subjektorientierung* nun auf die Kirche bzw. Kirchentheorie an. Dies führt zu einer entsprechenden Neuausrichtung:

> „Anstatt daß die einzelnen Subjekte aus der Perspektive des Ganzen (der Kirche) betrachtet werden, soll Praktische Theologie das Ganze (Religion, Kirche) aus der Perspektive der (betreffenden) Subjekte wahrnehmen. Das Ganze wäre dann nicht den einzelnen Subjekten übergeordnet, sondern das Ganze wäre begriffen als kommunizierende Intersubjektivität."[26]

Geboten sei eine „Praktisch[e] Theologie ‚gleichsam von unten'"[27], die nicht länger institutions- und amtsbezogen, sondern bei den Laien, ihrer Lebenswelt und Religiosität, ansetze. Unter Bezugnahme auf Niebergall präzisiert Luther, dass der praktisch-theologische Blick auf „das Wirksamwerden der (christlichen) Religion"[28] zu richten sei. Die Glaubensgehalte der christlichen Überlieferung würden einerseits zum Handeln motivieren und andererseits Deutungsmuster

---

tendes Kirchenverständnis bereits in Schleiermachers praktisch-theologischem Ansatz vorgebildet ist" (Henning Luther: Kunst für alle, 371).

24 Vgl. Wilhelm Gräb: Der Pfarrer / die Pfarrerin als exponierte religiöse Subjektivität, in: Ders.: Lebensgeschichten – Lebensentwürfe – Sinndeutungen. Eine Praktische Theologie gelebter Religion, Gütersloh [2]2000, 319–333. In seinem Vortrag „*Paradoxe Institution. Zum Funktionswandel des Pfarramts im Individualisierungsprozess*" (1991) stellt Luther fest, dass das Pfarramt „unter den (unhintergehbaren) Bedingungen von Individualisierung und Pluralisierung gegen die Gefahren des Konkurrenzegoismus Zeichen gelingender Subjektwerdung setzt" (57–78 [77], in diesem Band).

25 Henning Luther: Religion, Subjekt, Erziehung, 9–16 (14).

26 A. a. O., 279–296 (295).

27 A. a. O., 293.

28 A. a. O., 291.

bereitstellen, mit deren Hilfe „die Subjekte ihrem Leben, d. h. ihrem Handeln *und* ihrem Erleben und Erleiden, einen Sinn geben."[29]

3. *Fragmentarische Identität – gegen Totalisierung und Perfektion*

Vor dem Hintergrund der damals breit rezipierten Identitätstheorien sowie der Konfrontation mit eigenen Lebens(ab)brüchen – die Ehefrau beging einige Jahre zuvor Selbstmord – rückt Luther in seinen Erwägungen zu *„Identität und Fragment"* (1985) den Aspekt der fragmentarischen Existenz in den Vordergrund.[30] Gewissermaßen bricht er damit seine frühe Kritik an einer als „totalitäres Kunstwerk"[31] erscheinenden – ihre Widersprüche und Leiden ausblendenden – Gesellschaft auf die individuelle Lebensgeschichte herunter.

Zu hinterfragen seien gleichermaßen die Vorstellungen einer vollständigen und ganzen (so George Herbert Mead) wie einer einheitlichen und kontinuierlichen Ich-Identität (so Erik H. Erikson). Einspruch sei dort zu erheben, wo der Identitätsbegriff nicht länger als „regulatives Prinzip", sondern als „konstitutives Ziel" einer Entwicklung angesehen werde.[32] Vielmehr gelte es, menschliches Leben prinzipiell als *Fragment* zu bestimmen:

> „Wir sind immer zugleich auch gleichsam Ruinen unserer Vergangenheit, Fragmente zerbrochener Hoffnungen, verronnener Lebenswünsche, verworfener Möglichkeiten, vertaner und verspielter Chancen. Wir sind Ruinen aufgrund unseres Versagens und unserer Schuld ebenso wie aufgrund zugefügter Verletzungen und erlittener und widerfahrener Verluste und Niederlagen."[33]

Die Charakterisierung des Lebens als Fragment wird von Luther systematisch-theologisch, insbesondere eschatologisch, verankert (vgl. II.1). So bestehe die Erlösungsbedürftigkeit des Menschen darin, sein „Angewiesensein auf Vollendung, auf Ergänzung"[34] anzuerkennen.

Als Konsequenz für die Religionspädagogik ergeben sich daraus die Aufgaben, an der Unabschließbarkeit der „Identitätsentwicklung als Bildungsaufgabe"[35] festzuhalten, für die fragmentarischen Momente der eigenen Lebensgeschichte

---

[29] A. a. O., 289. Niebergall spricht von handlungsleitenden *Motiven* und sinnstiftenden *Quietiven*, denen zufolge sich der Glaube als Verantwortung bzw. Vertrauen bewährt (vgl. a. a. O., 136–142).

[30] Vgl. Henning Luther: Religion und Alltag, 160–182.

[31] Henning Luther Kommunikation und Gewalt, 68.

[32] Henning Luther: Religion und Alltag, 163.

[33] A. a. O., 168f. Zu weiteren Reflexionen über die Fragment-Metapher vgl. den Beitrag von Andrea Bieler in diesem Band.

[34] A. a. O., 171–176 (173).

[35] A. a. O., 177.

zu sensibilisieren und diese Erfahrungen durch das Einspielen von christlichen Deutungsmustern sprachfähig zu machen.

4. *Subjektwerdung – gegen Selbstgenügsamkeit und Resignation*

Die bereits in früheren Veröffentlichungen betonte Grundannahme einer unabschließbaren Identitätsentwicklung[36] spitzt Luther später in der Metapher vom *Leben als Reise* zu. Sie verbindet die beiden biblischen Kardinalstellen für seinen Religions- und Bildungsbegriff: den Aufbruch Abrahams in eine unbekannte Zukunft (Gen 12,1–4) und die irdische Pilgerschaft der Fremdlinge, die hier keine bleibende Stadt haben, sondern nach der zukünftigen Ausschau halten (Hebr 13,14). Ein Leben im Glauben bedeute, das Vertraute hinter sich zu lassen und sich dem Fremden auszusetzen, Grenzen zu überschreiten und den Horizont zu weiten.[37] Es gelte, eine *„[t]ranszendierende Existenz“* auszubilden, also „abschiedlich zu leben, loslassen [zu] können *und* Neues, ganz Anderes erwarten [zu] können.“[38] Indem sich der Reisende auf andere kulturelle Welten einlasse, entdecke er „in anderen Gegenden mit deren Menschen auch andere Regionen seiner selbst.“[39]

Vorwärtstreibendes Moment der Lebensreise sei ein *„Fern-Heim-Weh“*[40], d. h. eine Sehnsucht nach jenem weltabständigen Ort, an dem Menschen ihre wahre Heimat – ungebrochenes Glück und Herzensruhe – finden. Wohlgemerkt bedeutet Weltabstand für Luther weder Weltverachtung noch Weltflucht: „Die Sehnsucht entzündet sich *an* der Welt, nicht gegen sie. Die Reise hält Distanz zur Welt, ohne ihr zu entfliehen.“[41]

5. *Verletzliche Individualität – gegen Vereinnahmung und Solipsismus*

Die subjektorientierte Ausrichtung auf die Lebenswelt, den Lebenszyklus und die Lebensgeschichte der Menschen führt nicht nur zu einer „Individualisierung *der* Religion“[42] (vgl. I.2). Vielmehr betont Luther auch umgekehrt eine „Individuali-

---

36 Vgl. Henning Luther: Hochschuldidaktik, 153; Ders.: Religion, Subjekt, Erziehung, 294; Ders.: Religion und Alltag, 163–165.

37 In einer Predigt über Abrahams Auszug bestimmt Luther den Glauben als „eine Bewegung des Aufbruchs, die zugleich ein Weg in die Fremde und Heimatlosigkeit ist und die vollzogen wird im Vertrauen auf eine Verheißung“ (Henning Luther: Frech achtet die Liebe, 147).

38 Henning Luther: Leben als Reise, 71 (Hervorh. von C. M.).

39 Ebd.

40 A. a. O., 75 (Hervorh. von C. M.).

41 A. a. O., 74f.

42 Henning Luther: Religion und Alltag, 13–17 (13; im Orig. komplett hervorgeh.).

sierung *durch* Religion"[43], insofern im Zentrum der jüdisch-christlichen Tradition die Wahrung des „Geheimnis[ses] von Individualität"[44] stehe (vgl. II.2). Diesen Gesichtspunkt der unverwechselbaren Subjektivität radikalisiert Luther Anfang der 1990er Jahre durch Bezugnahme auf Emmanuel Levinas' ‚*Humanismus des anderen Menschen*'.[45] Dem ersten Perspektivenwechsel von der Traditions- zur Subjektorientierung folgt hier ein zweiter vom Selbstbezug zur Inanspruchnahme durch den Anderen.[46]

> „Die Einzigkeit und Eigentlichkeit findet das Selbst gerade nicht bei sich, in der Besinnung der Innerlichkeit, sondern dadurch, daß sich das Ich dem Anderen ausliefert. Unaustauschbar und einmalig ist das Ich nur, insofern kein anderer an ‚meine Stelle' treten kann".[47]

Grundlage der Begegnung sei eine *„doppelte Verletzlichkeit"*[48] auf der Seite des ‚Ichs' wie auf der Seite des ‚Anderen'. Levinas zufolge macht sich das Ich verletzbar, indem es sich für sein Gegenüber öffnet und dessen Fremdheit zulässt. Die Verletzlichkeit und Schutzlosigkeit (‚Nacktheit') des Anderen bestehe wiederum darin, dass er sich einerseits einer vorschnellen Identifizierung bzw. Vereinnahmung entziehe[49] und andererseits als Außenseiter erscheine, weswegen Luther den „prophetische[n] Blick von unten" als „inhaltliche Perspektive kirchlichen Verstehens und Handelns" bestimmt.[50]

Auf den ersten Blick schränkt Luther mit dieser Betonung des Andersseins der Individuen die Möglichkeit zur intersubjektiven Verständigung ein, die für ihn wissenschafts- und kirchentheoretisch leitend gewesen ist. Auf den zweiten Blick vertraut er dann doch darauf, dass „[i]m unabschließbaren Prozeß der Übersetzung zweier Sprachen [...] Verständigung trotz beibehaltener Differenzen möglich (ist)."[51] Hinsichtlich der Genese des Subjektbegriffs schließt sich insofern ein Kreis, als im rezipierten Ansatz von Levinas wie in Luthers früher Theorie der

---

43 A. a. O., 17–20 (17; im Orig. komplett hervorgeh.).

44 A. a. O., 71.

45 Vgl. Henning Luther: „Ich ist ein Anderer". Zur Subjektfrage in der Praktischen Theologie, in: A. a. O., 62–87.

46 Zu bedenken ist in diesem Zusammenhang Dietrich Stollbergs Skepsis, ob hier „die Entdeckung *Emmanuel Lévinas'* wirklich weitergeführt hat." Denn ein radikales Denken ‚vom anderen her' bringe die doppelte Gefahr mit sich, dass sich das Ich „an den anderen verlier[t] oder in den anderen hinein symbiotisch auflös[t]" bzw. – umgekehrt – dass das Gegenüber latent vereinnahmt werde (Dietrich Stollberg: Seelsorge nach Henning Luther, in: PTh 81 [1992], 366–373 [372]).

47 Henning Luther: Subjektwerdung, 188.

48 Henning Luther: Religion und Alltag, 79 (Hervorh. von C. M.).

49 „Die Beziehung zum Anderen ist kein Verhältnis der Wechselseitigkeit, in der zwei Subjekte einander reziprok Identität zusprechen oder zurechnen. Der Andere ist nicht ein alter Ego, sondern Alter" (ebd.).

50 A. a. O., 87.

51 A. a. O., 86.

Politästhetik (vgl. I.1) – wenn auch in unterschiedlicher Weise – Ästhetik und Ethik miteinander verzahnt werden.

II. Differenzerfahrung als Ort der (christlichen) Religion

Um Zusammenhänge zwischen Leben, Lernen und Religion zu erschließen, setzt Luther nicht bei den expliziten Formen der Religion an. Vielmehr scheint im Entfaltungsprozess von Subjektivität und Individualität eine religiöse Dimension auf. Religiöse Bildung verhilft dazu, Fragmentarisches wie Fremdartiges wahrzunehmen, auszuhalten und – in Auseinandersetzung mit biblischer Tradition – zu reflektieren.[52] Analytisch lassen sich drei Grundtypen von Differenzerfahrung unterscheiden, die in der Praxis faktisch miteinander verwoben sind.

1. *Fragmentarität individuellen und gesellschaftlichen Lebens*

Eine erste religionsproduktive Differenz kommt im Spannungsverhältnis zwischen Fragmentarität und Ganzheit des individuellen Lebens zum Vorschein. Hierbei stellt Luther zwei Zeitperspektiven gegenüber: Bei den Lebensfragmenten handelt es sich nicht nur um verspielte bzw. verhinderte Chancen oder erlittene Verluste („*Ruinen unserer Vergangenheit*"), sondern auch – und hier liegt der Akzent – um „*Ruinen der Zukunft*".[53]

> „Das Wesen des Fragments war nicht als endgültige Zerstörtheit oder Unfertigkeit verstanden, sondern als über sich hinausweisender Vorschein der Vollendung."[54]

Ihrer eigenen Bruchstückhaftigkeit werden die Individuen in Form von *starken Gefühlen* gewahr, die sich als treibende Faktoren einer fortlaufenden Transzendenzbewegung erweisen: Schmerz und Trauer verbinden sich mit – genauer: werden umfasst von – Sehnsucht und Hoffnung.[55]

In seiner Verhältnisbestimmung von Religion und Allgemeinbildung bezieht

---

[52] Dieser Reflexionsvorgang impliziert, dass in der (christlichen) Religion eine – sich in Texten, Symbolen etc. niederschlagende – Erlösungshoffnung wirksam ist. So definiert Luther in seiner Niebergall-Studie *Praxis* als jenes „Leben, das sich im Bewußtsein und in der kritischen Spannung zur durch Religion vermittelten Idee des ‚guten' oder ‚gelungenen' oder ‚versöhnten' Lebens vollzieht" (Henning Luther: Religion, Subjekt, Erziehung, 288).

[53] Henning Luther: Religion und Alltag, 170 (Hervorh. von C. M.).

[54] A. a. O., 175.

[55] In seiner Marburger Antrittsvorlesung (1987) konstatiert Luther, dass „Schmerz und Sehnsucht [...] radikal subjektive Gefühle (sind), die die Möglichkeit und das Gelingen von Subjektivität selbst zum Inhalt haben" und „von der Alltagssprache [...] nur indirekt und gebrochen erfaßt werden" (Henning Luther: Schmerz und Sehnsucht. Praktische Theologie in der Mehrdeutigkeit des Alltags, in: A. a. O., 239–256 [249]).

Luther den Fragment-Charakter auf die Geschichte der Menschheit als Ganzes (vgl. III.2): Auch deren leidvolle, versehrte Seiten dürften nicht verdrängt werden; sie zeigten vielmehr an, wie sehr die gegenwärtige Welt der Erlösung bedürfe.

2. *Geheimnis der Individualität – mehr als Selbst- und Fremdzuschreibung*

Im Umgang mit ihrer fragmentarischen Existenz kommt den Menschen nach Luther eine weitere Differenz zu Bewusstsein: Bei der autobiografischen Selbstthematisierung verdichte sich die Grunderfahrung, dass das ‚eigentliche', unverstellte Selbst weder in der Fremd- noch in der Selbstzuschreibung aufgehe, sondern auf ein extramundanes Gegenüber ausgerichtet sei.

Am Beispiel der „*Confessiones*" von Augustin, der darin seine Wende vom alten, sündhaft in sich verstrickten Menschen zum neuen Ich schildert, zeichnet Luther nach, dass das Streben nach Identität und Selbstrechtfertigung zugunsten einer offenen Selbstsuche aufzugeben ist. Während das Identitätsmotiv dazu antreibe, eine Kontinuität wie Konsistenz des thematisierten Selbst im Lebenslauf zu behaupten („*Zusammenhangsidentität*") und das Selbst mit der gespiegelten Außenwahrnehmung durch die anderen gleichzusetzen („*Übereinstimmungsidentität*"), verführe das Selbstrechtfertigungsmotiv dazu, die unansehnlichen Seiten der Biografie auszublenden.[56] In der Folge würden alle Dissonanzen, Brüche, Wirrungen und Schulderfahrungen abgespalten. Hinzu komme, dass der Einzelne einen rätselhaften Kern in sich trage, also sich seiner selbst nicht vollständig ansichtig werden könne. Luther behauptet, dass diese Differenzerfahrungen eine Transzendenzbewegung in Gang setzen:

> „Die individuierende biographische Selbstreflexion erfordert mithin ein Gegenüber, das weder es selbst noch die anderen ist, das aber von beiden Momente enthält: die Vertrautheit des Selbstgesprächs (Nähe, Liebe; Gnade) und die Infragestellung der anderen (Distanz, Kritik; Gericht)."[57]

Dieses weltübersteigende Gegenüber, der ‚*fiktive Andere*', erscheine als privilegierter Hörer bzw. Leser unserer einmaligen Lebensgeschichten.

> „Ihm gegenüber konstituiert sich das Ich nicht nur aus dem, was es geworden ist, sondern auch und gerade aus dem, was es werden kann. Fiktiv ist dieser Andere insofern,

---

[56] Henning Luther: Das unruhige Herz. Über implizite Zusammenhänge zwischen Autobiographie, Subjektivität und Religion, in: A. a. O., 123–149 (128).

[57] A. a. O., 71f.

als es für dieses kommende Ich keine Sicherheit gibt noch gar eine beschreibende Konkretion."[58]

Den ‚fiktiven Anderen', der die unverfügbare, sozial unverrechenbare Individualität verbürgt, identifiziert Luther aus jüdisch-christlicher Glaubensperspektive mit dem liebenden wie gerechten Gott.

3. *Schwellenübergänge in Lebensgeschichte und Lebenswelt*

Als ein dritter Erfahrungsraum für (alltägliche) Transzendenzen stellen sich Lebenspassagen dar, die lebenszyklisch oder durch äußere Ereignisse, beruflich oder familiär bedingt sein können. Diese Übergangssituationen sind für Luther ambivalent: Einerseits könnten sie zur Verunsicherung führen, da vertraute Orientierungsmuster und Strukturen aufgehoben würden. Andererseits böten sie die Chance zur Erprobung neuer Rollen-, Denk- und Handlungsmuster. Luther greift auf die Theorie der *‚Rites de Passage'* (Arnold van Gennep) zurück, derzufolge sich die Übergangsphase – wie Victor Turner näher ausgeführt hat – durch eine „paradox[e] Doppeldeutigkeit", „eine strikt nicht- oder antihierarchische Verfaßtheit" und „ein besonderes Maß an Reflexivität" auszeichnet.[59] Daran anschließend solle Religion weniger eine stabilisierende und steuernde Funktion ausüben, als im Sinne eines „Reflexionsgenerator[s] wirken, der die mit der Ambivalenz und Mehrdeutigkeit der Schwellenphase auftauchenden Fragen aufnimmt und durchspielt."[60]

Um einen produktiven Umgang mit Differenzerfahrungen gehe es außerdem an den *„Schnittstellen pluraler Alltagswelten*"[61]. Da die Menschen in vielfältigen lebensweltlichen Bezügen (Familie, Beruf, Freizeit etc.) mit unterschiedlichen Plausibilitätsstrukturen, Sinnhorizonten, Norm- und Wertvorstellungen leben, könne auch hier die Religion dazu beitragen, die „kritische und produktive Mehrdeutigkeit"[62] des Alltags offenzuhalten und die einzelnen Lebenswelten wechselseitig-relativierend aufeinander zu beziehen.

---

58 Henning Luther: Der fiktive Andere. Mutmaßungen über das Religiöse an Biographie, in: A. a. O., 111–122 (119).

59 Henning Luther: Schwellen und Passage. Alltägliche Transzendenzen, in: A. a. O., 212–223 (218).

60 A. a. O., 220.

61 A. a. O., 221.

62 A. a. O., 223.

4. *Die Erfahrung des Unendlichen als ‚nachgängige' Bezugsgröße – ein kritisches Fazit*

Luthers Ausführungen zu den lebensweltlichen wie lebensgeschichtlichen Differenzerfahrungen weisen m. E. eine doppelte Verkürzung der christlichen Religion – im Blick auf den Modus der Gotteserfahrung und die Glaubensinhalte – auf. Dieser Kritikpunkt lässt sich an der Beobachtung festmachen, dass er auf die Aspekte der Subjektivität, Individualität und Identität abhebt, aber nur am Rande auf den Personenbegriff zu sprechen kommt – vermutlich, weil er die damit verbundene theologisch-anthropologische Näherbestimmung (in dieser Akzentuierung) nicht zu teilen vermag. So schreibt Wilfried Härle dem Personsein drei Charakterzüge zu[63]: Die Menschen seien zur Gottebenbildlichkeit, d. h. zur liebevollen Gemeinschaft mit ihrem Schöpfer, bestimmt (*relational*), wobei sie dem ihnen vorgängig zugesprochenen Gotteswort in ihrem Glauben verantwortlich zu entsprechen (*responsorisch*) und die ihnen zugeeignete Bestimmung lebensgeschichtlich zu verwirklichen versuchten (*dynamisch*).

Dagegen richtet Luther den Blick nicht auf den Anfang der Geschichte – der vorgängigen Anrede und Bestimmung des Menschen durch Gott –, sondern auf deren Ende und Vollendung. „‚Transzendenz' und ‚Unendliches'" seien „immer nur als ‚Spur' an der uns umgebenden Welt, die ihr Nicht-Fertigsein und ihr Unerlöst-Sein aufscheinen läßt"[64], erfahrbar. ‚Sehnsucht' und ‚Heim-Fern-Weh' bilden dann jene Antriebskräfte, die Menschen in eine heilsame Unruhe versetzen und sie das jeweils Vorfindliche transzendieren lassen. Im Zusammenhang seiner Erwägungen zum Religiösen an der Biografie wird indes deutlich, dass Luther an einer dialogischen Glaubensstruktur festhält, wobei er Gott die Rolle des Lesers bzw. Hörers der Lebensgeschichte zuschreibt. Entgegen einer solchen Perspektivierung kann Luther in seinen Predigten durchaus auf das ‚Prae' Gottes zu sprechen kommen.[65]

Diesen Beobachtungen korrespondiert die inhaltliche Näherbestimmung des Glaubens. In aller Klarheit gesteht Luther in seiner Einleitung von „*Religion und Alltag*" (1992) zu, dass „[d]er Tenor dieser Beiträge […] darauf hinaus(läuft), Religion nicht länger mit Begriffen wie ‚Trost', ‚Halt', ‚Geborgenheit', ‚Heimat', ‚Grund', ‚Beruhigung', ‚Gewißheit' u. ä. zu assoziieren, sondern eher mit Vorstellungen von ‚Fremdsein', ‚Heimatlossein', ‚Suche', ‚Verunsicherung', ‚Auf-

[63] Vgl. Wilfried Härle: „Der Mensch wird durch den Glauben gerechtfertigt". Grundzüge der lutherischen Anthropologie, in: Ders.: Menschsein in Beziehungen. Studien zur Rechtfertigungslehre und Anthropologie, Tübingen 2005, 169–190 (bes. 185–187).

[64] Henning Luther: Religion und Alltag, 19.

[65] In seiner Marburger Universitätsandacht (1990) über Gen 12 führt er aus: „Am Anfang der Glaubensgeschichte des Abraham steht eine *Verheißung* und die Hoffnung, die dieser Verheißung glaubt. […] Gottes Verheißung an Abraham ergeht dadurch, daß er ihn zum Aufbruch *ruft*" (Henning Luther: Frech achtet die Liebe, 146; Hervorh. von C. M.).

bruch', ,Unruhe' u. ä."[66] Eine solche inhaltliche Zuspitzung auf das ,Noch-Nicht' droht jedoch nicht nur, das berechtigte existenzielle Bedürfnis nach Beheimatung und Vergewisserung zu desavouieren, sondern sie erschwert es auch, den Glauben auf die segensreichen, erfüllten Momente des Lebens – das ,Schon-Jetzt' – zu beziehen.[67]

III. Religionsdidaktische und praktisch-theologische Perspektiven

1. Bildung in unterschiedlichen Altersgruppen: Konfirmanden, Kinder und Senioren

a) Obgleich Menschen über ihre gesamte Lebensspanne (immer wieder) Schwellensituationen zu bewältigen haben (vgl. II.3), richtet Luther sein besonderes Augenmerk auf die *Adoleszenzphase*. An diesem Übergang zur Erwachsenen- und Berufswelt mit ihren Leistungsansprüchen, Identitätszwängen und Rollenerwartungen werden die Weichen für den weiteren Lebensverlauf gestellt. Die Jugendlichen sollen eine „nicht-konforme, autonom-reflexive Persönlichkeit" entwickeln, „die zwischen gesellschaftlicher Rollenzuweisung und subjektiver Interpretation flexibel eine Balance herzustellen vermag."[68] Das könne gelingen, weil sich in diesem Alter, entwicklungspsychologisch betrachtet, die notwendigen kognitiven Fähigkeiten ausbilden: Reflexivität, Reziprozität und hypothetisches Denken als Vermögen, das Wirkliche vom Möglichen her anzusehen. „Die ,Experimentierphase' der Jugend kann der Kultivierung von Phantasien, Wünschen und Träumen dienen"[69], die in den Prozess der kritischen Aneignung von gesellschaftlicher Kultur im Allgemeinen und christlicher Überlieferung im Besonderen als kreativ-verändernde Impulse einzubringen seien.

b) Luthers Orientierung an den strukturgenetischen Entwicklungsmodellen von Piaget und Kohlberg bringt jedoch eine problematische Unterschätzung der Kindheitsphase mit sich. Im Zusammenhang der ,neuen Kinderforschung' in den Sozialwissenschaften bahnte sich vor rund drei Jahrzehnten ein Perspektivenwechsel an, wonach Kinder als eigenständig handelnde, denkende und kommunizierende Akteure betrachtet werden. In diesem Zuge sind in den vergangenen Jahren Perspektiven einer Kindertheologie entwickelt und erforscht worden.[70] Es

---

66 Henning Luther: Religion und Alltag, 9–20 (19).

67 Vereinzelt finden sich bei Luther allerdings auch Passagen, in denen er davon spricht, dass Menschen punktuell-antizipierend „befreiende Augenblicke tiefsten Glücks" erfahren können (Henning Luther: Leben als Reise, 76).

68 Henning Luther: Kirche und Adoleszenz, 176.

69 Henning Luther: Erziehung und Vertrauen, 145.

70 Vgl. das von Anton A. Bucher et al. herausgegebene „Jahrbuch für Kindertheologie" (Stuttgart 2002ff.).

zeigt sich, dass bereits Kindergarten- und Grundschulkinder – im Rahmen ihrer kognitiv-verbalen Möglichkeiten – dazu fähig sind, gegenwärtige und überlieferte Glaubenspraxis zu reflektieren. Demzufolge entwickeln Kinder eigene religiöse Vorstellungen zu Gott, Auferstehung, Leiden etc. (*Theologie der Kinder*), sie begeben sich gemeinsam mit Erwachsenen auf die Suche nach theologischen Wahrheiten (*Theologisieren mit Kindern*), bedürfen allerdings auch des „Aufbau[s] und der Erweiterung des bereichsspezifisch religiösen Wissens“[71] (*Theologie für Kinder*). Eine solche Kindertheologie, die diese drei Dimensionen integriert, spitzt Luthers programmatische Forderung zu, die Glaubenssubjekte und ihre theologische Kompetenz – eben auch schon im ersten Lebensjahrzehnt – ernst zu nehmen.

c) Luther zählt zu den Wegbereitern einer „*biographische[n] Religionspädagogik*“[72], die die ‚Lebensgeschichte als Horizont der Plausibilität von Religion‘ (Friedrich Schweitzer) begreift.[73] In diesem Sinne hat Jürgen Lott, Mainzer Weggefährte in den 1970er Jahren, die kirchliche Erwachsenenbildung als kritische Aufarbeitung der Lebensgeschichte konzipiert. Die Produktion und Auswertung von autobiografischen Materialien (Erstellung von Lebenslinien, Biografie-Alben etc.) könne dazu verhelfen, „realistische faktische Erfahrungen und vorfindliche Verhältnisse mit vergangenen, aber nicht toten Wünschen und Ansprüchen“ zu konfrontieren und „den allmählichen Prozeß der ‚Enteignung‘ von Wünschen und Hoffnungen durch die lebensgeschichtlich sich durchsetzende Realität“ bewusst zu machen.[74]

Insbesondere beim Übergang ins ‚*Dritte Alter*‘ (Peter Laslett) eröffnet eine solche lebensgeschichtliche Reflexion m. E. neue Bildungsperspektiven. Mit dem Auszug der Kinder aus dem Haus und dem Eintritt in den Ruhestand gehen sinnstiftende und alltagsstrukturierende Tätigkeitsbereiche verloren, was diese Lebenspassage einerseits riskant erscheinen lässt, andererseits aber dazu motiviert, einen ‚*zweiten Möglichkeitssinn*‘ *des Alters* zu entwickeln.[75]

Seniorinnen und Senioren können – einen Impuls Luthers zur Konfirmandenarbeit aufgreifend – im Gespräch mit den Jugendlichen zu solchen Suchbewegungen animiert werden:

---

[71] Mirjam Zimmermann: Kindertheologie als theologische Kompetenz von Kindern. Grundlagen, Methodik und Ziel kindertheologischer Forschung am Beispiel der Deutung des Todes Jesu, Neukirchen-Vluyn [2]2012, 111–123 (123).

[72] Henning Luther: Sache oder Subjekt, 57 (Hervorh. von C. M.).

[73] Vgl. Friedrich Schweitzer: Lebensgeschichte als Thema von Religionspädagogik und Praktischer Theologie, in: PTh 83 (1994), 402–414 (bes. 409–412).

[74] Jürgen Lott: Handbuch Religion II. Erwachsenenbildung, Stuttgart u. a. 1984, 102–110 (108; im Orig. hervorgeh.).

[75] Vgl. Christian Mulia: Kirchliche Altenbildung. Herausforderungen – Perspektiven – Konsequenzen, Stuttgart 2011, 321–326.

> „Die Generationen treffen sich also *gemeinsam* in der Verständigung über ihre (verschiedenen) Hoffnungen, in der die (noch unbelehrte) *Erwartung* der Jugend die *Erinnerung* der in der Erfahrung uneingelösten Hoffnungen und Versprechen bei den Älteren wachruft."[76]

Im Übrigen lässt sich beobachten, dass die *Geragogik* in besonderem Maße didaktische Prinzipien umsetzt, die mit Luthers Bildungsverständnis konvergieren: Altersbildung bezeichnet ein selbstbestimmtes, selbstbezügliches und selbstorganisiertes Lernen mit dem Ziel der sozialen und kulturellen Partizipation.[77] Es geht ihr um Bildungsbegleitung im Rahmen einer *Ermöglichungsdidaktik* sowie um den Abbau von Lernbarrieren durch niederschwellige, sozialraumorientierte und zugehende Bildungsangebote.

2. Religiöses, ethisches und interkulturelles Lernen im Religionsunterricht

a) Auf den Lernort ‚Schule' bezogen, fällt der Religion für Luther eine *bildungskritische Funktion* zu: Erstens gehe es im Unterrichtsgeschehen darum, die Wahrnehmung für das Widersprüchliche, Fremde und Fragmentarische – bezogen auf die eigene Identitätsentwicklung wie auf die Erlösungsbedürftigkeit der Welt – zu schärfen. Zweitens sei der „Lüge eines harmonistischen, schlecht-idealistischen Bildungsbegriffs" entgegenzusetzen, dass die anzueignende „Kultur auch eine Geschichte der Opfer, des Leidens und der Katastrophe ist".[78] Drittens gelte es, die ‚Sache', d. h. den theologisch-ethischen Unterrichtsstoff, dahingehend fruchtbar zu machen, dass sie die religiöse Autonomie und Subjektwerdung der Schüler/innen fördere. Luther resümiert wie folgt:

> „Bildung und Religion zu trennen, wäre problematisch: ohne philosophisch-religiöse Dimension würde Bildung blind (ideologisch aufs Bestehende fixiert, das Negative ausblendend); ohne Bildung aber ist Religion leer (abstrakt bleibend, nicht mehr das Wirkliche aufhellend)."[79]

Nicht in letzter Konsequenz durchdacht scheint mir in seinen Ausführungen die Frage zu sein, in welcher Form des Religionsunterrichts sich diese Lernprozesse abspielen sollen und welche Bedeutung den Lehrkräften beizumessen ist. Dies wird in der Gegenüberstellung mit Kernaussagen der – erst nach seinem Tode erschienenen – EKD-Denkschrift *„Identität und Verständigung"* (1994) deutlich. Vor dem Hintergrund der damals anstehenden Einführung eines konfessionellen Religionsunterrichts in Ostdeutschland spricht Luther offener von einem *„philo-*

---

[76] Henning Luther: Erziehung und Vertrauen, 139.

[77] Vgl. Elisabeth Bubolz-Lutz et al.: Geragogik. Bildung und Lernen im Prozess des Alterns. Das Lehrbuch, Stuttgart 2010, bes. 132–155.

[78] Henning Luther: Sache oder Subjekt, 55.

[79] A. a. O., 56.

sophisch-religiösen Lernbereich"[80] und plädiert mit Gert Otto für die Einrichtung eines ‚Religionsunterrichts für alle'. Der Grundannahme des Kirchenwortes, dass die Begegnung mit fremden Kulturen und Religionen auf Seiten der Heranwachsenden die Beheimatung in der eigenen (christlichen) Tradition voraussetze[81], würde Luther m. E. widersprechen: Für die Identitätsbildung sei, im Gegenteil, die Begegnung mit dem Fremden und die Reflexion über Differenzerfahrungen geradezu konstitutiv. Skeptisch bliebe Luther insofern gegenüber der Einführung von LER, als er eine bloß informierende, wertfreie Religionskunde als „ein Unding"[82] ablehnt. Er tendiert demnach in Richtung eines *multikonfessionellen* Unterrichtstyps.

Was die Rolle der Religionslehrer/innen anbelangt, streicht Luther heraus, dass diese sich nicht „unkritisch-distanzlos mit der bestehenden Institution Kirche zu identifizieren und an sie [...] zu binden"[83] brauchen, ohne jedoch deren pädagogische Bedeutung als authentische (kritisch-reflektierende) Religionsvertreter/innen zu würdigen. „Überzeugungen bilden sich nicht im Niemandsland der Gleich-Gültigkeit", pointiert demgegenüber die EKD-Denkschrift, „sondern in der Begegnung und im Gespräch mit bestimmten Glaubensüberzeugungen und -vorstellungen."[84]

b) Durchaus spannungsvoll, aber ebenso spannend wäre Luthers Position zum *interreligiösen Lernen*. Im Anschluss an Wolfgang Klafkis Allgemeinbildungskonzept betrachtet er die religiöse und kulturelle Pluralität der spätmodernen Gesellschaft als epochaltypisches Schlüsselproblem.[85] Interreligiöses bzw. interkulturelles Lernen vollzieht sich gegenwärtigen Konzepten zufolge weniger in einem theoretischen Diskurs als in einer „Praxis authentischer Begegnungen und Erfahrungen"[86] von konkreten Personen. Die Prämisse, dass im Zusammentreffen mit dem Fremden dieser nicht assimiliert, sondern in seiner Andersartigkeit wahrgenommen und ausgehalten werden soll, deckt sich mit Luthers Ausführungen im Anschluss an Levinas (vgl. I.5). Inwieweit Luther – angesichts seiner Skepsis gegenüber rituellen Formen – Feste und Feiern der Religionen als adä-

---

80 A. a. O., 54 (Hervorh. von C. M.).

81 Vgl. Kirchenamt der EKD (Hg.): Identität und Verständigung. Standort und Perspektiven des Religionsunterrichts in der Pluralität. Eine Denkschrift der EKD, Gütersloh ^{5}2000, 56.

82 Henning Luther: Allgemeinbildung, 59. Aus bildungstheoretischer Sicht erfordere nämlich ein „Unterricht in Religion [...] die kritische Aufklärung und wechselseitige Verständigung auch über die jeweils leitenden Interessen, Betroffenheiten und Engagements" (ebd.). Verfechter von LER könnten wiederum einwenden, dass das Unterrichtsfach nicht *wertfrei*, wohl aber *bekenntnisfrei*, mithin religiös und weltanschaulich neutral, unterrichtet werde.

83 A. a. O., 64.

84 Kirchenamt der EKD (Anm. 81), 58.

85 Vgl. Henning Luther: Allgemeinbildung, 60.

86 Folkert Rickers: Interreligiöses Lernen: Die religionspädagogische Herausforderung unserer Zeit, in: Ders. / Eckart Gottwald (Hg.): Vom religiösen zum interreligiösen Lernen. Wie Angehörige verschiedener Religionen und Konfessionen lernen. Möglichkeiten und Grenzen interreligiöser Verständigung, Neukirchen-Vluyn 1998, 119–139 (121).

quate interkulturelle Lernorte ansehen würde, bleibt offen. Zwiespältig wäre vermutlich auch seine Haltung im Blick auf die ‚Wahrheitsfrage': Einerseits würde er – eingedenk der Notwendigkeit zu intersubjektiver Verständigung – die Bemühung teilen, „andere Religionen *als gleichberechtigte Partner im Dialog* wirklich ernst zu nehmen, d. h. die eigene Wahrheit nicht vorzugeben, sondern zur Disposition zu stellen."[87] Andererseits dürfte er Vorbehalte gegenüber all jenen Religionen bzw. Konfessionen anmelden, welche die Entfaltung von (religiöser) Individualität und Subjektivität in den Hintergrund rücken, wenn nicht sogar beeinträchtigen.

3. *Ästhetische Bildung und performative Religionsdidaktik*

a) Ästhetisches Lernen stellt für Luther die Basis von (religiöser) Bildung dar, weil es in dreifacher Hinsicht eine Sensibilität für das ‚Andere' einzuüben vermag: für die verletzliche Andersartigkeit des Gegenübers im Levinas'schen Sinne, für die unentdeckten Möglichkeitsräume der eigenen Lebensgeschichte sowie für die prinzipielle Veränderbarkeit der Welt.

Ansatzpunkt ist Kants Ästhetik-Begriff, wonach die reflektierende Urteilskraft in einem unabschließbaren Prozess das Besondere der sinnlichen Erscheinung unter ein Allgemeines zu fassen versucht, aber stets ein Überschuss bleibt, da sich das Wahrgenommene nicht (vollständig) einordnen lässt. Insbesondere den Werken der modernen Kunst sei ein *heilsam-unterbrechender Charakter* zuzuschreiben:

> Ihre Eigentümlichkeit „besteht darin, Erwartungen und eingespielte Sehgewohnheiten zu enttäuschen, Schock und Irritation zu provozieren, neue Erfahrungen zu vermitteln, geltende Orientierungsmuster zu unterlaufen und umzukehren, an die Stelle herrschender Perspektiven den schrägen Blick zu setzen."[88]

Luthers ästhetische Überlegungen, die sich nebenbei bemerkt auch in seinem spätmodernen Predigtansatz niederschlagen[89], sind anschlussfähig an ein Konzept des Religionsunterrichts (sowie der außerschulischen Bildung) als ‚*Wahrnehmungs- und Ausdrucksschulung*' (Georg Hilger). Hiernach umfasst die ästhetische Bildung in der Mediengesellschaft drei aufeinander bezogene Dimensio-

---

[87] A. a. O., 125.

[88] Henning Luther: Subjektwerdung, 194.

[89] Vgl. hierzu den Beitrag von Kristian Fechtner in diesem Band. Luther zufolge macht Predigt „Gebrauch von Darstellungsformen der künstlerischen Moderne (Brechungen, Collage, Montage, Gleichzeitigkeit, Fragment etc.), die auf eine *Vervielfältigung* der Gespräche zielen und eine Uniformierung eines – wie auch immer bestimmten – Einheitsdiskurses überwinden wollen" (Henning Luther: Frech achtet die Liebe, 14).

nen[90]: Zu fördern seien die Wahrnehmungsfähigkeit wie Achtsamkeit gegenüber Reizüberflutung und Abstumpfung der Sinne (*Aisthesis*), die Urteils- und Entscheidungsfähigkeit hinsichtlich eines humanen, erfüllten Daseins (*Katharsis*) sowie die Gestaltungs- und Handlungsfähigkeit im Blick auf das innere – mentale, emotionale und spirituelle – Leben wie auf die Veränderung der sozialen Wirklichkeit (*Poiesis*).

Das Spezifikum des Luther'schen Bildungs- und Religionsbegriffs zeigt sich m. E. im weiteren Nachdenken darüber, welche Erfahrungen es wahrzunehmen und auszudrücken gilt.

b) Zur Klärung dieser Frage ist es hilfreich, Grundeinsichten der derzeit breit rezipierten *performativen Religionsdidaktik* einzubeziehen: „Soll Religion nachhaltig zu leben und zu lernen geben, muss sie gestaltet, gezeigt und wahrgenommen werden."[91] Es geht darum, den Unterrichtsgegenstand bewusst zur Darstellung zu bringen und ihm eine sinnlich wahrnehmbare Form zu geben (*taktische Performanz*), wobei methodisch vielfältige Inszenierungsmöglichkeiten denkbar sind (von rituellen Handlungen über Streitgespräche und bibliodramatische Elemente bis zur Arbeit mit Kunstwerken). Zudem ist für den performativen Ansatz konstitutiv, dass die wahrgenommenen Phänomene und spielerisch vollzogenen Handlungsvollzüge im Unterricht kritisch-diskursiv aufgearbeitet werden.[92]

Eine solche Didaktik korrespondiert mit Luthers frühen politästhetischen Überlegungen, wonach die kommunikative Kompetenz der Subjekte durch eine multimediale Verknüpfung von Sprache, Expressivität und Handlung gefördert wird (vgl. I.1). Im Anschluss an Luther wäre indessen – über die Performanz von expliziter Religion hinaus – der Blick für implizite religiöse Erscheinungsformen zu schärfen. Die religionsdidaktische Herausforderung bestünde dann darin, methodische Zugangsweisen für die Schüler/innen zu entwickeln, um das Fragmentarisch-Differente bei sich wie bei anderen aufzuspüren, für Grenzerfahrungen zu sensibilisieren (Aisthesis), die existenziellen Gefühle von Schmerz und Sehnsucht zum Ausdruck zu bringen (Poiesis) und in all diesen Prozessen der göttlichen ‚Spur des Unendlichen' gewahr zu werden (vgl. II.4). Obwohl Luthers Insistieren auf Kritik, Diskurs und Reflexion zuweilen kopflastig wirkt, ist *seine Theologie zutiefst sinnlich-leiblich geprägt*, was in den beiden zentralen Metaphern vom Leben als Fragment und als Reise zum Ausdruck kommt.

---

90 Vgl. Georg Hilger: Ästhetisches Lernen, in: Ders. / Stephan Leimgruber / Hans-Georg Ziebertz: Religionsdidaktik. Ein Leitfaden für Studium, Ausbildung und Beruf, vollständig überarb. 6. Aufl., München 2010, 334–343 (bes. 335f.).

91 Silke Leonhard / Thomas Klie: Ästhetik – Bildung – Performanz. Grundlinien performativer Religionsdidaktik, in: Dies. (Hg.): Performative Religionsdidaktik. Religionsästhetik – Lernorte – Unterrichtspraxis, Stuttgart 2008, 9–25 (25).

92 „Erst durch den reflexiven Rahmen erhält die religionsdidaktisch motivierte Mimesis ihren eigentlichen Ort" (a. a. O., 13).

4. *Populäre Kultur und religiöse Kulturhermeneutik*

Adornos, Horkheimers und Marcuses kulturkritische Vorbehalte gegenüber der Unterhaltungs- wie Freizeitindustrie haben Luthers Sicht auf die populäre Gegenwartskultur geprägt. Dass die Massenmedien, insbesondere Film und Fernsehen, herkömmliche gesellschaftliche Funktionen der christlichen Religion ererbt haben (Sinnstiftung, Handlungsorientierung, Wertevermittlung), nimmt er lediglich am Rande wahr.[93] Dementsprechend erfasst er einerseits nicht, in welchem Ausmaß Theologie und Kirche durch eine konkurrierende ‚*Medienreligion*' herausgefordert sind. Den christlichen Glauben „im Spiegel der Popkultur" wahrzunehmen, wie es unlängst Ingo Reuter in einer instruktiven Studie unternommen hat[94], könnte man andererseits als spätmoderne Weiterführung seiner Praktischen Theologie ‚von unten' (vgl. I.2) ansehen. Für die gebotene religiöse Kulturhermeneutik gibt Luther wiederum wichtige Maßstäbe und Prinzipien an die Hand (Subjektorientierung, Selbstbestimmung, Reflexivität, Diskurs, Kritik etc.).

Angesichts seiner damaligen Prognose, dass die elektronischen Medien „das Modell der multimedialen Kommunikation"[95] fördern und zur Überwindung von Kommunikationszerstörung beitragen könnten (vgl. I.1), wäre die wachsende Relevanz der Social Media (soziale Netzwerke, Weblogs, Foren, Wikis etc.) – für den Aufbau einer globalisierten Diskursgemeinschaft sowie für kirchliche Kommunikation[96] – praktisch-theologisch weiterzuverfolgen.

5. *Ausblick: Professionelle Begleitung von religiösen Bildungsprozessen*

Der Durchgang konnte veranschaulichen, dass Bildung und christliche Religion untrennbar aufeinander bezogen sind: Auf der einen Seite verweist Religion bildungskritisch auf die differenten und dissonanten, verfehlten und fragmentarischen Momente menschlichen Lebens. Auf der anderen Seite vollzieht sich christlicher Glaube selbst als lebenslanger Bildungsprozess, mithin als Aufbruch in eine verheißene Zukunft.

Solche existenziellen Such- und Transzendenzbewegungen bedürfen der Anregung, Herausforderung wie Begleitung durch theologisch-pädagogisch qualifizierte Hauptamtliche. Entsprechende professionstheoretische Erwägungen finden sich bei Luther hingegen kaum. Zum Abschluss soll nur angedeutet werden, auf welchen Ebenen diesbezüglich weiterer Klärungsbedarf besteht: Inwieweit

93 Vgl. Henning Luther: Religion und Alltag, 221f.; 298 (Anm. 23).

94 Vgl. Ingo Reuter: Der christliche Glaube im Spiegel der Popkultur, Leipzig 2012.

95 Henning Luther: Kommunikation und Gewalt, 82.

96 Vgl. Thomas Zeilinger: netz.macht.kirche. Möglichkeiten institutioneller Kommunikation des Glaubens im Internet, Erlangen 2011, 321–352.

fördert oder behindert die Modularisierung der theologischen Studiengänge den Erwerb der erforderlichen Kompetenzen für eine religiöse Bildungspraxis in Luthers Sinne?[97] Und wie ließe sich die Arbeit der in Gemeinde, Schule und Gemeinwesen Tätigen (Pfarrer/innen, Gemeindepädagoginnen/Diakone, Religionslehrer/innen) so koordinieren, dass die volkskirchliche Pluralität gelebten Glaubens aufgenommen und differenzielle Bildungszugänge eröffnet werden?[98] Eine Praktische Theologie des Subjekts mutet Kirche und Theologie zu, sich auch in professionstheoretischer Hinsicht auf die Reise zu begeben.

97 Vgl. Lisa J. Krengel: Die Evangelische Theologie und der Bologna-Prozess. Eine Rekonstruktion der ersten Dekade (1999–2009), Leipzig 2011, 319–367.

98 Vgl. Mulia (Anm. 75), 359–364.

Spätmoderne Predigt

Homiletische Perspektiven im Nachgang zu Henning Luther

Kristian Fechtner

I. Einstimmung

„Gott zu rechtfertigen ist nicht unsere Sache. Ebensowenig wie ihn zu beweisen! Wer sind wir denn? Wir Christen sind doch nicht die Hofschranzen Gottes! Bettler sind wir (…).

‚Ich sage euch: Er wird ihnen Recht schaffen in Kürze!'

In Kürze!

Ja, subito!

Wir warten!

Amen."[1]

Mit kurzen Sätzen und noch kürzeren Ausrufen beendet Henning Luther eine Predigt, in der er das Ende der Bescheidenheit verkündet. Wir können und wir sollen, wie die bittende Witwe den Richter in Jesu Gleichnis, Gott belästigen. Auf dass er, wie versprochen, Recht schaffe. Nun schließen diese letzten Worte die Predigt aber nicht ab. Wo sie gehört werden und Resonanz finden, versetzen sie die Gemeinde für einen Moment in Erwartung: Jetzt müsste doch, jetzt könnte … – wir warten! Und vielleicht schwingen die Worte dann nach in Lebensszenen einer Hörerin, eines Hörers. Wenn es wieder ungerecht zugeht; wenn ein anderer zu kurz kommt; wenn wieder ungleich verteilt wird, gesellschaftlich und persönlich. Die Ausrufezeichen ziehen das, was gesagt worden ist, und diejenigen, die angesprochen werden, zu einer herausfordernden Haltung zusammen, zu einer unduldsamen Lebenshaltung, die Gott beansprucht. „Predigt kann nicht länger mehr *abschließende Rede* sein", sie wird „*unterbrechende* Rede".[2] Sie unterbricht das ‚Und-immer-so-weiter', findet sich nicht ab mit dem, was ist.

„Liebe Gemeinde, manchmal muß man mit einem Text kämpfen. Gegen Widerstände muß man ihm einen Sinn erst abringen. Da bleibt der eine dem anderen nichts schuldig: beide leisten einander Widerstand, da will einer den anderen nie-

---

1 Das Ende der Bescheidenheit (Lukas 18,1–8). Predigt am 12.11.1989 im Universitätsgottesdienst zu Marburg, in: Henning Luther: Frech achtet die Liebe, 63–67 (67).

2 Henning Luther: Einleitung, in: A. a. O., 9–11 (9; Hervorh. im Orig.).

derringen – auf einen Text sich einzulassen heißt dann immer, in einen Kampf geraten.“[3]

Die Worte eröffnen eine Predigt, in der sich Henning Luther mit einem biblischen Text auseinandersetzt, der ihm heftig gegen den Strich geht. Während für die Gottesfürchtigen, so die prophetische Verheißung, am Tag des Herrn die Sonne der Gerechtigkeit aufgehen wird, werden die Gottlosen, mithin die, ‚die anders sind‘, brennen und zertreten werden. Das kann doch nicht sein. So tritt der Prediger gegen den Text an:

„Diesen Text mußte man einmal vorführen, ihn einmal so richtig entlarven, um ihn in aller Öffentlichkeit zu blamieren. Ein leichtes Spiel würde ich haben (…). Aber ich hatte nicht damit gerechnet, daß er sich wehrt, der Text, und schon war ich in den Kampf verwickelt. Je mehr ich mich sträubte, desto mehr griff er nach mir.“[4]

Runde um Runde – die Predigt ist wie ein Boxkampf gestaltet – geraten Prediger und biblischer Text aneinander und gegeneinander. „Predigt legt also nicht (biblische) Texte aus, sondern setzt sie in Szene“.[5] In solchen Inszenierungen wird der Text szenisch verfremdet, mit anderen (Lebens-)Texten konstelliert, er erfährt Brechungen bis hin zu erklärtem Widerspruch.[6] Und zugleich ist mit dieser Inszenierung die Hoffnung verbunden, dass der Text etwas von sich gibt. *„Manchmal muß man mit einem Text kämpfen: ‚Ich lasse dich nicht; du segnest mich denn.‘“*[7]

In, mit und, wenn es hart auf hart kommt, gegen den zu predigenden Text bringt sich zugleich der Prediger als Person zur Sprache. In diesem Sinne ist Predigt eine Form der *„exponierten Subjektivität“*[8]. Die Predigerin oder der Prediger treten in ihrer Rede hervor; sie zeigen sich, hier sogar im bewusst markierten Gegenüber zum biblischen Text. Exponieren meint aber auch: sich aussetzen, sich preisgeben (exponere). Und deshalb gilt in dieser Predigt, in der offenbar gleichstarke Gegner angetreten sind, für Text wie Prediger gleicher-

---

3 Ist alles gleichgültig? Oder: Einen Text verstehen heißt um ihn ringen (Maleachi 3,19–21). Marburger Universitätsandacht am 7.7.1989, in: A. a. O., 121–127 (121).

4 A. a. O., 122.

5 A. a. O., 10.

6 Bereits zum Abschluss seines Studiums hatte Henning Luther im Rahmen seiner Examensprüfung eine homiletische Arbeit vorgelegt, in der er – angesichts eines gewaltbestätigenden biblischen Textes – zu begründen unternimmt, „daß darüber gepredigt werden muß, warum man über diesen Text *nicht* predigen kann“. Konsequent endet seine Predigt, die im Stil eine „Montage“ (17) darstellt und die „dem Hörer das Denken nicht ab(nimmt), sondern (dieses) provoziert“ (16), mit den Worten eines starken Ichs, das sich gegen den biblischen Text stellt: „Diesen Text kann ich nicht predigen und ich will es auch nicht“ (23; Henning Luther: Entwurf einer Predigt über Matthäus 10,34–36 im Rahmen der Fakultätsprüfung an der Evangelisch-Theologischen Fakultät der Johannes Gutenberg-Universität Mainz im WS 1970/71 [Universitätsarchiv Nr. 456, unveröffentlicht]).

7 Schlusssatz der Predigt: Ist alles gleichgültig? (Anm. 3), 127.

8 Henning Luther: Predigt als Handlung, 234 (Hervorh. im Orig.).

maßen: Beide müssen Federn lassen – sie kommen anders aus der Predigt heraus, als sie hineingegangen sind.

II. Verortung der homiletischen Beiträge

Das Predigtbändchen „Frech achtet die Liebe das Kleine" ist die letzte Publikation, deren Veröffentlichung Henning Luther noch selbst erlebt hat. Seinerzeit rasch vergriffen, ist es erst jüngst, erweitert um zwei frühe Predigten, wiederveröffentlicht worden. Zehn Jahre vor der Erstveröffentlichung hatte er – es ist einer seiner ersten Aufsätze – einen Beitrag zur Predigtvorbereitung publiziert.[9] Im Spannungsbogen von seinem Modell, Predigt vorzubereiten und auszuarbeiten, bis hin zu den veröffentlichten Predigten lässt sich der Praktische Theologe und Prediger Henning Luther homiletisch in die Karten schauen, auch wenn er die über die Jahre entstandenen Predigten ausdrücklich nicht als „Ausführung eines Programms"[10] verstanden wissen will. Dazwischen liegen zwei homiletische Aufsätze, die in ihren Überschriften Leitmotive enthalten, welche das Verständnis der Predigt prägen: „Predigt als Handlung" und „Predigt als inszenierter Text".[11] Nun ist Henning Luther, wie sein Lehrer Gert Otto, von Hause aus religionspädagogisch und bildungstheoretisch ausgewiesen, seine Qualifikationsarbeiten gelten der Hochschuldidaktik und der Erwachsenenbildung. Gleichwohl weiten sich seine Beiträge von Anfang an ins Ganze der Praktischen Theologie und widmen sich, wie der hier vorgelegte Sammelband zeigt, auch anderen Handlungsfeldern. Dass er auch – ebenso wie im übrigen Gert Otto – als Homiletiker wahrgenommen wird, davon zeugt die Aufnahme seiner Texte in die beiden einschlägigen Textsammlungen, in denen die zeitgenössische homiletische Diskussion dokumentiert und aufbereitet wird. Im Homiletischen Lesebuch steht der Aufsatz zur Predigt als Handlung für eine rhetorische Perspektive, die Predigt als Rede in einer ‚Predigtsituation' und im Blick auf ihre ‚Predigthörer' wahrnimmt. Im Studienbuch zu Grundfragen der Predigt wird die Erörterung zur Predigt als inszenierter Text als ‚Prolegomena einer homiletischen Ästhetik' vorgestellt.[12]

Die zugeordneten Stichworte markieren nicht nur zwei Dimensionen, die für die Überlegungen Henning Luthers wesentlich sind, sie skizzieren auch zwei Grundlinien der homiletischen Diskussion: Es geht zum einen darum, eine *rhetorisch unterwiesene* Homiletik fortzuschreiben, die seit den 1970er Jahren ausgearbeitet worden ist. Zum anderen wird eine *ästhetische Wende* der Homiletik eingeleitet, die sich seit Mitte der 1980er Jahre anbahnt und bis heute die Debatte

9 Henning Luther: Predigtvorbereitung.

10 Henning Luther: Spätmodern predigen, in: Ders.: Frech achtet die Liebe, 12–16 (12).

11 Henning Luther: Predigt als Handlung; Ders.: Predigt als inszenierter Text.

12 Vgl. die Belege Anm. 8 und 11.

bestimmt. Beide Stränge kommen nicht ohne Weiteres zusammen, verschränken sich aber an wichtigen Stellen. Genauer kann man fragen: Inwiefern können die Überlegungen Henning Luthers als Schnittstelle zwischen rhetorischen Einsichten und einer ästhetischen Konzeption von Predigt gelesen werden, an der spezifische Anliegen beider Perspektiven zur Geltung kommen?[13] Und: Auf welche homiletischen Pfade führen die Überlegungen, wenn sie heute im Lichte der neueren Diskussion wahrgenommen werden?

III. Rhetorische Perspektiven der Homiletik

Henning Luthers homiletische Überlegungen sind durch Impulse angeregt, die aus seiner Beschäftigung mit den Arbeiten Friedrich Niebergalls herrühren.[14] Predigt, so hatte Niebergall pointiert, „will nicht Schrift auslegen, sondern sie will Leben gestalten“[15]. Sie ist als kommunikatives Geschehen eine mit Absicht gestaltete Rede, die bei Hörerinnen und Hörern etwas auslöst. Sie reizt sie, ihr Leben sinnhaft zu deuten, und versucht, sie zu einem bestimmten Verhalten zu bewegen. Predigt ist als Rede eine Handlung, die in einem sozialen Kontext auf Wirkung aus ist.[16] In dieses grundlegend rhetorische Verständnis von Predigt zeichnet Luther nun *sprechakttheoretische Einsichten* ein. Die Theorie der Sprechakte ist in den 1970er Jahren sprachphilosophisch breit ausgearbeitet worden und hatte bereits Eingang in den homiletischen Diskurs gefunden, insbesondere im Rahmen empirischer Untersuchungen zur Predigtpraxis und ihrer kommunikativen Wirkung.[17] Aus ihrem theoretischen Besteckkasten sind es vor allem zwei Unterscheidungen, die Henning Luther zur Geltung bringt:

Zum einen hebt er entschieden darauf ab, dass die Intention einer sprachlichen Äußerung (illokutionärer Akt), mithin die Redeabsicht der Predigerin, nicht in eins fällt mit der Wirkung, die bei den Hörern durch den Redeakt ausgelöst wird (perlokutionärer Effekt). Beide Handlungsaspekte des gepredigten Wortes sind aneinander gebunden, aber zwischen beiden – der produktiven und der rezeptiven Seite – öffnet sich ein Spalt, der interpretativ ausgefüllt wird und werden soll. Der Raum zwischen Intention und Wirkung ist ein Freiheitsraum der Hörerinnen, die als selbsttätige Subjekte angesprochen werden. Diese „Frei-

---

13 Vgl. zum Folgenden Albrecht Grözinger: Die Predigt soll nicht Antworten geben, sondern Antworten finden helfen. Zum Verständnis der Predigt bei Henning Luther, in: ThPr 27 (1992), 209–218; Gerhard Marcel Martin: Homiletik – Ästhetik – Subjektivität. Zu Henning Luthers Predigttheorie und Predigtpraxis, in: PTh 81 (1992), 245–365.

14 Vgl. seine Habilitationsschrift: Henning Luther: Religion, Subjekt, Erziehung, bes. 158–164.

15 Friedrich Niebergall: Die moderne Predigt. Kulturgeschichtliche und theologische Grundlage. Geschichte und Ertrag. Tübingen 1929, 44 (zit. nach a. a. O., 164).

16 Henning Luther: Predigt als Handlung, 223.

17 Vgl. z. B. Karl-Fritz Daiber et al. (Hg.): Predigen und Hören. Ergebnisse einer Gottesdienstbefragung. Bd. 1, München 1980; Bd. 2, München 1983.

heit des Hörers“[18] darf in der Predigt von Seiten des Predigenden nicht unterbunden, sie soll respektiert werden. Die Intention der Predigt – dass Menschen Trost finden, Leben als erfülltes Leben erfahren, Unrecht widerstehen – kann nicht umstandslos bewirkt werden. Vielmehr gilt als homiletische Maßgabe: „Es geht also nicht um die *Einwirkung auf den Hörer*, sondern um eine *Verständigung mit dem Hörer*.“[19]

Zum anderen differenziert Henning Luther mit Jürgen Habermas drei verschiedene Sprechakttypen, die jeweils unterschiedliche Geltungsansprüche in sich tragen: konstative Sprechakte, die Sachverhalte behaupten; regulative Sprechakte, die normative Aussagen geltend machen, und expressive Sprechakte, in denen sich derjenige, der sich äußert, aus seiner individuellen Eigenwelt heraus, mithin „in seiner Subjektivität“ darstellt.[20] Es ist nun in besonderer Weise die dritte Gattung sprachlicher Äußerungen, an der sich das Spezifische der Predigt zeigt. Die „Eigentümlichkeit christlicher Predigt“ als religiöser Rede bringt sich in ihrer „existentielle[n] Subjektivität“ zum Ausdruck.[21] Mit dem Stichwort ‚Subjektivität‘ ist Henning Luther in den homiletischen Überlegungen dieses Aufsatzes beim Grundthema seiner Praktischen Theologie, der Frage nach dem Subjekt. In immer wieder neuen Anläufen hat er es unternommen, im Kontext durchaus unterschiedlicher Theoriereferenzen Subjektivität und Individualität theologisch zu bestimmen und religiös zu entziffern, inwiefern Menschen Subjekte sind und es doch allererst werden.[22] Der Akzent liegt hier auf der *kommunikativen Kraft der sich mitteilenden Subjektivität* der Predigerin. Unter rhetorischen Vorzeichen geht es nicht darum, dass der Prediger das, was er zu sagen hat, auf sich selbst zurückführt, es für autoritativ verbindlich erklärt oder gar an seiner eigenen Person bewahrheitet. Die Ansprüche konstativer oder normativer Äußerungen lassen sich gerade nicht unter der Hand auf expressive Sprechakte übertragen. Der Prediger hat keinen privilegierten Zugang zu Welt und Glaube; er weiß nicht besser als die Hörerinnen, wie es ‚wirklich‘ ist und was ‚eigentlich‘ zu tun ist. Glaubwürdig bringt er vielmehr die Kommunikation des Evangeliums nur in Gang, wenn seine Subjektivität zu einer für die Hörerinnen „anschlußfähige[n]“[23] wird. Kurzum: Kommunikativ gelingt Predigt, wenn die Subjektivität (der Predigerin) Subjektivität (der Hörer) entbindet. In diesem Sinne ist Predigt Hebammenkunst.

18 Henning Luther: Predigt als Handlung, 230.

19 A. a. O., 231 (Hervorh. im Orig.).

20 A. a. O., 232.

21 A. a. O., 233.

22 Vgl. den Beitrag von Christian Mulia in diesem Band; vgl. auch Kristian Fechtner: Mikrologischer Blick und Empathische Praxis. Hinweise zu Henning Luthers Praktischer Theologie des Subjekts, in: ThPr 27 (1992), 184–193.

23 Henning Luther: Predigt als Handlung, 234.

Henning Luthers rhetorisches Verständnis der Predigt hat theologische Implikationen. Er begreift den kommunikativen Akt der Predigt auf der Basis der sprechakttheoretischen Unterscheidungen ausdrücklich als ‚Verkündigung des Wortes Gottes'. Dieses liegt aber nicht, wie das Verständnis der Predigt als autoritativer Anrede nahelegt, wie „der Keks in der Keksschachtel"[24] in der Predigtrede selbst, sondern bezeichnet ein „Geschehen *zwischen* Prediger und Hörer"[25]. Vor diesem Hintergrund könnte man sagen: Vom Wort Gottes zu sprechen heißt, Predigt in und aus ihrer Wirkung heraus zu bestimmen, über die der Predigende nicht verfügt, aber in deren Verheißung er sich stellt. Die Rede vom Wort Gottes formuliert somit keinen vorgängigen Anspruch der Predigt, sondern reflektiert nachgängig ein religiöses Resonanzgeschehen, in dem sich Hörerinnen und Hörer ihre Lebenswirklichkeit im Glauben neu erschließt.

IV. Ästhetische Konzeption der Predigt

Die Subjektivität der Predigenden ist auch ein zentraler Gesichtspunkt der homiletischen Überlegungen, die Henning Luther in seinem Aufsatz zur Predigt als inszeniertem Text anstellt.[26] Allerdings setzt er in diesem Beitrag noch einmal einen anderen Akzent, weil Homiletik hier in eine ästhetische Perspektive gerückt und Predigt dezidiert als künstlerische Tätigkeit begriffen wird. Dies schließt auch hier mit ein, dass eine Predigt davon lebt, dass in sie die „interpretatorische Subjektivität"[27] der Predigerin eingeht, und sie zugleich darauf zielt, die Hörerinnen und Hörer zu einem „eigenen interpretatorischen Engagement"[28] zu veranlassen. Bemerkenswert aber ist – und dies wird durch den Titel des Aufsatzes auch markiert –, dass das besondere Augenmerk hier auf den biblischen Text fällt und auf die Art und Weise, wie er in der Predigt zur Sprache und zur Geltung kommen kann. Die mitteilende Subjektivität wird auf die Textinszenierung bezogen und erscheint als deren künstlerische Produktivkraft, um das „Wirkungsmotiv"[29], das dem biblischen Text innewohnt, auf seine gegenwärtige Bedeutung hin zu erschließen und in der Predigt auszugestalten. In der Wechselwirkung zwischen Prediger und Text subjektiviert sich auch die Tradition, indem der überlieferte Text „in die Szenen unserer Situation, unserer Gegen-

---

24 Henning Luther: Spätmodern predigen, in: Ders.: Frech achtet die Liebe, 13–16 (13).

25 Henning Luther: Predigt als Handlung, 239 (Hervorh. im Orig.).

26 Vgl. Henning Luther: Predigt als inszenierter Text. Der Aufsatz ist allerdings bereits in einer (privaten) Festschrift des praktisch-theologischen Seminars des Fachbereichs Evangelische Theologie der Johannes Gutenberg-Universität Mainz ‚Manfred Mezger zu Ehren', hg. von Gert Otto, im Jahr 1981 erschienen. Er ist gleichsam Henning Luthers Einstieg in den homiletischen Diskurs.

27 A. a. O., 406.

28 A. a. O., 407.

29 A. a. O., 405.

wart" versetzt wird, „damit er da neu wirken und leben kann".[30] Henning Luther findet die Analogie für die inszenatorische Gestaltung einer Predigt im Theater; die homiletische Aufgabe entspricht den „Inszenierungsbemühungen eines Regisseurs, den dramatischen Text in eine szenische Interpretation zu übersetzen"[31]. Der Sinn- und Sachgehalt des zu inszenierenden Werkes wird nicht dadurch gewahrt, dass man es vermeintlich werkgetreu nachspricht und nachstellt, sondern nur wenn es gelingt, seine Wirkungs- und Bedeutungskapazitäten immer wieder neu auszuschöpfen und zur Geltung zu bringen. Dies gilt als hermeneutisch-ästhetisches Prinzip auch für den biblischen Text. Markant fasst Luther zusammen: „Werktreue wäre demnach nur als Wirkungstreue zu verstehen, als Bereitschaft, den vergangenen alten Text in unserer Zeit aktiv werden zu lassen. Die inszenatorischen Interpretationen [sc. der Predigt, K. F.] stellen daher nicht Versuche der Annäherung an den Text dar, sondern Realisationen desselben."[32]

Aus heutiger Sicht lässt sich erkennen, dass Henning Luther in diesem Aufsatz Anregungen gibt und Perspektiven eröffnet, die in der homiletischen Diskussion der vergangenen drei Jahrzehnte Resonanz gefunden haben. In den 1970er Jahren stand im Zuge der kommunikativen Wende die homiletische Situation der Hörerinnen im Fokus, auf die hin die Relevanz des christlichen Glaubens ausgelegt werden sollte. In seinen Überlegungen zu Beginn der 1980er Jahre hingegen rückt Luther den biblischen Text in den Blickpunkt. Dabei bestimmt er die Schriftgemäßheit und Textbindung einer Predigt in besonderer Weise: Schriftgemäß ist evangelische Predigt nicht, wenn sie sich (historisierend) an einen biblischen Text bindet, sondern indem sie ihn produktiv vergegenwärtigt und darin seine Bedeutung ‚entbindet'.

Luther findet eine Analogie zur homiletischen Bedeutung des Textes im theaterwissenschaftlichen Diskurs, in dem die ‚Werktreue' bei Klassikeraufführungen bereits durch Bert Brecht problematisiert worden war.

> Ursprünglich sollte die Maßgabe der Werktreue, die in der zweiten Hälfte des 19. Jahrhunderts formuliert wurde, das klassische Werk in seinem Wortlaut vor dem zensierenden Zugriff schützen, der das Drama durch Kürzen oder Umschreiben seines kritischen Potentials beraubt und herrschaftlichen Interessen unterwirft. Zugleich impliziert aber – so die Literatur- und Theaterwissenschaftlerin Erika Fischer-Lichte – der Begriff der Werktreue die Vorstellung, „daß die Worte der Dichter zeitlos gültig sind", und tendiert dazu, eine „bestimmte Inszenierungsform" für verbindlich zu er-

30 Ebd.
31 A. a. O., 402f.
32 A. a. O., 402.

> klären, die doch kontextuell an eine kulturelle Situation gebunden war.[33] Fischer-Lichte bereitet in ihrem frühen ‚Werktreue'-Aufsatz, der allerdings erst einige Jahre nach Henning Luthers homiletischen Überlegungen erschienen ist, eine Theorie des Performativen vor, die sie im Rahmen eines vielstimmigen kulturwissenschaftlichen Diskurs in den vergangenen Jahren ausgearbeitet hat.[34] Das Konzept, das weit über die Theatersphäre hinausgreift, beschreibt und interpretiert Kultur im Blick auf ihre ‚Aufführungen' (kulturell gestaltete Ereignisse) als sinnstiftendes Handeln, in dem Bedeutungen allererst hervorgebracht werden. Im Theater, so der Hintergrund der Überlegungen, ist jede Aufführung als ein „‚eigenständiges' Werk" zu begreifen, es ist weder die „bloße Übersetzung" eines literarisch verfertigten Dramas noch ist dieses umgekehrt „lediglich als Vorlage" zu verstehen, mit der man beliebig verfahren kann.[35] Nicht der vermeintlich buchstäbliche Sinn verbindet beide, sondern ‚adäquat' ist eine Inszenierung dann, „wenn die Aufführung sich als Interpretant für die mögliche(n) Bedeutung(en) des zugrundeliegenden Dramas verstehen läßt"[36].

Henning Luther ist in seinem homiletischen Überlegungen vermutlich der erste, der den Begriff des ‚inszenierten Textes' in den Predigtdiskurs eingebracht hat.[37] Inszenierung meint nicht im trivialen Sinne ‚alles Theater' und ebenso wenig die Selbstinszenierung des Predigers, sondern beschreibt die Transformation eines biblischen Textes in (s)eine Predigtaufführung als religiöse Rede. Luther formuliert mithin ein Predigtverständnis in *performativer Perspektive*, insofern das Besondere der Predigt als künstlerischer Akt darin bestehe, dass sie „im situativen Gegenüber des Hörers gleichsam im Präsens (entsteht)"[38]. Predigt ist noch nicht das vor- und ausformulierte Predigtmanuskript, sondern es ist das, was im homiletischen Akt zur Aufführung und darin zur Wirkung gebracht wird. Innerhalb der zeitgenössischen Homiletik hat sich mittlerweile ein performatives Verständnis der Predigt etabliert, wenn neben ihrer rhetorischen Gestalt nun auch Predigt als „Darstellung" und als „szenisches Geschehen" in den Blick genommen wird.[39] Aus heutiger Sicht stehen Luthers homiletische Überlegungen Pate für eine spezifische Variante einer *ästhetischen Wendung*, die Mitte der 1980er Jahre in der Praktischen Theologie stattfindet.[40] Mit seiner Marburger Antrittsvorlesung zur „Predigt als ‚offenem Kunstwerk'" hat Gerhard Marcel Martin der homiletischen Diskussion ihr rezeptionsästhetisches Stichwort gegeben. Die Mehrdeutigkeit dessen, was in der Predigt zur Sprache kommt, ist die

---

33 Erika Fischer-Lichte: Was ist eine ‚werkgetreue' Inszenierung? Überlegungen zum Prozess der Transformation eines Dramas in eine Aufführung, in: Dies. (Hg.): Das Drama und seine Inszenierung, Tübingen 1985, 37–49 (40).

34 Vgl. u. a. Erika Fischer-Lichte: Ästhetik des Performativen, Frankfurt a. M. 2004.

35 Fischer-Lichte 1985 (Anm. 33), 45.

36 A. a. O., 46.

37 So resümiert im Forschungsüberblick David Plüss: Gottesdienst als Textinszenierung. Perspektiven einer performativen Ästhetik des Gottesdienstes, Zürich 2007, 54.

38 Henning Luther: Predigt als inszenierter Text, 400.

39 Vgl. das jüngste Lehrbuch zur Predigtlehre: Albrecht Grözinger: Homiletik, Gütersloh 2008, 283ff.

40 Vgl. Ruth Conrad / Martin Weeber (Hg.): Protestantische Predigtlehre, Tübingen 2012, 258ff.

kommunikative Bedingung dafür, dass sich Hörerinnen und Hörer das Gesagte eigensinnig erschließen können.[41] Henning Luthers zuvor veröffentlichter Beitrag akzentuiert demgegenüber einen *produktionsästhetischen Zugang* zur Predigt, der die religiöse Rede inszenatorisch als ‚monologes Drama' (Novalis) zu verstehen gibt, die Gebrauch macht von den „Darstellungsformen der künstlerischen Moderne (Brechungen, Collage, Montage, Gleichzeitigkeit, Fragment etc.)"[42].

In dieser Weise spätmodern predigen hat für Henning Luther wiederum eine theologische Signatur. Die spätmoderne Predigt lebt von der Hoffnung, dass in ihrem „Widerspiel der unterschiedlichen Redeweisen *Gott sich zur Sprache bringt*", mithin „‚Wahrheit' in dieser Konstellation verschiedener Texte, des biblischen Textes in Szenen unserer Welt, aufscheinen kann".[43] Legt man nun allerdings beide homiletischen Aufsätze – Predigt als Handlung und als inszenierter Text – nebeneinander, dann lässt sich erkennen, dass rhetorische und (produktions-)ästhetische Erwägungen an einer zentralen Stelle nicht ohne Weiteres überein kommen. Auf der einen Seite wird die Inszenierungsbemühung der Predigerin auf die ‚Wirkungstreue' gegenüber dem biblischen Text verpflichtet, auf der anderen Seite liegt die ‚Wirkung einer Predigt', über die der Prediger nicht verfügt, in der Freiheit der Hörerinnen und Hörer. Was meint in diesem Spannungsfeld ‚Treue'? Die Hoffnung, dass sich Gott selbst im Predigtgeschehen zur Sprache bringt, speist sich aus dem Vertrauen, dass sich im Predigtakt die Botschaft des Evangeliums vergegenwärtigt. Dieses Vertrauen ist der gemeinsam geteilte Glauben, der im gottesdienstlichen Geschehen gemeinschaftlich in Gebet, Bekenntnis und Segen zum Ausdruck gebracht wird. Wirkungstreue wäre also nichts, was der Prediger von sich aus hervorbringt, sondern ist etwas, in das er durch die *gottesdienstliche* Rede eintritt und an dem er partizipiert. Luthers homiletische Kategorie der Wirkungstreue ist meines Erachtens unzureichend, weil sie nicht gottesdienstlich eingeholt und bestimmt wird. Die liturgische Dimension, davon wird gleich noch einmal die Rede sein, bleibt bei ihm ausgeblendet.

---

41 Gerhard Marcel Martin: Predigt als „offenes Kunstwerk"? Zum Dialog zwischen Homiletik und Rezeptionsästhetik (1984), in: A. a. O., 258–271.

42 Henning Luther: Frech achtet die Liebe, 14. Mit dem Leitbegriff der Inszenierung liegt das Augenmerk auf der Gestaltung und Aufführung der Predigt, mithin auf der Seite der künstlerischen Predigt*produktion*. Die Literaturwissenschaft thematisiert die Hervorbringung eines Werkes unter dem Gesichtspunkt der ‚Produktionsästhetik' im Gegenzug zur ‚Rezeptionsästhetik', die sich vorrangig mit der Art und Weise beschäftigt, wie die Bedeutung eines Werkes in seiner Wahrnehmung entsteht.

43 A. a. O., 15 (Hervorh. von K. F.).

V. Diskrete Subjektivität und Predigt als gottesdienstliche Rede: zwei Versatzstücke

Henning Luthers Beiträge zum Verständnis der Predigt sind vor drei Jahrzehnten entstanden und regen bis heute zur Diskussion an. Sie gehören noch immer zur zeitgenössischen Debatte der Homiletik. Zwei Aspekte sollen herausgegriffen werden, die zum einen noch einmal Luthers Predigtpraxis und -theorie in besonderer Weise kennzeichnen und zum anderen einen Überschritt markieren, der über seine Wahrnehmung von Predigt hinausgeht.

(1) Alle homiletischen Beiträge durchzieht, dass sie die Subjektivität des Predigers (und damit auch der Predigerin) unterstreichen. Dabei geht es um mehr und anderes als um die pastoraltheologische Aufforderung, es gelte ‚persönlich' zu predigen. Nicht zufällig kennzeichnet Luther die sich mitteilende Subjektivität dessen, der redet, als „produktive Basis"[44] der Predigt, d. h. sie ist nicht die Ausdrucksgestalt der religiösen Rede, sondern die Produktivkraft, aus der sie hervorgeht. Hinzu kommt, dass in der Predigt nicht das Ich des Predigers dargestellt, sondern der biblische Text als subjektive Auseinandersetzung mit ihm inszeniert wird. Die sich mitteilende Subjektivität ist eine im homiletischen Akt vermittelte Subjektivität. Mehr noch: In der Begegnung mit dem biblischen Text und der Kommunikation mit dem Hörer tritt die Subjektivität allererst zu Tage und kommt zur Geltung – bis dahin, dass ich als Person etwas in der Predigt (zu)sage, was über das hinausgeht, wofür ich persönlich einzustehen vermag. Es ist bemerkenswert, vor diesem Hintergrund aber durchaus verständlich, wenn Gerhard Marcel Martin notiert, dass in Henning Luthers Predigten kaum ein explizites Ich des Predigers auftaucht und „direkte, biographisch zu verstehende Ich-Mitteilungen"[45] an keiner Stelle zu finden sind. Wenn Luther, so sein prominenter Ausdruck, von der „exponierten Subjektivität"[46] des Predigers spricht, die den homiletischen Akt auszeichne, dann halte ich dies zumindest für eine missverständliche Wendung. Tatsächlich geht es gerade nicht darum, dass sich die Predigerin in ihrer Subjektivität ‚herausstellt' und in der Predigt ‚heraustritt', sondern umgekehrt: Sie geht mit ihrer Subjektivität in die Predigt ein, so dass diese gleichsam zu ihrer inneren künstlerischen Gestaltungskraft wird. Für Luther ist die Analogie zum Prediger nicht der Darsteller, sondern der Regisseur, der auf dem Theater während der Aufführung gar nicht die Bühne betritt, zugleich jedoch in der Inszenierung untergründig immer präsent ist. Ich schlage vor, im Nachgang zu Henning Luther von einer *diskreten Subjektivität* der Predigerin und des Predigers zu sprechen. Sie lebt im Modus indirekter, oder besser ver-

---

[44] Henning Luther: Predigt als inszenierter Text, 397.

[45] Martin 1992 (Anm. 13), 360.

[46] Henning Luther: Predigt als Handlung, 234.

mittelter Ausdrucksweisen des Selbst, wahrt Distanz zu sich selbst, zum Text, zur Hörerin, und sie zeigt sich, nicht ohne sich zugleich zu verbergen. Diskretion gestaltet sich – so hat es einst Georg Simmel ausgemacht – im „Rhythmus des sich Offenbarens und des sich Verschweigens"[47], sie umspielt das „Geheimnis"[48] des individuellen Lebens – und vermag unversehens existentiell bedeutsame Botschaften zu kommunizieren.

Eine Predigt Henning Luthers zum Gleichnis von der königlichen Hochzeit versucht, den Bann der ‚Alltagssorge' zu brechen: wie viel ungelebtes und verweigertes Leben – bei anderen und bei mir! Die Predigt zielt darauf, das Leben aufs Hier und Jetzt zu bringen. Sie mündet, homiletisch durchaus anfechtbar, in ‚Wir-wollen'-Formulierungen, in denen subjektive Lebenssätze – Sehnsucht und Widerstand – durchscheinen: „*Wir wollen die Sorgen der Anpassung verlieren. Wir wollen uns verschenken, verschwenden und verausgaben. Wir wollen Gemeinschaft ohne Grenzen. Verschieben wir das Leben nicht auf morgen.*"[49] Hier ahnt einer und weiß, dass sich (das eigene) Leben nicht aufsparen lässt. Und dann schlägt die Predigt, mit einer Losung aus dem Pariser Mai, den Bogen vom biblischen Hochzeitsmahl zum gemeinsam gefeierten Abendmahl: „*Unter dem Pflaster liegt der Strand. ‚Kommt, denn es ist alles bereit', spricht der Herr.*"[50] Jetzt gilt es.

(2) In der Weite der praktisch-theologischen Interessen Henning Luthers fällt auf, dass die Liturgik von ihm ausgeklammert wird. Ausdrücklich vermerkt er im Einleitungskapitel seiner Habilitationsschrift, dass – anders als Katechetik, Homiletik, Poimenik, Diakonik oder Kybernetik – die Liturgik für ihn kein konzeptioneller Ort sei, an dem die praktisch-theologischen Grundperspektiven von Bildung und Subjekt konstruktiv zur Geltung gebracht werden könnten.[51] Dass Luther die gottesdienstliche Dimension auch in seinen homiletischen Erwägungen nahezu ausblendet, spiegelt mehr oder minder den Stand der damaligen Diskussion auf evangelischer Seite wider. Im Grunde setzt erst ab Beginn der 1990er Jahre von Neuem eine Beschäftigung mit liturgiewissenschaftlichen Fragen ein. Mit den Themen Ritual und Raum rückt in den vergangenen zwei Jahrzehnten die gottesdienstliche Praxis in den Blickpunkt, und man kann für die jüngste Zeit geradezu von einer ‚liturgischen Wende' innerhalb der Praktischen Theologie sprechen. Von all dem sind Henning Luthers homiletische Arbeiten

---

47 Georg Simmel: Psychologie der Diskretion (1906), in: Ders.: Gesamtausgabe Bd. 8, Frankfurt a. M. 1992, 82–86 (84).

48 A. a. O., 86. Hier liegt m. E. aber auch die Grenze einer sich diskret verdeckenden Subjektivität, die in der Gefahr steht, sich selbst zu mystifizieren.

49 Unter dem Pflaster liegt der Strand (Matthäus 22,2–14). Predigt im Universitätsgottesdienst mit Abendmahl in Marburg am 28.6.1987, in: Henning Luther: Frech achtet die Liebe, 45–51 (50).

50 Ebd.

51 Henning Luther: Religion, Subjekt, Erziehung, 13.

noch entfernt. Dass die gottesdienstliche Dimension des Predigtgeschehens von ihm kaum mitbedacht worden ist, hängt aber vor allem an seinem schon früh einlinig kritischen Verständnis von Gottesdienst als kirchlicher Ausdrucksgestalt einer „affirmativen Kultur“[52] zusammen. In der gottesdienstlichen Kommunikation, so sein Diktum, geschieht keine „wechselseitige intersubjektive Verständigung, sondern die rituelle Übernahme einer spezifischen Werteordnung, die als Feier das selbsttätige kommunikative Bemühen der einzelnen um eine sinnvolle Gestalt des Lebens überflüssig machen soll“[53]. Im Hintergrund steht ein Begriff des Rituals, der dieses als stereotypes Handeln, später sprechakttheoretisch als konventionalisiertes Sprachspiel[54] versteht, das weder subjektivierende noch innovative Kraft in sich birgt. Rituale, so die ältere Lesart, stabilisieren das Gewordene und stellen das Selbst still.[55] In diesem Sinne bilden der Gottesdienst bzw. die Liturgie lediglich den „situativen Rahmen“[56], in den die Predigt eingebettet ist und aus dem sie die einzelnen Hörerinnen und Hörer herauslöst und in ihre Eigentätigkeit als Subjekte hinausführt. Gottesdienstliche Praxis wäre unter diesem Vorzeichen gleichsam noch nicht zu sich selbst gekommene Subjektivität.

Dass Henning Luther die Predigt nicht auch in eine liturgische Perspektive einzuzeichnen vermag, hat Konsequenzen sowohl für sein Verständnis des Predigers wie des Hörers. Die Predigerin, die er in Analogie zur Regisseurin verstanden wissen will, tritt als solche in der Aufführung der religiösen Rede streng genommen gar nicht in Erscheinung. Eine liturgisch reflektierte theatrale Homiletik hingegen gibt zu erkennen, dass der Prediger zugleich Regisseur *und* Darsteller des Geschehens ist: Er leiht dem inszenierten Text seine Stimme und führt die Predigt, die nicht nur aus sprachlichen Äußerungen, sondern aus kommunikativen Gesten besteht, selbst auf. In der Predigt kommt immer auch eine (religiöse) Haltung zur Darstellung, welche die Predigerin in dem, was sie sagt, gegenüber Text und Hörer – und letztlich vor Gott – einnimmt. Und auf der anderen Seite wären die Hörerinnen und Hörer nicht nur als eigenständige Rezipienten, sondern als Gottesdienstfeiernde wahrzunehmen, die bereits gemeindlich agieren, noch bevor die Predigtrede anhebt. Sie geben der Predigt in ihrem liturgischen (Mit-)Handeln als Gemeinde immer schon etwas vor und mit. Predigt wäre also, über Luthers Überlegungen hinaus, als *gottesdienstliche Rede* zu qualifizieren.

52 Henning Luther: Kommunikationszerstörung, 302.

53 A. a. O., 311.

54 Henning Luther: Predigt als Handlung, 235ff.

55 Erst in einem seiner späten Texte nimmt Luther Bezug auf die neuere ritualtheoretische Diskussion, in der mit Victor Turner und anderen Rituale als gestaltete Unterbrechung und Möglichkeitsraum des Selbst verstanden werden können. Vgl. Henning Luther: Schwellen und Passage. Alltägliche Transzendenzen, in: Ders.: Religion und Alltag, 212–223.

56 Henning Luther: Predigt als inszenierter Text, 400.

Immerhin, mit seinem homiletisch gefassten Inszenierungsbegriff hat Henning Luther die nach ihm einsetzende liturgiewissenschaftliche Debatte bereits inspiriert.[57] Und in der eigenen gottesdienstlichen Praxis konnte er in einem adventlichen Gebet durchaus mit liturgischem Sinn für das ‚Wir' vor Gott und für die Kraft rituell gebundener Sprache formulieren:

„Du, Herr, bist der Kommende.
Wir warten auf dich,
aber wir haben dich nicht.
Wir warten auf dich,
und deshalb sind wir mit unserem Leben
noch nicht zu Ende gekommen.
Deshalb bleiben wir in der Sehnsucht.
Wir warten auf dich, Herr,
deshalb sind wir mit allem,
was unser Leben ausmacht,
noch unterwegs.
Du, Herr, bist der Kommende,
wir aber warten auf dich,
aber wir haben dich nicht.
Halte uns in der Hoffnung."[58]

---

57 Vgl. neben Plüss (Anm. 37) auch Ursula Roth: Die Theatralität des Gottesdienstes, Gütersloh 2006.

58 Gebet im Universitätsgottesdienst in Marburg am 9.12.1990 (2. Advent), in: Henning Luther: Frech achtet die Liebe, 154.

Seelsorge als religiöse Praxis

Überlegungen im Gespräch mit Henning Luther

Ulrike Wagner-Rau

I. Neue Aufmerksamkeit für das Religiöse in der Seelsorge

Mein Gespräch mit Henning Luther möchte ich auf die Frage konzentrieren, welchen Beitrag dieser Autor zum Verständnis der Seelsorge als einer religiösen Praxis leistet.[1] Denn die seelsorgetheoretische Debatte der vergangenen zwanzig Jahre ist bestimmt von einer neuen Aufmerksamkeit dafür, wie die Seelsorge theologisch zu begründen und wie das Religiöse als konstitutiver Bestandteil ihrer Praxis genauer zu bestimmen sei. Die 70er und 80er Jahre des vergangenen Jahrhunderts waren mit ihrem pastoralpsychologischen Elan erfüllt von den Entdeckungen in der theoretischen und methodischen Welt der psychotherapeutischen Schulen in ihrer Bedeutung für die Seelsorge. Die Frage nach dem theologischen Profil der Seelsorge war durch die Auseinandersetzungen zwischen Vertretern der Pastoralpsychologie und ihren Kritikern geprägt.[2] Erst nachdem pastoralpsychologische Einsichten selbstverständlich als theoretische und methodische Weiterentwicklung einer professionellen Seelsorge anerkannt waren und zugleich auch eine sachlichere Kritik an der Dominanz des psychotherapeutischen Paradigmas für die Seelsorge möglich wurde[3], setzte ein unaufgeregteres Fragen nach der Spezifik der Seelsorge zwischen Beratungs- und Therapieangeboten einerseits und dem selbstverständlichen Alltagsgespräch andererseits ein. Unterschiedliche Aspekte gewannen dabei an Bedeutung, die hier als Kontext des Dialogs mit Henning Luthers Überlegungen zu diesem Thema genannt sein sollen:

- Die Medien und Methoden der christlichen Religionspraxis wurden neu in den Blick gerückt. Es gibt differenzierte Überlegungen zum methodisch be-

---

1 Vgl. zum Seelsorgeverständnis Henning Luthers auch Kristian Fechtner: Sich nicht beruhigen lassen. Seelsorge nach Henning Luther, in: Uta Pohl-Patalong / Frank Muchlinsky (Hg.): Seelsorge im Plural. Perspektiven für ein neues Jahrtausend, Hamburg 1999, 89–101; Godwin Lämmermann: Wider „die gesellschaftliche Verdrängung von Schwäche". Zu Henning Luthers Verständnis von Seelsorge und Diakonie, in: ThPr 27 (1992), 218–231.

2 Vgl. vor allem die Auseinandersetzung mit Eduard Thurneysen in: Joachim Scharfenberg: Seelsorge als Gespräch, Göttingen 1972 sowie die Auseinandersetzung mit Dietrich Stollberg in: Helmut Tacke: Glaubenshilfe als Lebenshilfe, Neukirchen-Vluyn 1975.

3 Vgl. Eberhard Hauschildt: Ist die Seelsorgebewegung am Ende?, in: WzM 46 (1994), 260–273.

wussten Gebrauch der Bibel und anderer religiöser Texte[4] ebenso wie zu den Möglichkeiten und dem Stellenwert ritueller Praxis[5] in der Seelsorge. Dabei ist es Konsens, dass das darstellende Handeln auch in der intimen Situation der seelsorglichen Begegnung eine bedeutende Rolle spielt. Dort freilich, und die pastoralpsychologische Wahrnehmung ist dafür eine nicht mehr wegzudenkende Voraussetzung, geraten Texte und Rituale in einen spezifischen Kommunikationszusammenhang mit eigenen Dynamiken, die besonders zu reflektieren sind.

- Die letzten beiden großen Lehrbücher zur Seelsorge, die jeweils als ein Ertrag des pastoralpsychologischen Diskurses der vergangenen 40 Jahre anzusehen sind, geben der theologischen Grundlegung der Seelsorgelehre wie auch der Aufmerksamkeit für die religiöse Dimension in der seelsorglichen Praxis eine prominente Bedeutung. Mit seinem Programm einer Seelsorge als „Lebensdeutung im Horizont des christlichen Glaubens [...], deren Wirklichkeitsverständnis von der Rechtfertigungslehre her bestimmt ist“[6] verfolgt Michael Klessmann eine ausdrücklich evangelische Orientierung in seinem Konzept. Menschenbild, Verständnis der seelsorglichen Beziehung und Ziele des seelsorgerlichen Handelns richtet er an dieser Grundorientierung aus.
  Ebenso nimmt der Seelsorgeentwurf von Christoph Morgenthaler den Transzendenzbezug – mit diesem Begriff religionstheoretisch etwas offener positioniert – als konstitutive Dimension der seelsorgerlichen Kommunikation an, die in der Begegnung explizit und implizit die Wahrnehmung und das Handeln bestimmt.[7] Ähnlich wie Klessmann setzt er eine theologische Hermeneutik voraus, die „gegenwärtiges Leben und religiöse Traditionen in eine produktive, erhellende Beziehung“[8] bringt. Auffallend ist es schließlich, dass beide Entwürfe selbstverständlich u. a. auf Eduard Thurneysens Seelsorgelehre kritisch-konstruktiv Bezug nehmen, anstatt die radikale Abkehr der frühen Pastoralpsychologie von diesem Autor fortzusetzen.
- Für diese Wendung ist es nicht unerheblich, dass Albrecht Grözinger in seiner *Relektüre* Thurneysens dessen Ansatz neu positioniert:[9] Thurneysens

[4] Vgl. Peter Bukowski: Die Bibel ins Gespräch bringen. Erwägungen zu einer Grundfrage der Seelsorge, Neukirchen-Vluyn 1994; Michael Meyer-Blanck: Die Bibel im Mittelpunkt des Seelsorgegesprächs, in: PThI 26 (2007), 175–185; Klaus Eulenberger et al. (Hg.): Gott ins Spiel bringen. Handbuch zum Neuen Evangelischen Pastorale, Gütersloh 2007.

[5] Vgl. Christoph Morgenthaler: Rituale. Theoretische Zugänge, in: Eulenberger (Anm. 4), 174–184.

[6] Michael Klessmann: Seelsorge. Begleitung, Begegnung, Lebensdeutung im Horizont des christlichen Glaubens, Neukirchen-Vluyn ^{2}2009, 179.

[7] Vgl. Christoph Morgenthaler: Seelsorge, Gütersloh 2009, 24.

[8] A. a. O., 87.

[9] Albrecht Grözinger: Eduard Thurneysen, in: Christian Möller (Hg.): Geschichte der Seelsorge in Einzelporträts. Bd. 3: Von Friedrich Schleiermacher bis Karl Rahner, Göttingen 1996, 277–294 (bes. 283f.). Henning Luther hat Thurneysen allerdings deutlich kritischer gelesen. Vgl. Henning Luther: Wahrnehmen und Ausgrenzen, 258–260.

Rede vom „Bruch" im seelsorgerlichen Gespräch sei nicht als Unterbrechung in der Abfolge, sondern als qualitative Bruchlinie im Gespräch zu interpretieren. Die Rede vom „Bruch" stehe nicht für eine methodische Anweisung. Vielmehr gehe es um eine durchgehende Aufmerksamkeit für den Einbruch des Unerwarteten, Transzendenten, durch die in den Blick gerate, was die vorfindliche Lebenssituation nicht wiederholt, sondern verwandelt. Diese Interpretation hat eine erneute Thurneysen-Rezeption eingeleitet.

- Außerdem ist die Frage nach der Seelsorge als einer religiösen Praxis angeregt von der in der Psychotherapie gestellten Frage nach der Religiosität als wesentlichem Faktor des psychischen Lebens. Nach Jahrzehnten einer Dominanz religionskritischer Haltungen interessiert sich die Psychotherapie für Religion und Spiritualität.[10] Damit ist auch die Seelsorge an ihr Profil erinnert, nämlich eine die Einzelnen in ihren Lebens- und Glaubensfragen begleitende und fördernde Kommunikation im religiösen Kontext zu sein.
- Und nicht zuletzt ist die Seelsorgedebatte in den vergangenen Jahren beeinflusst durch die empirischen Untersuchungen zu der Frage, inwieweit Religiosität eine Ressource für Gesundheit und Resilienz darstelle.[11]

Wo nun ist der Ort Henning Luthers in diesem Zusammenhang? Zunächst kann man festhalten: Die Mehrzahl seiner Schriften liegt den Jahren um weniges voraus, in denen eine Neubesinnung auf das religiöse Profil der Seelsorge einsetzte. Die pastoralpsychologischen Einsichten werden in den Aufsätzen, in denen er sich ausdrücklich seelsorgetheoretisch äußert, von ihm selbstverständlich vorausgesetzt, zugleich auch mit einigen kritischen Rückfragen versehen.[12] Insgesamt ist sein subjektorientierter Ansatz Praktischer Theologie von Anfang an als relevant für die Seelsorge und speziell auch für die theologische Begründung und Charakterisierung derselben wahrgenommen worden. Geht es doch darin um den Einzelnen in seinem religiösen Weltverhältnis, um sein biographisches Selbstverständnis als Ausgangspunkt Praktischer Theologie. Fast jede seelsorgerliche Monographie der vergangenen zwanzig Jahre bezieht sich zustimmend auf Texte von Henning Luther. Allerdings erfolgt selten eine ausführlichere Auseinandersetzung mit ihnen.[13] Vielmehr werden primär die plastischen und aussagekräftigen Formulierungen übernommen und nur knapp, damit nicht selten

---

10 Vgl. u. a. Alf Gerlach / Anne-Marie Schlösser / Anne Springer (Hg.): Psychoanalyse des Glaubens, Gießen 2004; Tilman Moser: Von der Gottesvergiftung zu einem erträglichen Gott. Psychoanalytische Überlegungen, Stuttgart 2003; Religion – Religiosität – Gewalt, Sonderheft der Zeitschrift Psyche, Stuttgart 2009.

11 Vgl. Marion Schowalter / Sebastian Murken: Religion und psychische Gesundheit – empirische Zusammenhänge komplexer Konstrukte, in: Christian Henning et al. (Hg.): Einführung in die Religionspsychologie, Paderborn 2003, 138–162.

12 Vgl. z. B. Henning Luther: Wahrnehmen und Ausgrenzen, 260.

13 Ausführlicher befassen sich mit Henning Luther: Jürgen Ziemer: Seelsorgelehre. Eine Einführung für Studium und Praxis, Göttingen [3]2008; Uta Pohl-Patalong: Seelsorge zwischen Individuum und Gesellschaft, Stuttgart 1996.

auch verkürzt, erläutert: „Religion als Weltabstand", „Die Lügen der Tröster", „Identität als Fragment" und „Kritik am Defizitmodell des Helfens" tauchen besonders zuverlässig auf. Darin zeigt sich zum einen, dass Hennig Luther selbst keine systematische Seelsorgetheorie entwickelt hat. Zum anderen macht diese Rezeptionsform erkennbar, dass Luthers Wirkung nicht zuletzt auf seiner Sprachfähigkeit beruht. Er gibt wesentlichen theologischen Gehalten eine Ausdrucksform, deren Formulierung Fragen an die Religion in der Moderne präzise trifft.[14]

Meine Absicht ist es nun, erneut nach dem Ertrag der Texte Henning Luthers für eine Grundlegung der Seelsorgetheorie als einer religiösen Praxis zu fragen. Zwar wird man hier die Erwartungen nicht zu hoch stecken dürfen. Hat doch Luther sich nur in wenigen Texten ausdrücklich zur Seelsorge geäußert. Dennoch ist es die im Weiteren zu verfolgende Ausgangsthese, dass seine Überlegungen wesentliche Aspekte für die genannte Frage enthalten. Dabei wird auffallen, dass Henning Luther zwar fast durchgehend theologisch argumentiert, wenn er sich mit den Fragen der Seelsorge beschäftigt, darin aber ihren religiösen Charakter primär als eine implizite Orientierung verhandelt. Religiosität zeigt sich nicht zuerst als positiver Bezug auf die christlich-religiöse Tradition, sondern als eine spezifische – die Frage gegenüber den Antworten deutlich stärker hervorhebende – Haltung zur Wirklichkeit. Damit steht Luther zu mancher Entwicklung in der gegenwärtigen Seelsorgedebatte durchaus quer als eine Stimme, die gerade in ihrer kritischen Nachdenklichkeit bleibend wichtig ist. Diese These soll im Folgenden entfaltet werden.

II. Religion erscheint als individuelle Religiosität

Der Ansatz der Praktischen Theologie beim Subjekt hat per se eine starke Affinität zur Seelsorge, die sich primär dem subjektiven Erleben und seinen Geschichten im Leben der Menschen zuwendet. Religion erscheint in diesem Zusammenhang so, wie sie sich subjektiv erschließt, nämlich als Religiosität. Das subjektiv-religiöse Verhältnis zur Wirklichkeit, dieser Gedanke zieht sich wie ein roter Faden durch die Überlegungen Henning Luthers, ist in der Gegenwart insgesamt nicht mehr zuerst darauf ausgerichtet, sich die dogmatischen Auslegungen der christlichen Religion als normativen Rahmen des eigenen Selbstverständnisses anzueignen. Vielmehr erwächst nicht zuletzt aus der seelsorgerlichen Praxis die Einsicht, dass „die abstrakte Behauptung kirchlich-dogmatischer Satzwahrheiten noch lange keine Lebenswahrheiten für die betroffenen Menschen darstellt"[15]. Eine religiöse Sicht auf die Wirklichkeit realisiert sich in

[14] Vgl. dazu Fechtner (Anm. 1), 91.

[15] Henning Luther: Religion und Alltag, 225. Hier setzt Luther eine Linie fort, die bereits Otto

individueller Art und Weise und versteht den Bezug zur Tradition vor allem als Anregungspotenzial dafür, die eigene Überzeugung zu formulieren.[16] Die Menschen produzieren selbst „so etwas wie Theologie“[17], indem sie über ihr Leben und ihren Glauben nachdenken. Der Alltag und seine Erfahrungen, vor allem die Erfahrungen von Grenzsituationen und erhöhter Fragilität der Lebensgewissheit, bringen es mit sich, dass Menschen sich im Gespräch mit vorhandenen Deutungen und Erscheinungsformen religiöser Weltsicht ihre eigenen Gedanken machen. Die qualitativ-empirischen Studien, die im Rahmen praktisch-theologischer Forschungsprojekte in den vergangenen Jahrzehnten in wachsender Zahl entstanden sind, bestätigen diese Grundannahme Henning Luthers, indem sie die vielfältigen Konstruktionen religiösen Selbstverständnisses sichtbar machen.

Diese individualisierten Formen der Religion sind eine nicht hintergehbare Voraussetzung für die Seelsorge. Am Anfang des seelsorglichen Selbstverständnisses steht darum die Anerkennung und der Respekt für die je individuelle Religiosität der Beteiligten und damit auch die Erwartung, miteinander in einem Austausch von Geben und Bekommen verbunden zu sein, der sich aus dem Wissen um die Perspektivität der eigenen Überzeugungen speist.[18] Das Religiöse erscheint entsprechend im seelsorglichen Kontakt als wechselseitige Kommunikation und Verständigungsversuch über je unterschiedliche religiöse Lebensdeutungen.[19] Das heißt, dass der Seelsorger und die Seelsorgerin von dem Anspruch erlöst sind, in dieser Kommunikation allein zuständig zu sein für die religiösen Antworten und Tröstungen. Vielmehr sind sie Partner in einem Dialog religiös Sprachfähiger, die einander auf Augenhöhe begegnen.[20] Zugleich aber sollen sie dazu in der Lage sein, die religiöse Kommunikation in der Seelsorge zu fördern, indem sie die auf je eigene Weise geäußerten Formen der Religion wahrnehmen und wertschätzen, auch wenn sich diese nur manchmal im

Haendler in seiner Homiletik ähnlich formuliert und damit die Weiterentwicklung der Pastoralpsychologie in Deutschland inspiriert hat: „Wir können das Evangelium lebendig verkündigen nur so, wie es uns lebendig geworden ist“ (Otto Haendler: Die Predigt. Tiefenpsychologische Grundlagen und Grundfragen, Berlin ^{2}1949 , 50).

16 Vgl. Henning Luther: Religion und Alltag, 14.

17 A. a. O., 13.

18 Vgl. dazu auch die Theorie des „Persönlichkeitsspezifischen Credos“ bei Klaus Winkler: Seelsorge, Berlin / New York 1997, 266–269.

19 Der wissenschaftlichen Theologie weist Luther die Aufgabe zu, für die Verständigung zwischen den individuellen Zugängen zur Religion Sorge zu tragen. Vgl. Henning Luther: Religion und Alltag, 13.

20 Ähnlich bereits Joachim Scharfenberg unter Bezug auf Ernst Lange, der mit dem Paradigmenwechsel von der Verkündigung zur Kommunikation des Evangeliums als Vorläufer einer positiven Einstellung auf die Individualisierung des religiösen Selbstverständnisses anzusehen ist: „Der Glaube hat nicht die Wahl, ob er sich dem Gespräch stellen will. Er überlebt nur im Gespräch. Er bleibt nur Glaube im Gespräch. So ist der Glaube unwiderruflich ins Gespräch berufen. Er kommt aus dem Gespräch und führt ins Gespräch“ (Scharfenberg [Anm. 2], 63).

expliziten Bezug auf Bibel und christliche Tradition zeigen, oft hingegen nur implizit im Umgehen mit den Fragen nach Sinn und Orientierung, die aufbrechen, wenn das Leben aus seinen gewohnten Gleisen springt.

III. Religiosität beginnt mit *Fraglichkeit*

Der Ansatz bei der individuellen Religiosität wäre allerdings inhaltlich undeutlich, träte ihm nicht die zweite Bestimmung einer Praktischen Theologie des Subjektes an die Seite, die das theologische Verständnis des Ansatzes akzentuiert. Die Subjekte sind sich in ihrer Individualität nicht ein für alle Mal gegeben, sondern befinden sich in einem beständig gefährdeten Prozess des Werdens. Diese Aussage lässt sich empirisch begründen, sofern sie der Erfahrung entspricht, dass Menschen nicht dem Ideal einer kontinuierlichen Selbstvervollkommnung entsprechen können, sondern dass ihre Individualität bedroht ist durch Zeitlichkeit, Verletzlichkeit und Destruktivität, die den Zusammenhang der je eigenen Biographie in Frage stellen. Aber es ist auch ein theologisches Anliegen Henning Luthers, die Begrenzung menschlicher Existenz in das Subjektverständnis zu integrieren. Dies spiegelt sich im Konzept der „fragmentarischen Identität"[21] wider wie auch in seinem Verständnis von „Religion als Weltabstand"[22]. Dass Sinn in den oft verstörenden Erfahrungen des Alltags nicht einfach verfügbar ist, ist der Ausgangspunkt einer Religiosität, die das im gesellschaftlichen Miteinander und im biographischen Prozess bedrohte Geheimnis der Individualität schützt[23], indem sie der Verletzlichkeit dieser Individualität grundlegende Bedeutung einräumt. Das Heil-Sein und das Ende der Fragen, so wird es Henning Luther nicht müde zu betonen, seien nur eschatologisch greifbar, und zwar nicht als ein Jenseits der Wirklichkeit, sondern als Möglichkeitssinn, als Hoffnung und Erwartung der Veränderung dessen, was ist.

Die Fraglichkeit und die Unruhe[24] sind gegenüber dem Bestätigen, dem Beheimaten, dem Antwortgeben das von Luther deutlich stärker akzentuierte Moment der religiösen Perspektive. Hoffnung deutet sich bei ihm zuallererst in den Empfindungen an, die anzeigen, dass die Wirklichkeit anders ersehnt wird, als sie ist: in den großen Wünschen und der unstillbaren Sehnsucht, die sich mit dem Vorfindlichen nicht zufrieden geben wollen, auf der einen, im Schmerz über die Unvollkommenheit und Ungerechtigkeit des Lebens auf der anderen Seite.[25]

---

21 Vgl. Identität und Fragment. Praktisch-theologische Überlegungen zur Unabschließbarkeit von Bildungsprozessen, in: Henning Luther: Religion und Alltag, 160–182.

22 Vgl. Religion als Weltabstand, in: A. a. O., 21–29.

23 Vgl. a. a. O., 18.

24 Vgl. Das unruhige Herz. Über implizite Zusammenhänge zwischen Autobiographie, Subjektivität und Religion, in: A. a. O., 123–149.

25 Vgl. a. a. O., 26.

Folgt man Henning Luthers Verständnis von Religion, werden die Grenzen jeder Seelsorge als einer Praxis im Raum von Zeitlichkeit und Kontingenz sichtbar. Nicht nur die Identität des Individuums unterliegt ja dem Charakter des Fragmentarischen, sondern ebenso die seelsorgliche Beziehung, durch die das Leben nicht heil, der Schmerz nicht weggenommen und die Sehnsucht durch ein Handeln im endlichen Raum letztlich nicht gestillt werden kann. Die Zustimmung zum Fragmentarischen bedeutet die Zustimmung zur Ohnmacht in entscheidenden Fragen, zur Einsicht, dass auch in einer religiösen Praxis der Seelsorge Leiden, Schuld und Tod nicht aus der Welt zu schaffen sind.

Aber indem Seelsorge einen Raum bietet, in dem man der Realität von Schmerz und Sehnsucht ansichtig werden kann, in dem das Misslingen von Beziehungen und Leben und das Leiden daran sich äußern darf, kommt eine Perspektive in den Blick, die über die Realität, wie sie ist, hinausweist. Diese zeigt sich freilich nicht sogleich als eine positive Bestimmung, schon gar nicht als eine unwiderrufliche Sicherheit, sondern zunächst gewissermaßen als helle Rückseite der Empfindung von Sehnsucht und Schmerz. Diese Gefühle sind zu lesen nicht nur als Ausdruck einer Realität, an der das Individuum leidet, sondern auch als Signale dafür, dass es sich in den ihm gesetzten Grenzen nicht zufrieden gibt. Im Alltag zu funktionieren und das Einverständnis mit der Wirklichkeit, so Henning Luther deshalb, sind als Ziele für eine Seelsorge im eigentlichen Sinne zu wenig, weil sie die Freiheit des Menschen und seine Möglichkeit, ein anderer zu werden, unterschreiten.[26] Seelsorgliches Handeln werde banal, wenn es primär auf Realitätsertüchtigung ziele. Vielmehr richte es sich auf den Zwiespalt zwischen Sein und Sollen, zwischen Realität und Verheißung, mit dem umzugehen sei. Das unruhige Herz ist nicht ein Problem, das gelöst werden soll, sondern der heiße Kern eines religiösen Selbst- und Weltverständnisses.[27] Denn diese schmerzhafte Unruhe bringt das Individuum immer wieder auf den Weg zu sich selbst, zu den Anderen und zu Gott.

Henning Luthers Differenzierungen in diesem Zusammenhang erinnern an eine Unterscheidung, die William James in seiner Phänomenologie der religiösen Erfahrung aufmacht und die einer Luthers Intention vergleichbaren Richtung folgt. Religiosität, so führt James aus, könne im Blick auf eine bestimmte Gruppe von Menschen als Typus der „Religion des gesunden Geistes“[28] in Erscheinung treten, bei einer anderen aber zeige sie sich als Typus der „Religion der kranken Seele“[29]. Erstere sei von einem unbeirrbaren Optimismus im Blick auf den Sinn des Lebens erfüllt und „einer bestimmten Sicherheit in einem Gefühl, daß die

26 Vgl. a. a. O., 231.

27 Vgl. die zusammenfassenden Thesen in: A. a. O., 148f.

28 Vgl. William James: Die Vielfalt religiöser Erfahrung. Eine Studie über die menschliche Natur, Frankfurt a. M. 1997, 110–151.

29 Vgl. a. a. O., 152–208.

Natur, wenn man ihr nur genug Vertrauen schenkt, absolut gut ist“[30]. James sieht diesen Typus z. B. in dem Dichter Walt Whitman repräsentiert, eine populäre Gestalt gewinnt er in der sogenannten „Mind-Cure-Bewegung“, die am Ende des 19. Jahrhunderts einen beachtlichen Zulauf in den USA genoss.[31] Religiosität, so James, bedeute in ihrem Kontext die konsequente Stärkung und Übung positiver Gefühlseinstellungen wie Hoffnung, Freude und Vertrauen und, vice versa, die Abkehr von jeglicher Verunsicherung, Angst und Sorge.

Der andere Typus der Religion, nämlich jener der „kranken Seele“ – „krank“ ist hier nicht im Sinne einer medizinischen Diagnose zu verstehen, sondern als Ausdruck einer spezifischen Empfindsamkeit –, zeige hingegen eine hohe Sensibilität gegenüber der Schreckensseite des Lebens, die sich in Melancholie und Zuständen der Verzweiflung bis hin zu Suizidgedanken äußere. Religiöse Gewissheit könne nach dem Durchgang durch solche Erfahrungen nicht ungebrochen sein, sondern sei „ein sehr viel komplexeres Empfinden, das die natürliche Schlechtigkeit als Element mit einschließt, diese aber nicht so anstößig und schrecklich findet, weil es sie in etwas übernatürlich Gutes aufgehoben sieht. Es handelt sich um einen Prozeß der Versöhnung, nicht der bloßen Rückkehr zu natürlicher Gesundheit.“[32] James’ Sympathie gilt deutlich dieser zweiten Form der Religiosität. Die „Religion der kranken Seele“ ist ihm ein Hinweis darauf, dass sich die Menschen der Vielschichtigkeit der Realität geöffnet haben. Sie ist darin auch überzeugender angesichts der Nichtselbstverständlichkeit religiösen Trostes in einem von der Moderne geprägten Wirklichkeitsverständnis.

Ähnlich wird man auch Henning Luthers Anliegen verstehen können als das Bemühen, der Vielschichtigkeit der individuellen Wirklichkeitserfahrung gerecht zu werden und sie mit dem Horizont der christlichen Verheißung zu versöhnen. Religiöse Identität ist in seinem Zugang eine nicht abschließbare Bewegung, die Gelingen wie Misslingen, das Finden von Gestalt und den Verlust von Gestalt gleichermaßen umfasst. Wenn der Bezug zu Sehnsucht und Schmerz in der Seelsorge verloren ginge, verlöre diese nicht nur den Bezug zur alltäglichen Lebenswirklichkeit, sondern die Rede von der Verheißung würde hohl. Dass es Zukunft gibt, begründet Luther kreuzes- wie inkarnationstheologisch: Gott erscheint als leidender, abhängiger und hilfsbedürftiger Mensch in der Welt. Darum kann der Mensch hoffen, auch wenn der faktische Zustand der Wirklichkeit dem widerspricht.[33]

Entsprechend muss die Seelsorge sich davor hüten, das Religiöse vor allem im Bereich der sogenannten „positiven“ Erfahrungen zu suchen. Im Gesamten des Lebens ist es sowieso nicht ausgemacht, was jeweils als heilsam und gut anzusehen ist. Vielmehr zeigen sich Zusammenhang und Sinn erst in der Rückschau

30 A. a. O., 112.
31 Vgl. a. a. O., 125–137.
32 A. a. O., 180.
33 Vgl. Henning Luther: Religion und Alltag, 175f.

und müssen in diesem Leben letztlich offen bleiben.[34] Ebenso wenig lassen sich Transzendenz und Unendlichkeit in bestimmten Sprachformen oder rituellen Vollzügen objektivieren, vielmehr erscheinen sie „immer nur als ‚Spur' an der uns umgebenden Welt, die ihr Nicht-Fertigsein und ihr Unerlöst-Sein aufscheinen läßt"[35]. Seelsorge wird also zu einer religiösen Praxis, indem sie sich als eine Spurensuche versteht: eine Suche nach den Spuren Gottes in der Welt, die nicht zuerst als seine Präsenz, sondern in der Erfahrung seiner Abwesenheit erkennbar werden. Im Prozess des Fragens und Suchens ist das Religiöse gegenwärtiger als in der Antwort. Es sei denn, diese stellt sich – so die Verheißung – je und je ein.

IV. Die notwendige Trostlosigkeit

Die bis hierhin entfalteten Ansätze Henning Luthers, das Religiöse nicht jenseits der Fraglichkeit sondern *in* ihr zu suchen, gipfeln in seinen – von ihm selbst „provokativ" genannten[36] – Überlegungen zum Thema des Trostes. Provokation ist hier durchaus im Wortsinn zu verstehen: Es geht um das Herausrufen aus einer Beheimatung und Sicherheit, die bei genauer Betrachtung keine solche sein kein. Zugleich meint Provokation hier auch die gewollte Übertreibung[37] einer Perspektive, die letztlich nicht allein Gültigkeit beanspruchen kann, die zu übersehen aber fatale Folgen hat.

Dass Seelsorge nicht auf eine billige und unsensible Weise vertrösten dürfe in der Weise, dass das Leiden daran gehindert würde, sich überhaupt zu artikulieren, wird dabei von Henning Luther vorausgesetzt. Ihm geht es grundsätzlicher um die Frage, inwieweit Trost überhaupt ein unhinterfragtes Ziel der Seelsorge sein könne angesichts einer ungeschminkten Wahrnehmung des Alltags. Nicht nur im Blick auf die je individuelle Lebenswirklichkeit, sondern erst recht, wenn sich der Blick weitet auf den Zustand der Welt insgesamt, wird die Unterstellung von Sinn zutiefst fragwürdig. Wenn also der Religion zuerst die Funktion der Kontingenzbewältigung gegeben und ihr der Auftrag zugeschrieben werde, den faktisch Ausgelieferten und Heimatlosen Heimat und Sicherheit zu versprechen, dann werde sie zur Lüge, die den Blick auf die Abgründe des Leidens übertünche.[38]

Entsprechend ist für Luther jenes Vertrauen religiös, das sich einem Prozess ausliefert, in dem so etwas wie Sinn je und je entstehen kann. „Religion", so

[34] Vgl. Ulrike Wagner-Rau: Segen und Fluch, in: Anja Kramer / Günter Ruddat / Freimut Schirrmacher (Hg.): Ambivalenzen der Seelsorge, FS Michael Klessmann, Neukirchen-Vluyn 2009, 59–70.

[35] Henning Luther: Religion und Alltag, 19.

[36] Vgl. Henning Luther: Lügen der Tröster, 163.

[37] Zur provozierenden Einseitigkeit Luthers vgl. Fechtner (Anm. 1), 92.

[38] Vgl. Henning Luther: Wahrnehmen und Ausgrenzen, 164.

schreibt er, „ist darum im Kern gerade nicht Sinnstiftung oder Bewältigung von Kontingenz. Religion bewahrt vielmehr die Zerrissenheit, aus der sie lebt. […] Sie ist Trost, indem sie das Verlangen nach Tröstung bewahrt, nährt und anstachelt."[39]

Die Zielrichtung Luthers hier wird noch deutlicher, wenn wir seine Position vergleichen mit der Wilhelm Gräbs, der ja seinerseits – darin Luther ähnlich – die Bedeutung der Religion in der Moderne in enger Verbindung zur Lebensgeschichte des Subjektes entfaltet.[40] Aufschlussreich ist der Vergleich auch insofern, als Luther wie Gräb ihr jeweiliges Verständnis einer religiös begründeten Identität im Gespräch mit Texten Dietrich Bonhoeffers entwickeln, dabei aber unterschiedlich akzentuieren.

Wilhelm Gräb bezieht sich auf Bonhoeffers Gedicht „Wer bin ich?".[41] Zwischen der oft verzagten und irritierten Selbstwahrnehmung und der Wahrnehmung der Anderen, die ihm das Bild eines starken, in sich gegründeten Menschen widerspiegeln, klaffe für Bonhoeffer ein Widerspruch, den er in diesem Gedicht als eine bleibende Unsicherheit im Blick auf sich selbst beschreibe. Im letzten Satz aber, der den Charakter eines Gebetes hat, springe diese in das Wissen um die Einheit des Ichs[42] um. Gräb schreibt – und nimmt dabei Schleiermachers Religionsverständnis für die Bonhoeffer-Interpretation in Anspruch: „Wir stehen hier wieder vor dieser unmittelbaren Selbstvertrautheit, vor dieser wissenden Selbstbeziehung, von der wir herkommen, die wir immer schon in Anspruch nehmen. […] Wer Gott glaubt, weiß um den Grund des Vertrauens, das er allen noch so widersprüchlichen Erfahrungen mit sich selbst und dieser Welt zum Trotz zu sich haben kann."[43] Zwar führt Gräb diese Interpretation weiter in die kreuzestheologische Paradoxie der Anwesenheit Gottes in der Erfahrung der Gottverlassenheit, die für die Vorstellung der unmittelbaren Selbstvertrautheit im Glauben „eine harte Zumutung" ist.[44] Letztlich aber betont Gräb die Gewissheit, die im Selbstverständnis religiöser Identität dominiere: „So ist er [sc. Gott, U. W.-R.] da, in dieser Gewißheit auf keinen Fall vergeblich zu leben, auch wenn wir meinen, ganz am Ende zu sein. Wir sind nie allein. Gott ist mit uns, auch wenn es gar nicht danach aussieht. […] Aus dieser, in der Unmittelbarkeit unserer Selbstgewißheit verborgenen Gegenwart Gottes leben wir immer schon."[45]

Anders akzentuiert Henning Luther die Bonhoeffer-Interpretation in seinem theologischen Verständnis von Identität.[46] Zwar setzt auch er den Schluss des

39 Henning Luther: Religion und Alltag, 27.

40 Vgl. Wilhelm Gräb: Lebensgeschichten – Lebensentwürfe – Sinndeutungen. Eine Praktische Theologie gelebter Religion, Gütersloh ²2000.

41 Vgl. zum Folgenden a. a. O., 69–76.

42 Vgl. a. a. O., 72.

43 Ebd.

44 Vgl. a. a. O., 75.

45 A. a. O., 75f.

46 Vgl. zum Folgenden Henning Luther: Religion und Alltag, 160–182.

nämlichen Gedichtes „Wer bin ich?“ als Motto über seine Ausführungen, bezieht sich im Weiteren aber auf die beiden Ausschnitte aus Briefen an die Eltern, in denen Bonhoeffer angesichts des absehbaren gewaltsamen Todes vom notwendig Fragmentarischen des Lebenssinns seiner Generation spricht.[47] Von diesen Texten her akzentuiert Luther zu allererst den Schmerz und die sich als Sehnsucht artikulierende Differenzerfahrung, die aus der Unmöglichkeit resultiert, Lebensgeschichten zu vollenden. Die Spannung zwischen dem Leiden an der Unzugänglichkeit von Sinn und der Ahnung möglicher Vollendung, die der Begriff des Fragments evoziert, löst Luther gerade nicht in eine trotz aller widrigen Erfahrungen *vorhandene* Selbst- und Sinngewissheit hinein auf. Hoffnung und Trost zeigen sich für Luther nicht als Verweis auf etwas Vorhandenes, das die Spannung löst, sondern als die Kraft, den eschatologischen Horizont offenzuhalten, durch die man sich dem Leiden und der Sinnlosigkeit stellen und auf ihre Verwandlung hoffen kann. Insofern verbindet sich der Trost der Religion für ihn nicht mit einem Ankommen, sondern mit dem Unterwegssein.[48]

Es ist hier nicht der Ort, die Plausibilität der unterschiedlichen Ansätze prinzipiell zu bedenken. Für die seelsorgerliche Haltung jedenfalls dürfte die aufgewiesene Differenz durchaus Gewicht haben. Setze ich Sinn voraus, auch wenn die Möglichkeit, daran Anschluss zu gewinnen, individuell nicht mit Sicherheit gegeben ist? Oder sehe ich Sinn als das Nichtselbstverständliche, Nichtgreifbare an, nach dem sich auszustrecken dennoch einen Unterschied ausmacht: nämlich den, sich in und mit aller Beunruhigung des Herzens auf einen Weg zu machen.[49] Seelsorge als religiöse Praxis hätte dann nicht zuerst das Ziel, in einer spezifischen Weise bei sich selbst anzukommen, sondern im Gegenteil über sich hinauszugehen in die Fremde und in die Begegnung mit dem Anderen.[50]

V. Intersubjektivität als religiöser Ort

Indem Henning Luther Religiosität nicht in der Stabilisierung und Beheimatung des Individuums sucht, hat auch Seelsorge ihren Ort in Lebenssituationen, „die

47 Vgl. a. a. O., 166.

48 Vgl. auch die Kritik an der subjekttheoretischen Deutung der Rechtfertigungslehre von Wilhelm Gräb und Dietrich Korsch in: A. a. O., 82: „Die Begegnung mit dem Anderen bleibt für den Prozess der Subjektwerdung gleichgültig, da das Subjekt bereits vorgängig, jedenfalls außerhalb des Geschehens der Begegnung mit anderen als solche konstituiert wird. [...] Eine Subjektivität, die vorgängig (wie auch immer, und sei es theonom) begründet ist, bleibt bei sich selbst und findet hier Ruhe und Gewißheit. Die Beunruhigung durch den Anderen kann sie konstitutiv nicht berühren.“

49 Zu den Motiven des Aufbrechens und Unterwegsseins vgl. auch Henning Luther: Leben als Reise.

50 Vgl. Ulrike Wagner-Rau: „... viel tausend Weisen, zu retten aus dem Tod“. Praktisch-theologische Reflexionen zu Trost und Trösten, in: PTh 93 (2004), 2–16.

aus dem Rahmen der ungestörten Routine von Alltäglichkeit herausfallen"[51]. Nicht in der Übereinstimmung mit sich und dem Leben werden die religiösen Fragen lebendig, sondern wenn diese Übereinstimmung aufbricht und der Mensch mit sich selbst und den Anderen in einen Dialog tritt. In der und durch die Beziehung zu einem Anderen verwandeln sich theologisch-dogmatische Sätze in religiöse Wahrheit, die dem Subjekt im Zusammenhang biographischer Selbstreflexion einleuchtet, weil sie den Blick auf sich selbst über sich selbst hinausführt.

Zum Ersten findet Luther die Dimension des Religiösen bereits implizit in der formalen Struktur der biographischen Selbstreflexion, ehe noch Gott ausdrücklich genannt wird.[52] Ähnlich wie beim Schreiben eines Tagebuches richte sich das Nachdenken über das eigene Leben an einen ‚fiktiven Anderen'. Dieser sei nicht identisch mit der Stimme der verinnerlichten kulturellen Normierungen. Vielmehr repräsentiere dieses Gegenüber einen Dialogpartner, dem der Nachdenkende sich anvertrauen könne, „weil er Verständnis nicht nur für sein bisheriges, sondern auch gerade für sein zukünftiges Leben"[53] habe. Was gewesen ist, könne diesem Gegenüber ebenso rückhaltlos offenbart werden wie man auch erwarte, dass der Andere die Potenzialität des eigenen Lebens kenne. In der christlichen Tradition werde dieses fiktive Gegenüber Gott genannt: Man spricht ihn im Gebet vertrauensvoll an und setzt voraus, dass er mehr über den Menschen wisse, als dieser über sich selbst. Auch wenn ein explizit religiöses Selbstverständnis fehle, so Luther, realisiere sich in der Struktur solcher dialogischen Selbstreflexion, die eine Artikulation von Schmerz und Sehnsucht ermöglicht, bereits ein religiös getöntes Verhältnis in der Zuordnung von Ich und Welt.

Diese implizit religiöse Struktur zeigt sich nun auch in der Beziehungsstruktur in der Seelsorge.[54] Entscheidend ist dabei, dass alle Beteiligten – Ratsuchende wie Seelsorgende – in ihrem eigenen Leben Schmerz und Sehnsucht erfahren und diese auch in den Austauschprozessen des seelsorgerlichen Gespräches wahrnehmen. Fraglich wird sich darin nicht nur der oder die Ratsuchende, sondern fraglich wird sich auch die Person, die als Seelsorger oder Seelsorgerin in Anspruch genommen wird. Diese Wechselseitigkeit thematisiert Henning Luther als Abschied vom „Defizitmodell"[55]. Dies möchte ich nicht dahingehend verstehen, dass die jeweils unterschiedliche Rolle im Gespräch dadurch aufgehoben wäre. Es kann und muss meines Erachtens in vielen Fällen durchaus dabei bleiben, dass die Frage und das Leben des einen Gesprächspartners im Mittelpunkt stehen und

51 Henning Luther: Religion und Alltag, 231.

52 Vgl. a. a. O., 121.

53 A. a. O., 119.

54 Vgl. a. a. O., 234–238.

55 „Zur Kritik am Defizitmodell des Helfens" ist der Untertitel des Aufsatzes „Alltagssorge und Seelsorge", in: A. a. O., 224–238.

der oder die Andere bereit ist, sich darauf einzulassen und die seelsorgerliche Kompetenz für eine Unterstützung des Gegenübers einzusetzen. Dennoch aber, und das ist hier das Entscheidende, ist implizit das Selbstverständnis beider herausgefordert und befragt, begeben sich beide in einen offenen intersubjektiven Raum, aus dem sie verwandelt hervorgehen. Der Eine weiß nicht, was für den Anderen gut ist, und beide wissen vorab nicht, was ihnen geschieht, wenn sie sich aufeinander einlassen. Diese verwandelnde Potenz des intersubjektiven Raums ist so besonders von Donald W. Winnicott gesehen worden, der das spielerische Dritte in diesem Raum verortet. Das Moment des Schöpferischen darin kann keinem der Subjekte je für sich zugerechnet werden, sondern stellt eine spezifische Qualität des Intersubjektiven dar.[56] In diesem Raum kann erlebt werden, dass sich Angst, Schmerz und Wut verwandeln können in Gutes und Heilsames, in die Erfahrung, mit seinen aggressiven Impulsen geliebt zu sein und selbst lieben zu können.

Das Eintreten für eine solidarische und wechselseitige Seelsorge im intersubjektiven Raum wird allerdings meines Erachtens schließlich von Henning Luther selbst unterlaufen, indem er das Thema im Anschluss an Emmanuel Levinas von der Bedürftigkeit des Anderen her radikalisiert. Levinas sieht den zentralen Ort der Gotteserfahrung in dem Blick in das Angesicht des Anderen, der von jeglicher Selbstbezogenheit und Selbstzufriedenheit entfremdet. Zwar erfahre das Subjekt eine Besetzung durch den Anderen, die nicht gewalttätig ist, sondern aus dessen Verletzlichkeit und Nacktheit erwachse. Aber dennoch wird dadurch, wie Luther selbst schreibt, „die Beziehung zum Anderen asymmetrisch", so dass „die Diakonie Vorrang vor dem Dialog (gewinnt)".[57] In dieser Radikalisierung des Anspruchs des Anderen, so ist hier gegen Luther einzuwenden, bricht der intersubjektive Raum zusammen. Liebe und Empathie sind ja gerade an eine Beziehungsstruktur gebunden, in der die Bedürftigkeit nicht einseitig Platz greift, sondern beim Gegenüber wie auch im eigenen Empfinden wahrgenommen werden kann. Woher sollen Mitgefühl und Güte kommen, wenn sie mir nicht selbst auch mindestens anfänglich geschenkt werden in der Beziehung zu einem oder einer Anderen, die meine Angst und Bedürftigkeit sehen und beantworten?

Hier, so will es mir scheinen, ist Henning Luther letztlich seinem intersubjektiven Ansatz untreu geworden. Religion zeigt sich nicht allein als Schmerz über eigene Versäumnisse oder in der radikalen Infragestellung durch das Leid des Anderen, sondern sie ist auch eine Sehnsucht nach Antwort, die eigener Bedürf-

56 Diese Dimension wird besonders in Anne Steinmeiers Beiträgen zur Seelsorge weitergeführt. Vgl. Anne M. Steinmeier: Wiedergeboren zur Freiheit. Skizzen eines Dialogs zwischen Theologie und Psychoanalyse, Göttingen 1998; Dies.: Kunst der Seelsorge. Religion, Kunst und Psychoanalyse im Diskurs, Göttingen 2011.

57 Henning Luther: Religion und Alltag, 79 (im Orig. teilw. hervorgeh.).

tigkeit entspringt und der immer wieder Spuren erfahrener Antwort geschenkt werden.[58]

VI. „Zart und genau“[59]

Die Ausgangsthese, dass das Gespräch mit Henning Luther vor allem die Aufmerksamkeit für die impliziten Erscheinungsformen der Religion in der Seelsorge öffne, hat sich inhaltlich angereichert. Als religiöse Praxis schärft die Seelsorge die Aufmerksamkeit für die individuellen Ausdrucksgestalten der Religion, für die religiösen Alltagsdeutungen, die in der biographischen Selbstreflexion individuell – d. h. selbstverständlich immer auch im Gespräch mit Menschen und Traditionen – entwickelt und als plausibel empfunden werden. Dabei ist Religion vor allem als Anwalt des Geheimnisses der Individualität präsent. Darum verdienen Gebrochenheit und Fraglichkeit des Selbst- und des Weltverhältnisses in der Seelsorge zuallererst Aufmerksamkeit. Denn Vollkommenheit ist für den Menschen nur als uneinholbare Rückseite von Sehnsucht und Schmerz zu ahnen, wenn er in den Dialog mit sich selbst, mit dem Anderen, mit Gott eintritt.

„Zart und genau“ – diese Formulierung Kurt Martis scheint mir die Qualität von Henning Luthers Theologie zu treffen. In ihrer poetischen Einseitigkeit schärft sie das Nachdenken über die Seelsorge. Sie öffnet nicht nur die Wahrnehmung für die impliziten Erscheinungsweisen des Religiösen, sondern macht auch deutlich, wie das explizit Religiöse die religiöse Dimension verschließen kann, wenn sich seine Antworten der Abgründigkeit des Lebens entziehen. Nach der Lektüre Henning Luthers wird nicht nur die Selbstverständlichkeit der religiösen Rede, sondern auch die von einer Ressourcen- und Lösungsorientierung in der Seelsorge noch einmal theologisch gebrochen. Die Einsicht wird gestärkt, dass die Erfahrungen mit „dem Unbeherrschbaren“ einen wesentlichen Raum in der seelsorgerlichen Kommunikation beanspruchen und ihre religiöse Qualität ausmachen.[60]

---

58 Vgl. dazu Horst Kämpfer: Worte finden auf der Schwelle, in: Regina Sommer / Julia Koll (Hg.): Schwellenkunde. Einsichten und Aussichten für den Pfarrberuf im 21. Jahrhundert, FS Ulrike Wagner-Rau, Stuttgart 2012, 155–169.

59 So der Titel einer Textsammlung von Kurt Marti: Zart und genau, Berlin 1985.

60 Vgl. Ulrike Wagner-Rau: Die Depression als Symbol des Unbeherrschbaren. Eine Auseinandersetzung mit Alain Ehrenbergs „Das erschöpfte Selbst“, in: ZPT 64 (2012), 145–157.

Die Wahrheit des Versprechens

Henning Luthers Beitrag zu einer ‚Praktischen Theologie der Diakonie'*

Tobias Braune-Krickau

I. Hinführung: Diakonie als religiöse Praxis?

Das Nachdenken über Diakonie gestaltet sich weitgehend als Reflexion einer der Diakonie selbst innewohnenden Spannung. Sie besteht auf der Ebene diakonischen Handelns darin, dass dieses Handeln zumeist aus – wie auch immer gearteten – religiösen Impulsen heraus in Angriff genommen wird, sich dann aber *in seinem Vollzug* in einer scheinbar recht säkularen Praxis wiederfindet. In anderen Handlungsfeldern der Praktischen Theologie mag diese Spannung ebenfalls begegnen, sie zeigt sich dort aber zumindest nicht in derselben Deutlichkeit. Denn wer beispielsweise einen Gottesdienst oder eine Predigt gestaltet, tut dies zwar ebenfalls aus religiösen Anliegen heraus, ist dann aber doch recht offensichtlich Teil einer *religiösen* Praxis. Wenn aber der barmherzige Samariter Wunden verbindet und Unterkunft bereitstellt oder heute diakonisch Tätige Kranke pflegen, Jugendliche begleiten, Obdachlosen eine warme Mahlzeit bereiten usw., dann ist dabei nicht unmittelbar erkennbar, warum und inwiefern wir es hier mit einer religiösen – und nicht ‚nur' sozialpädagogischen – Tätigkeit zu tun haben. Diese Spannung muss nicht zwangsläufig als Problem wahrgenommen werden. Schließlich mag mancher dafür plädieren, dass gerade in seiner ‚Säkularität' – oder anders gesagt: seiner Freiheit von religiösen Zwecken – die Würde diakonischen Handelns liegt. Doch auch diese Antwortmöglichkeit setzt eben jene der Diakonie eigentümliche Spannung bereits voraus.

Diese Spannung spiegelt sich darüber hinaus auch auf der Ebene der Institutionen wider, denn die vielbeklagte Distanz zwischen Diakonie und Kirche dürfte mit eben jenem Problem diakonischen Handelns aufs engste verwoben sein. Zumindest ist mit dem Ruf nach einer Annäherung beider zumeist auch der Wunsch verbunden, in der Diakonie möge das genuin Christliche und in der Kirche das Diakonische am Christlichen wieder stärker zur Geltung kommen.[1]

---

* Für vielfältige Anregungen, Ratschläge und Kritik bin ich dem Marburger praktisch-theologischen Oberseminar und insbesondere Ulrike Wagner-Rau sehr dankbar, der ich überhaupt erst jene Spur verdanke, die mich zu diesen Überlegungen geführt hat.

1 Als eine Stimme unter vielen sei verwiesen auf die EKD-Denkschrift: Mit Herz und Mund und

An dieser Problemkonstellation setzt die Diakoniewissenschaft an, sodass Martin Nicol in seinem Lehrbuchüberblick mit Recht resümiert: Das „Grundproblem der Diakonik scheint mir in dem Verhältnis von Diakonie und Kirche zu liegen."[2]

Wie ist also Diakonie zu verstehen? Als soziale Arbeit, die mehr oder weniger zufällig im Raum der Kirche geschieht, ohne mit ihr noch innerlich verbunden zu sein? Oder, um das gegenteilige Extrem zu benennen, als missionarischer Außenposten kirchlicher Verkündigung? – Ein wesentliches Ziel einer jeden praktisch-theologischen Theorie der Diakonie besteht in der Suche nach Wegen zum Verständnis von Diakonie, die durch diese schroffe Alternative hindurchführen.

Bis heute gibt es zahlreiche Annäherungen an einen solchen Weg. Sie lassen sich grob in zwei Gruppen einteilen: Die eine Gruppe von diakoniewissenschaftlichen Studien arbeitet vornehmlich historisch, um – so man denn eine Absicht jenseits der Geschichtsschreibung selbst erblicken möchte – das Zusammengehören und das Zusammengehörenkönnen von Diakonie und Christentum als historisches Faktum zu erweisen.[3] Die zweite Gruppe nähert sich dem Problem vornehmlich über dogmatische oder ethische Grundbegrifflichkeiten wie etwa die Christologie, das Reich Gottes, die Nächstenliebe etc. Dabei wird – um es einmal etwas schematisch zusammenzufassen – versucht zu zeigen, inwiefern die spezifisch christlichen Vorstellungsgehalte, die sich historisch herausgebildet haben und die die christliche Religiosität formieren, diakonisches Handeln aus sich heraus nahelegen.[4]

Beide Wege sind sicher aussichtsreich, bedürfen aber m. E., sofern es um eine ‚Praktische Theologie der Diakonie' zu tun ist, der Zuspitzung durch eine *religionstheoretische Einbettung von Diakonie.* Denn die besagte Spannung ist ja nicht nur eine theoretisch-historische, sondern eine ganz praktisch bei den Subjekten diakonischen Handelns anzutreffende. Die Frage wäre also: Inwiefern gibt es eine intrinsische Verbindung zwischen der Religiosität der Einzelnen, wie sie sich im historisch gewachsenen Raum des Christentums ausprägt, und ihrem diakonischen Handeln? Warum und inwiefern ist Diakonie authentischer Ausdruck christlicher Religion? Was an der Wahrnehmung sozialer Problemlagen

---

Tat und Leben. Grundlagen, Aufgaben und Zukunftsperspektiven der Diakonie. Eine evangelische Denkschrift, hg. vom Kirchenamt der EKD, Gütersloh [3]1998.

2 Martin Nicol: Grundwissen Praktische Theologie. Ein Arbeitsbuch, Stuttgart 2000, 166.

3 So sehr deutlich in dem ansonsten auch nicht unproblematischen Werk von Gerhard Uhlhorn: Die christliche Liebestätigkeit (1895), ND der 2. Aufl., Neukirchen-Vluyn 1959. Vgl. auch Herbert Krimm: Quellen zur Geschichte der Diakonie, 3 Bde., Stuttgart 1960ff.; Erich Beyreuther: Geschichte der Diakonie und Inneren Mission in der Neuzeit, 3. erw. Aufl., Berlin 1983.

4 Vgl. als Überblick die Aufsätze des 3. Kapitels in: Volker Herrmann / Martin Horstmann (Hg.): Studienbuch Diakonik. Bd. 1: Biblische, historische und theologische Zugänge zur Diakonie, Neukirchen-Vluyn [2]2008.

und an dem tätigen Eingreifen für die von ihnen betroffenen Menschen macht das Ganze zu etwas wenn schon nicht Religiösem, so doch zumindest zu etwas Religionsaffinem, Religionsproduktivem? Oder noch anders gesagt: Was lernt, was erfährt ein Christ, eine Christin in der Diakonie für sich und den eigenen Glauben, was sich nur dort erfahren und lernen lässt?

Im Folgenden möchte ich die These plausibilisieren, dass Henning Luthers Arbeiten auf genau diese Fragen Antworten bereit halten, die auch zwanzig Jahre nach *Religion und Alltag* noch bedenkenswert sind. Einen ersten Antwortkomplex bilden dabei seine religionstheoretischen Ausführungen, die vermittels der Begriffe ‚Weltabstand' und ‚Grenze' das Religiöse an der Diakonie und das Diakonische an der Religion herausarbeiten (II.). Eng damit verzahnt ist Henning Luthers spezifisches Subjekt-Verständnis, das ebenfalls eine Reihe gewichtiger Implikationen für diakonisches Handeln enthält (III.), im Hinblick auf das Thema der Anerkennung allerdings m. E. auch einer Erweiterung bedarf (IV.). Schließlich finden sich neben diesen beiden grundsätzlichen Themenfeldern einige eher praktische Ausführungen zur Diakonie, die hier ebenfalls Beachtung finden sollen (V.) Auf diesem Weg soll es möglich werden, Henning Luthers Beitrag zu einer – bei ihm gewiss fragmentarisch gebliebenen – Praktischen Theologie der Diakonie zu würdigen.[5]

II. Risse in der Lebenswelt: Der religionstheoretische Ort der Diakonie

Den Zugang zum Begriff der Religion gewinnt Henning Luther in seinem dichten Aufsatz „Religion als Weltabstand"[6] zunächst über den ‚Common Sense'. Religiöse Sätze oder Themen beziehen sich demnach im Gegensatz zu nicht religiösen nicht auf etwas in der Welt, sondern auf ein wie auch immer vorgestelltes ‚Jenseits der Welt'. Doch diese Bestimmung ist nach Luther zumindest missverständlich. Denn dieses Jenseits der Welt, diese andere Welt ist niemals unvermittelt zu haben, da ein solches Beziehen immer schon vom Bezug zu *dieser unserer* Welt lebt. Darum wäre es nach Luther schon präziser zu sagen:

5 Als einzige Arbeit, die sich explizit mit Henning Luthers Diakonieverständnis auseinandersetzt, ist mir bisher der Aufsatz von Godwin Lämmermann: Wider „die gesellschaftliche Verdrängung von Schwäche". Zu Henning Luthers Verständnis von Seelsorge und Diakonie, in: ThPr 27 (1992), 218–231, bekannt. Einige andere instruktive Aufsätze beziehen sich auf die Diakonie bei Luther hauptsächlich vermittels seines Seelsorgeverständnisses. So besonders Kristian Fechtner: Sich nicht beruhigen lassen. Seelsorge nach Henning Luther, in: Uta Pohl-Patalong / Frank Muchlinsky (Hg.): Seelsorge im Plural. Perspektiven für ein neues Jahrhundert, Hamburg 1999, 89–101.

6 Henning Luther: Religion als Weltabstand, in: Ders.: Religion und Alltag, 22–29.

> „Religiöse Fragen beziehen sich nicht auf etwas in der Welt, sondern auf die Welt selbst. In ihnen ist nicht einzelnes in der Welt fraglich, sondern die Welt selber und das In-der-Welt-Sein sind hier fraglich.“[7]

Was das bedeuten soll, wird wohl erst verständlich, wenn man ‚Welt‘ hier durch ‚Lebenswelt‘ ersetzt, wie Luther es nur weniger Zeilen später tut.[8] Unter dieser Voraussetzung setzen *nicht religiöse* Fragen den Horizont der *Lebenswelt* immer schon als fraglos gültigen voraus und müssen dies auch tun. Der Begriff der Lebenswelt meint ja gerade diesen fraglosen, stets mitlaufenden Horizont einer gedeuteten – und damit auch reduzierten – Welt, durch die der Alltag überhaupt erst als handhabbar erscheint. Religiöse Fragen sind nun nach Luther eben solche, in denen die fraglose Gültigkeit der jeweiligen Lebenswelt selbst ins Wanken gerät. Sie beziehen sich nicht auf Einzelnes in der Welt unter fragloser Voraussetzung der Lebenswelt, sondern auf die vorhandene Lebenswelt als Einheit der gedeuteten Welterfahrung im Ganzen. Macht man sich die elementare Bedeutung der Lebenswelt für das reibungslose Gelingen des Alltags klar, wird deutlich, was für eine existentielle Verunsicherung mit solchen Fragen einhergehen muss.

Doch auch bei dieser Bestimmung kann man noch einmal weiterfragen, was es denn bedeuten soll, die Lebenswelt als Ganze auf Distanz zu bringen. Denn auch die Distanzierung jenes zunächst noch fraglosen Horizonts setzt wiederum einen weiteren Horizont voraus, vor dem der erstere fraglich wird. Insofern ist auch in das religiöse Fragen selbst eine Art Horizont mit eingelassen – vielleicht mit dem einzigen Unterschied, dass dieser Horizont per se kein definitiver, kein umfassend bestimmbarer ist. Gott als Letzthorizont menschlichen Strebens begründet gerade, wie Wolfhart Pannenberg im Anschluss an Max Scheler und Helmuth Plessner ausführt, nicht eine höherstufige ‚Umweltgebundenheit‘ des Menschen, sondern seine radikale ‚Weltoffenheit‘, noch über den letzten Horizont hinauszufragen ins Unendliche.[9] „Wohin soll ich gehen vor deinem Geist, und wohin soll ich fliehen vor deinem Angesicht?“, fragt der Psalmist. „Führe ich gen Himmel, so bist du da; bettete ich mich bei den Toten, siehe, so bist du auch da. […] Aber wie schwer sind für mich, Gott, deine Gedanken! Wie ist ihre Summe so groß! Wollte ich sie zählen, so wären sie mehr als der Sand: Am Ende bin ich noch immer bei dir“ (Ps 139,7–8.17–18).

Der Religion wohnt von daher etwas eigentümlich Dynamisches, geradezu Flirrendes inne. Sie ist weniger die festgefügte Lebenswelt, die als symbolisch ver-

---

7 A. a. O., 25.

8 Zu Luthers Begriff der Lebenswelt, der v. a. an Jürgen Habermas und vermittelt darüber an Alfred Schütz und Max Weber angelehnt ist, vgl. Henning Luther: Die Zwiespältigkeit des Alltags. Perspektiven der neueren Diskussion zu ‚Alltag‘ und ‚Lebenswelt‘: ein Literaturbericht, in: A. a. O., 184–211.

9 Wolfhart Pannenberg: Anthropologie in theologischer Perspektive, Göttingen 1983, insb. Teil I, sowie Ders.: Was ist der Mensch? Die Anthropologie der Gegenwart im Lichte der Theologie, Göttingen [8]1995, insb. Kap. 1.

mittelter Letzthorizont auch noch einmal alle nur zeitweise gültigen Lebenswelten umfasst, sondern eher der *Vorgang* des immer wieder Darüber-hinaus-Strebens.[10] Das ist auch der Grund, warum für Luther Religionskritik zur Religion selbst gehört und nicht als etwas Äußerliches an sie herangetragen werden müsste: Der Religion wohnt ein Moment von Selbstkritik inne, das stets dann greift, wenn sie droht, sich vorschnell zu fixieren und das immer neue Transzendieren des Horizonts stillzustellen. An ihren *Grenzen* wäre die eigentliche Theologie demnach eine negative:

> „Jeder Versuch, von Gott zu reden [...] muß mit dem Bekenntnis der unbegreiflichen, weil alle unsere Begriffe übersteigenden Erhabenheit Gottes beginnen und enden."[11]

Religiöse Fragen sind also solche, in denen nicht Einzelnes unter Geltung der Lebenswelt fraglich wird, sondern in denen die Lebenswelt im Ganzen zur Disposition steht. Solches Fragen artikuliert sich nach Luther als Widerspruch zwischen Deutung und Erfahrung. Die Deutung der Welt, wie sie in der Sozialisation angeeignet wurde und sich zur Lebenswelt verdichtet hat, gerät in Spannung zur Welterfahrung: „Die Deutungen passen nicht zu dem, was gedeutet wird. Das ‚Nicht-Passen' ist die Ausgangserfahrung der Religion"[12] und bricht mit der „Entstehung des Möglichkeitssinns"[13] in der Adoleszenz zum ersten Mal auf.

In dieser Spannung bieten sich nun zwei entgegensetzte Auswege an: Entweder man versucht, den Widerspruch einzuebnen, indem die Erfahrungen den Deutungen angepasst werden – im Letzten bis hin zur Gewalt. Oder aber man ebnet den utopischen Überschuss der Deutungen ein, bis die Erfahrungen sich ihnen bruchlos einfügen – kognitiv als Positivismus, praktisch als Zynismus. Die Religion steht nach Luther nun für einen dritten Weg, auf dem man versucht, in und mit dem Widerspruch zu leben:

> „Deutung und Erfahrung werden dann nicht miteinander identifiziert, sondern die Deutung löst sich ab. Sie legt sich, wenn ihre Differenz zur Welt erfahren wird, *als ‚Versprechen' über die Welt.* [...] Die Ahnung dieses Versprechens findet ihren Anhalt und Nachhall beim einzelnen Subjekt in seinen Wünschen, im Potential unstillbarer Bedürfnisse, Hoffnungen sowie untröstlichen Klagen."[14]

Allein eine solche Haltung wäre nach Luther nicht ‚eindimensional' (Marcuse),

---

10 In dieser Weise deutet Luther auch Schleiermachers Formel aus den ‚Reden': Religion bedeute „alles Einzelne als Teil eines Ganzen, alles Beschränkte als eine Darstellung des Unendlichen hinnehmen" (zit. nach Henning Luther: Grenze als Thema der Praktischen Theologie. Überlegungen zum Religionsverständnis, in: Ders.: Religion und Alltag, 45–60 [54]). In der Lebenswelt drohe der Mensch, wie Schleiermacher sagt, „sein Ich zu verschanzen", Leben bedeute aber, diese Lebenswelt immer wieder auf das „Universum" hin zu transzendieren (ebd.).

11 Wolfhart Pannenberg: Systematische Theologie, Bd. 1, Göttingen 1988, 365.

12 Henning Luther: Religion und Alltag, 26.

13 A. a. O., 27.

14 A. a. O., 26 (Hervorh. von T. B.-K.).

da sie nicht versucht, die eine Seite des Widerspruchs die andere nivellieren zu lassen. Gerade in der dialektischen, nicht fixierbaren Verschränkung von gedeuteter und erfahrener Welt liegt das Religiöse. In ihm wird „die Welt selber nicht mehr eindimensional, widerspruchsfrei gesehen, sondern in ihr selbst erweist sich, daß das, was ist, nicht alles ist.“[15]

Bezieht man diesen Gedankengang nun auf das Thema der Diakonie, so wird deutlich, inwiefern gerade auch die Ungerechtigkeiten und Benachteiligungen, die als Risse unserer Lebenswelt innewohnen, religionsproduktiv sind. An ihnen findet das religiöse Subjekt – genauso wie an existentiellen Brüchen – praktischen Anhalt für jene lebenswelttranszendierende Bewegung, die die Religion selbst ist. Nur vermittelt über jene Risse *in dieser Welt* erwacht dem religiösen Bewusstsein die ‚Ahnung‘ einer *anderen Welt.* Eben darum wäre nach Luther die vielleicht oft unartikulierte Intuition der religiösen Subjekte nicht stillzustellen, dass die ‚Wahrnehmung sozialer Problemlagen und das tätige Eingreifen zu Gunsten der von ihnen betroffenen Menschen‘ – also Diakonie –, auch etwas mit ihrer eigenen Religiosität zu tun hat, so ‚säkular‘ diese Praxis auch auf den ersten Blick erscheinen mag. „Religiös sein heißt hier nicht, Sinn für eine (die) andere Welt zu haben, sondern die Welt anders zu sehen, einen anderen Sinn für die Welt zu bekommen. [...] Dieser Weg [...] sieht keine andere als diese unsere Welt und beschränkt sich doch nicht, wie der Positivismus oder Zynismus, auf das, was der Fall ist, sondern spürt *in ihr* das auf, was über sie hinausweist.“[16]

Mit dieser Beschreibung von Religion geht es Luther nicht nur um eine rein deskriptive Analyse dessen, was Religion zunächst und zumeist ist. Schon gar nicht möchte sie eine erschöpfende Rekonstruktion aller denkbaren religiösen Phänomene sein. Vielmehr zielt Luthers Beschreibung auch normativ auf die Möglichkeit der Entwicklung einer Religiosität bei den Einzelnen, die die kritischen Anfragen der – insbesondere neomarxistischen – Religionskritik und die Erfahrungen des 20. Jahrhunderts in sich aufnimmt. Denn eine glaubwürdige Religion nach der Religionskritik kann für Luther nur eine solche sein, die die Widersprüche der Welt nicht verdrängt und zudeckt, sondern sich ihnen stellt. Dies aber ohne darüber die Hoffnung zu verlieren, dass das ‚Versprechen‘ die eigentliche Wahrheit dieser Welt sein möge, trotz ihrer offensichtlichen Wirklichkeiten. Diese Hoffnung wäre aber nur dann nicht ihrerseits wieder ‚eindimensional‘, wenn dem Hoffenden *in der und durch die Erfahrung* geschenkt ist, die Differenz von Deutung und Erfahrung selbst als Versprechen zu deuten.

Insofern sind für die religiöse Entwicklung des Einzelnen gerade jene Bruchstellen der Lebenswelt von entscheidender Bedeutung, wie Henning Luther sie vielfach thematisiert. Auf diese Weise lernt die Christin, der Christ in der Diako-

---

15 A. a. O., 29.

16 Ebd. (Hervorh. von T. B.-K.).

nie etwas über und für den eigenen Glauben, was sich allein in Erfahrungen religiöser Einheit und Harmonie nicht lernen lässt. Eine tragfähige, nicht eindimensionale Religion lernt man demnach nur auf dem Terrain der ‚Grenze'. „Religion wäre dann die Kraft zur Überwindung von Grenzen im sozial-kommunikativen Bereich sowie zur erweiternden Bearbeitung von Grenzerfahrungen im existentiellen Lebensverständnis. In jenem Bereich realisiert sie sich als Liebe, in diesem als (existentielle) Freiheit."[17]

III. Prekäre Subjektwerdung: Diakonie als Anwältin gelingenden Selbstseins

Damit ist bereits das zweite große Thema berührt, mit dem Henning Luther implizit auf jene grundlegende Frage der Diakonietheorie antwortet: das Subjekt und seine Identität. Dass Luther seinen Ansatz im Ganzen als „Praktische Theologie des Subjekts" bezeichnen kann, hängt sicherlich einerseits mit jener ‚ekklesialen Verengung' der Praktischen Theologie zusammen, die zu überwinden sich Luther, gemeinsam mit vielen anderen Praktischen Theologinnen und Theologen seiner Zeit, zum Ziel gesetzt hat.[18] Verschränkt damit und mindestens ebenso bedeutsam für diese Zentralstellung des Subjekts dürften aber seine religionstheoretischen Überlegungen sein, wie sie eben schon in Teilen umrissen wurden. Mit ihnen widerspricht er direkt der Kompensations- oder Integrationsthese der Religionssoziologie, indirekt damit auch allen rein funktionalistischen Religionstheorien, die zu rekonstruieren versuchen, inwiefern Religion zur Stabilisierung gesellschaftlicher Ordnung von Bedeutung ist.[19] Stattdessen gibt er Habermas mit seiner These von der ‚Versprachlichung des Sakralen' recht, um daraus dann aber eine für die gegenwärtige Bedeutung von Religion positive Konsequenz zu ziehen:

> „Religion zielt nun nicht mehr auf die Heiligung der Gesellschaft, sondern hält das Interesse an der Ausbildung der einzigartigen Identität des Einzelnen wach."[20]

Dass dies mehr als ein liberal-theologisches Postulat ist, macht Luther mit folgendem Gedankengang deutlich: Moderne Gesellschaften zielen in ihrem normativen Selbstverständnis darauf, ein Höchstmaß an gesellschaftlicher Einung im Allgemeinen bei einem gleichzeitigen Höchstmaß von autonomer Individuierung der Einzelnen zu gewährleisten. Dabei können sie auf die Individuierung der Einzelnen nicht einfach zu Gunsten des Allgemeinen verzichten, da sie die

---

17 A. a. O., 55.

18 Vgl. Henning Luther: Einleitung. Praktische Theologie des Subjekts, in: A. a. O., 9–20.

19 Vgl. Henning Luther: Religion und Subjekt, in: A. a. O., 30–36 (32).

20 Ebd.

individuelle Reflexivität zur notwendigen Voraussetzung des überhaupt erst Einheit ermöglichenden Diskurses erklären müssen. Diese kommunikationstheoretische Weiterung der kantischen Moralphilosophie ist allerdings insofern ‚paradox', wie Luther schreibt, als die Gesellschaft aus ihren eigenen Ressourcen heraus die Individuierung der Einzelnen gar nicht garantieren kann. Im Gegenteil wohnt dem über Verhältnisse wechselseitiger Anerkennung aufgebauten Sozialisationsprozess eher noch die Tendenz zum Konformitätsdruck inne, der de facto diese normativen Grundlagen desavouiert:

> „Insofern die Identitätsbildung an die soziale Anerkennung durch andere verwiesen ist, können Identitätsbildung und Individuierung nie zur Deckung kommen. Die in den Augen anderer gespiegelte Identität stellt *prinzipiell* eine Reduktion der Potentialität von Individualität (im Sinne der Einmaligkeit und Unverwechselbarkeit) dar."[21]

Die Gesellschaft kann also nicht als Letzthorizont radikaler Individualität fungieren, da die Einzelnen in ihren Rollen und Rollenzumutungen nicht aufgehen. Soll also das normative Recht der Individualität nicht kassiert werden, „dann ist gelingende Subjektwerdung auf einen diesen transzendierenden Bezugshorizont angewiesen. Dies aber wäre die Religion."[22] Für Luther ist es die Metapher der letztlich nur „in den Augen Gottes individuierten Subjektivität"[23], die implizit in dem jedem Subjekt innewohnenden, wenn auch nie vollständig realisierbaren Streben nach Übereinstimmung von ‚I' und ‚Me', nach Identität, enthalten ist. Neben der modernen Literatur[24] ist ihm dabei besonders die Autobiographie ein entscheidendes Indiz. Ob als tatsächlich geschriebene oder das Leben als Selbstgefühl begleitende lebt Autobiographie von zwei ‚Ahnungen':

> „Zum einen von der Ahnung, daß das Ich sich nicht in dem erschöpft, was andere von ihm denken; zum anderen von der Ahnung, daß es nicht pure Kontingenz sei. [...] Wenn auch (Auto-)Biographie keine explizit religiösen Antworten zu ihrer Konstruktion benutzt, so zehrt doch das (auto-)biographische Unternehmen als solches von einer religiös vermittelten Vermutung, daß das einzelne Ich eben nicht beliebig sei. Autobiographische Selbstreflexion stellt gleichsam die subjektive Rekonstruktion der dogmatischen Vorgabe einer göttlichen Bestimmung des Menschen dar."[25]

Das gesellschaftliche Versprechen, das dem Begriff der Identität innewohnt, wird in sein Gegenteil verkehrt, wenn Identität nicht als regulative Idee, d. h. als nicht vollständig erreichbarer Letzthorizont von Subjektivität, sondern als festgefügtes

21 A. a. O., 33f. (Hervorh. von T. B.-K.).

22 A. a. O., 34.

23 A. a. O., 30; 34 u. ö.

24 Henning Luther: Das traurige Subjekt. Das bürgerliche Bewußtsein in der Literatur, in: A. a. O., 88–110; vgl. dazu den Beitrag von Ruth Conrad in diesem Band.

25 A. a. O., 35.

System von So-seins-Forderungen verstanden wird.[26] In der nie letzthin fixierbaren transzendierenden Bewegung von Formaufbau und -zerstörung, von pädagogischem Ideal und der Kritik jeder seiner vorläufigen Realisierungen *konvergieren Religions- und Subjektivitätstheorie.* Wie dort in einer Art ‚negativen Theologie des Reiches Gottes' aus der Wahrnehmung der Risse der Lebenswelt und aus den Sehnsüchten, Wünschen und Hoffnungen der Einzelnen die ‚Ahnung' einer anderen Welt erwächst, so ahnen die Subjekte im unüberwindbar Fragmentarischen ihres Lebens umrisshaft die Gestalt, wie sie ‚gemeint' ist: „Im Fragment ist die Ganzheit gerade als abwesende anwesend."[27]

Das Subjekt in das Zentrum der Praktischen Theologie, wie der Theologie überhaupt, zu rücken, stellt für Luther also die Konsequenz der religionskulturellen Entwicklung der Neuzeit dar. Diese Zentralstellung ist aber darum für die Religion nicht das Ergebnis einer Verlustrechnung, weil sie sich erstens ganz wesentlich aus dem christlichen Gedanken speist, dass das Christentum in jenem Ziel kulminiert, das Dietrich Rössler die ‚Seligkeit des Einzelnen' nennt.[28] Und sie ist es zweitens nicht, weil die Religion als Anwältin der radikalen Individualität, die allein im Horizont gesellschaftlicher Anerkennungsverhältnisse nicht aufgehen kann, eine ‚Funktion' für die Gesellschaft gerade dadurch erhält, dass sie sich ihren Funktionsimperativen und Anpassungsforderungen im Namen der Subjekte verweigert.

Religion als Anwältin der Subjektivität der Einzelnen – dies gilt für Luther besonders angesichts all der Gefährdungen, denen diese sich ausgesetzt sieht. Solche Gefährdungen der Subjektwerdung durch die Gesellschaft erschöpfen sich nicht allein im Konformitätsdruck und den Rollenzuschreibungen der Mitwelt. Vielmehr verdichten sie sich in den sozialen Problemlagen, mit denen es Diakonie zu tun hat. Gefährdungen gelingenden Selbstseins gehen nicht nur von Forderungen einer institutionalisierten Anerkennungsordnung aus, deren Teil man ist, sondern gerade auch von der *Verweigerung gesellschaftlicher Anerkennung*, mithin davon, aus jener Ordnung herauszufallen. Zieht man die Linien von Luthers Subjekttheorie ins Feld des Diakonischen hinein aus, muss man sagen: Auch darum kann die Praktische Theologie so wenig wie die einzelnen Christinnen und Christen unbetroffen an den sozialen Problemen ihrer Gegenwart vorbeigehen, weil Religion auf das Subjektseinkönnen der Einzelnen bezogen ist. Diakonie legt sich mit anderen Worten nicht nur von Luthers Religionstheorie,

26 Vgl. Henning Luther: Umstrittene Identität. Zum Leitbild der Bildung, in: A. a. O., 150–159 sowie Ders.: Identität und Fragment. Praktisch-theologische Überlegungen zur Unabschließbarkeit von Bildungsprozessen, in: A. a. O., 160–182.

27 A. a. O., 175.

28 Das Zitat stammt aus Dietrich Rösslers ‚Grundriß der Praktischen Theologie' und wird von Luther verschiedentlich aufgenommen, u. a. in seinem Aufsatz Henning Luther: Theologie und Biographie, in: A. a. O., 37–44 (43).

sondern ebenso von seinem (religionstheoretisch vermittelten) Subjektverständnis her nahe.

IV. Subjektivität und Anerkennung: Eine konstitutive Spannung diakonischen Handelns

Dabei bleibt aber Diakonie – und hier meine ich, muss man noch einmal über Luther hinausgehen – konstitutiv auf die Anerkennungsverhältnisse der sie umgebenden Gesellschaft verwiesen, sosehr sie diese auch im Namen einer nur ‚in den Augen Gottes individuierten Subjektivität' kritisch in Frage stellen und transzendieren mag. Denn es liegt auf der Hand, dass Diakonie, wie Soziale Arbeit überhaupt, zwar auf den Einzelnen zielt, dabei aber Probleme bearbeitet, die den Einzelnen besonders als Teil der Gesellschaft und ihrer Strukturen betreffen. Sie ist zu ihrer Explikation, wie Luther selbst an anderer Stelle schreibt, auf Grundbegriffe angewiesen, die eben jene konstitutive Vermitteltheit von Einzelnem und Gesellschaft zum Ausdruck bringen.[29] Eben dies versucht der Begriff der Anerkennung, wie er v. a. im Gefolge der Hegel'schen Sozialphilosophie formuliert wurde, zu leisten.[30] Der oder die Einzelne, so lautet die zunächst recht einfache Überlegung, bedarf zur gelingenden Entfaltung seiner individuellen Persönlichkeit des Zuspruchs, der Bestätigung, der Anerkennung durch relevante Teile seiner menschlichen Mitwelt. Erst da, wo Menschen zum Gebrauch ihrer Freiheit von anderen aufgefordert, zu dieser ermutigt und als freie Besondere anerkannt werden, realisiert sich gelingendes Selbstsein. An jener Schnittstelle von Individualität und Sozialität findet der im Letzten nicht stillzustellende ‚Kampf um Anerkennung' statt, der im positiven Falle zur Etablierung von Anerkennungsverhältnissen führt, die auf Dauer gestellt den Freiraum guten Lebens garantieren.

Daraus wird einerseits ersichtlich, inwiefern Anerkennung *ein* – wenn nicht *der* – Grundbegriff des Sozialen ist und andererseits, inwiefern Anerkennung nicht nur ein spontaner Vorgang zwischen zwei Menschen ist, sondern auf die *Institutionalisierung* von Praktiken auch höherstufiger interpersonaler Verhältnisse zielt, in die die Sozialmoral einer Gesellschaft eingelagert und als ‚Sittlichkeit' habitualisiert ist.

Der Frankfurter Philosoph Axel Honneth macht im Anschluss an das Frühwerk Hegels drei ‚Sphären' aus, in denen der Einzelne in der modernen Gesell-

[29] Vgl. Henning Luther: Diakonische Seelsorge, bes. 476ff.

[30] Vgl. dazu grundsätzlich Ludwig Siep: Anerkennung als Prinzip der praktischen Philosophie. Untersuchungen zu Hegels Jenaer Philosophie des Geistes, Freiburg i. Br. 1979; Robert B. Pippin: Hegel's Practical Philosophy. Rational Agency as Ethical Life, Cambridge [2]2009, bes. Kap. 7 und 8.

schaft auf Anerkennung praktisch angewiesen ist:[31] Da ist zunächst der Bereich nahräumlicher Beziehungen, wie Liebe, Freundschaft oder Familie, in denen es besonders um den emotional vermittelten Zuspruch zur individuellen Besonderheit des Einzelnen jenseits seiner sozialen Rollen geht. Ferner die Sphäre des Rechts (im weiten Sinne als liberale Abwehrrechte, demokratische Teilnahmerechte und soziale Leistungsrechte), an der teilzuhaben dem Einzelnen die Sicherheit verleiht, als Subjekt gleicher Rechte nicht der Willkür der Anderen ausgesetzt zu sein. Und schließlich die Sphäre der marktvermittelten Leistung, in der der besondere Beitrag des Einzelnen zum Bestand des Gemeinwohls gewürdigt wird.

Alle drei Sphären führen mitten in das Feld des Diakonischen hinein. Am augenfälligsten dürfte dies in der dritten Sphäre der Fall sein. Denn wenn es in der Soziologie sozialer Ungleichheit derzeit einen Konsens gibt, dann dürfte er gerade darin bestehen, dass sich in einem reichen Land wie Deutschland soziale Ungleichheit nicht allein vermittels materieller Begüterung bemessen lässt. Vielmehr besteht das zentrale Problem etwa von Arbeitslosigkeit weniger in der Höhe bzw. der Niedrigkeit der Hartz-IV-Sätze, sondern in der verweigerten Anerkennung, die damit einhergeht. Sich nicht mehr alles leisten zu können, ist besonders deshalb ein Problem, weil man nicht mehr alles mitmachen kann, was der alte Freundeskreis selbstverständlich unternimmt. Nicht zu arbeiten wird besonders deshalb zur Last, weil in unserer Gesellschaft damit das Gefühl von Nutzlosigkeit einhergeht; das Gefühl, die anderen auszunutzen, nicht selbst einen Teil beizutragen und mit seinen Fähigkeiten gebraucht und gewürdigt zu werden. Was die gegenwärtige Soziologie unter Begriffen wie ‚Exklusion' und ‚Prekarität' fasst, ist genau jener Ausschluss aus einer zentralen Sphäre der Anerkennung, in dessen Folge auch das Selbstverhältnis des Einzelnen ins Wanken gerät.[32]

Ohne hier ausführlicher zu werden, wird vielleicht schon aus diesen Andeu-

---

[31] Axel Honneth: Kampf um Anerkennung. Zur moralischen Grammatik sozialer Konflikte. Mit einem neuen Nachwort, Neuaufl., Frankfurt a. M. 2003. Vgl. ferner Ders. / Nancy Fraser: Umverteilung oder Anerkennung? Eine politisch-philosophische Kontroverse, Frankfurt a. M. 2003. Sein jüngstes Buch, Ders.: Das Recht der Freiheit. Grundriss demokratischer Sittlichkeit, Berlin 2011, modifiziert diese noch am frühen Hegel gewonnene Dreiteilung zu Gunsten des späteren Konstruktionsschemas der Hegel'schen ‚Rechtsphilosophie'. Dies scheint mir aber zumindest im Hinblick auf das hier zu diskutierende Thema keine grundlegende Abkehr von Honneths früherer Theorie der Anerkennung zu bedeuten, wie auch ein jüngerer Aufsatz zeigt: Ders.: Verwilderungen des sozialen Konflikts. Anerkennungskämpfe zu Beginn des 21. Jahrhunderts, in: MPIfG Working Paper 2011/4, 1–18.

[32] Vgl. exemplarisch: Heinz Bude / Andreas Willisch (Hg.): Exklusion. Die Debatte über die ‚Überflüssigen', Frankfurt a. M. 2008; Robert Castel: Die Metamorphosen der sozialen Frage. Eine Chronik der Lohnarbeit, Konstanz ^{2}2008, sowie meinen Versuch einer systematischen Rekonstruktion der Ungleichheitssoziologie auf das Thema der Anerkennung hin: Tobias Braune-Krickau: Ausgrenzung und Missachtung. Jugendliche im Spiegel soziologischer Theorien sozialer Ungleichheit, in: Ders. / Stephan Ellinger (Hg.): Handbuch Diakonische Jugendarbeit, Neukirchen-Vluyn 2010, 139–168.

tungen ersichtlich, warum ich meine, dass eine Praktische Theologie der Diakonie, bei aller kritischen Distanzierung von der Anerkennungsordnung der sie umgebenden Gesellschaft, doch stets konstitutiv auf diese verwiesen bleibt. Nur im Durchgang durch jene Strukturen und ihre möglichen ‚Pathologien' kann das Übersteigen dieser Perspektive zu Gunsten der Subjekte mehr sein als eine leere Forderung. Erst aus einer genauen Wahrnehmung der vorherrschenden Anerkennungsmuster kann eine Diakonietheorie sich ein Wissen um die *tatsächlichen* Gefährdungen von Subjektivität in sozialen Problemlagen aneignen. Erst vor dem Hintergrund einer entfalteten Theorie der Anerkennung kann dann auch deutlich werden, warum solche Erfahrungen von Ausgrenzung und Missachtung auch moralisch ein Problem darstellen. Darum nämlich, weil die normative Legitimität unserer Gesellschaft auf dem Versprechen der Teilhabe und Inklusion aller in ihre relevanten Anerkennungssphären beruht; einem Versprechen, das sie aber nur zum Teil einlösen kann – und das mit Luther auch in bestimmter Hinsicht *prinzipiell* scheitern muss, um nicht totalitär zu werden.

Auf das Anerkennungsthema ist die Diakonie darüber hinaus nicht nur in ihrer Wahrnehmung, sondern auch in ihrer Praxis verwiesen. Denn zumindest implizit versucht Soziale Arbeit genau mit den Problemen, die in jenen drei Anerkennungssphären auftauchen können, zu Gunsten der Einzelnen umzugehen.[33] Sie versucht in destruktive nahräumliche Beziehungen eine positive Dynamik hineinzutragen, sie streitet für die nicht zuletzt sozialen Rechte ihrer Klienten und pocht auf deren alltagspraktische Umsetzung. Und sie versucht, beispielsweise durch kulturpädagogische Arbeit, ihren ‚Klienten' die Erfahrung gelebter Anerkennung zu ermöglichen, indem sie sich als aktiv Tätige erleben, als selbstbewusste Subjekte ihrer Lebensgeschichte, sodass sie als solche auch in anderen Bereichen ihr Leben wieder selbst in die Hand nehmen können. Henning Luthers religions- und subjekttheoretische Ausführungen, die in ihren Spitzensätzen in eine „Neubewertung der Diakonie […] als Grundprinzip christlicher Praxis"[34] münden, müssten sich genau an dieser Praxis innerhalb unserer Gesellschaft ausweisen lassen – und zwar in ihrer konstitutiven Bezogenheit auf die Anerkennungsordnung unserer Gesellschaft *und* in deren kritischer Transzendierung.

Dann ließe sich auch der m. E. einseitige Radikalismus der Levinas'schen

---

33 Ebenfalls exemplarisch sei verwiesen auf das Themenheft ‚Anerkennung' der sozialpädagogischen Zeitschrift Soziale Passagen, 1/2 (2009); darin insbesondere auf den Überblicksaufsatz: Holger Schoneville / Werner Thole: Anerkennung. Ein unterschätzter Begriff in der Sozialen Arbeit? Einführung in den Schwerpunkt ‚Im Blickpunkt: Anerkennung', in: A. a. O., 133–143. Darüber hinaus: Benno Hafenegger / Peter Henkenborg / Albert Scherr (Hg.): Pädagogik der Anerkennung. Grundlagen, Konzepte, Praxisfelder, Schwalbach a. Ts. 2002 sowie: Markus Dederich / Wolfgang Jantzen (Hg.): Behinderung und Anerkennung (= Enzyklopädisches Handbuch der Behindertenpädagogik, Bd. 2), Stuttgart 2009.

34 Henning Luther: „Ich ist ein Anderer". Zur Subjektfrage in der Praktischen Theologie, in: Ders.: Religion und Alltag, 62–87 (83).

Philosophie umgehen, die für Luther ein wesentlicher Bezugspunkt seiner Überlegungen zur Diakonie darstellt. In seinem Aufsatz „Ich ist ein anderer“[35] meint er die moderne Rede vom Subjekt vor den kritischen, vornehmlich ‚postmodernen‘ Einwänden der egoistischen Vereinzelung und der Gewaltförmigkeit nur über das Levinas'sche Denken ‚vom Anderen her‘ retten zu können. Dabei scheint es mir durchaus vielversprechend, jenes kritische Moment der Transzendierung der Anerkennungsordnung anhand von Levinas' dichten phänomenologischen Beschreibungen zu entfalten. Vielleicht ist in der Tat die Verstörung, die vom ‚Antlitz‘ des verwundbaren Anderen für unsere eingespielten (diakonischen) Wahrnehmungsmuster ausgeht, nirgends besser beschrieben. Doch scheint es mir verkürzt, diesen kritischen Impuls nicht selbst *als Moment* des nicht still zu stellenden ‚Kampfes um Anerkennung‘ zu verstehen, in den dieser eingeht – und eingehen muss, wenn er nicht wirkungslos verhallen soll. Speziell wenn man Anerkennung von seinen Hegel'schen Ursprüngen her versteht, ist damit ja nur die *formale* Verfasstheit der Institutionalisierung von moralisch-inhaltlichen Impulsen gemeint, die immer neu aus dem Zusammenleben entstehen und durch soziale Konflikte und Aushandlungsprozesse auch die bestehenden Anerkennungsverhältnisse transformieren.[36]

Gerade die heutige Gestalt von Diakonie im hochentwickelten Sozialstaat zeigt, dass jede Form von Sozialer Arbeit, die einzig aus der je neuen Verstörung und dem ‚Gefangengenommenwerden‘ durch die Begegnung mit der Andersartigkeit des *konkreten* Anderen lebt, sich selbst allzu schnell *erschöpft* und auf das Regulativ institutionalisierter und verrechtlichter, damit auch professionalisierter Praktiken sozialer Hilfeleistung angewiesen bleibt: Das eine dürfte nicht ohne das andere zu haben sein. Und, so müsste man wohl ergänzen, eine auch theoretisch befriedigende Deutung von Diakonie dürfte ihrerseits nicht zu haben sein, wenn jene dichte Erfahrung, wie Levinas sie beschreibt, der sie tatsächlich immer schon umgebenden Anerkennungsordnung bloß abstrakt entgegengesetzt wird. Vielmehr müssen die Anerkennungsverhältnisse selbst als dynamische gedacht werden, sodass jener Levinas'sche Impuls als eine Art ‚Glutkern‘ erscheint, der *in ihnen* zu immer neuen Transformationen drängt, die dann aber auch umgekehrt, wie jede Form von Institutionalisierung überhaupt, entlastend auf die Träger jenes ‚Glutkerns‘ zurückwirken. Damit begegnet zuletzt auch an dieser Stelle wieder die eingangs umrissene konstitutive Spannung der Diakonie.

Dabei mag es so sein, dass die ‚Spur‘ des Religiösen deutlicher auf der Seite jenes kritischen, transzendierenden Moments erkennbar wird.[37] Denn es scheint

---

35 Ebd.

36 Vgl. dazu auch die ähnliche, wenn auch etwas anders gelagerte Auseinandersetzung mit Levinas in: Axel Honneth: Das Andere der Gerechtigkeit. Habermas und die ethische Herausforderung der Postmoderne, in: Ders.: Das Andere der Gerechtigkeit. Aufsätze zur Praktischen Philosophie, Frankfurt a. M. 2000, 133–170 (bes. 159ff.).

37 Darin stimmt Luther nicht nur mit Levinas, sondern mit vielen Religionsphilosophen, für die die

zumindest die Forderung nach einem christlichen Profil in der Diakonie viel damit zu tun zu haben, dieser wirklichen *Begegnung* mit dem leidenden Anderen angesichts professionalisierter Verhältnisse wieder Raum zu geben. Doch auch die Arbeit an einer ‚anderen Welt', die sich in den sittlichen Institutionen und ihrer Ausgestaltung verkörpert, dürfte von Luthers Religionstheorie her einiges an Überzeugungskraft auf ihrer Seite haben, oder anders gesagt: Die im Zusammenhang mit Diakonie häufig und auch von Henning Luther[38] ins Feld geführte prophetische Tradition des Alten Testaments bleibt verschränkt mit dessen Sozialgesetzgebung, die darauf insistiert, dass die Hilfe für die Armen und Entrechteten nicht nur eine Frage spontanen Auftretens von Barmherzigkeit in der Begegnung von Angesicht zu Angesicht sein darf, sondern eine Forderung der Gerechtigkeit darstellt, die auf institutionelle Umsetzung drängt.[39]

V. Ausblick: Diakonische Praxis ‚nach' Henning Luther

Diese Überlegungen im Anschluss an und in Auseinandersetzung mit Henning Luther lassen erkennen, dass sein Beitrag zu einer ‚Praktischen Theologie der Diakonie' von eher grundsätzlicher Natur ist; ein Beitrag also, den es erst noch im Durchgang durch die diakonische Praxis durchzubuchstabieren gilt. Einige Bemerkungen in diese Richtung finden sich bereits bei Luther selbst und mit ihnen möchte ich diese aktualisierende Deutung von Henning Luthers diakonietheoretischen Thesen schließen. Ich denke dabei v. a. an seine Kritik des ‚seelsorgerlich-diakonischen Blicks' und des ‚Defizitmodells des Helfens'.[40]

Luther rekonstruiert zu diesem Zweck die Tradition seelsorgerlich-diakonischer Wahrnehmung des jeweiligen Gegenübers von Schleiermacher über Wichern, Nitzsch, Thurneysen und viele andere bis in unsere Gegenwart hinein. Dabei kommt er zu dem Schluss, dass dieser Blick, der scharf zwischen den ‚Normalen', ‚Gesunden' etc. auf der einen und den ‚Bedürftigen', ‚Kranken', ‚Zurechtzubringenden' auf der anderen Seite scheidet, zumeist auf einer doppelten Verdrängung beruht. Erstens auf der Verdrängung der grundsätzlichen Frag-

soziale Dimension der Religion bedeutend ist, überein. Vgl. etwa Charles Taylor: Das säkulare Zeitalter, Frankfurt a. M. 2009, 1219ff.; 480f. u. ö., sowie meinen Versuch einer Deutung dieser Religionsphilosophie in: Tobias Braune-Krickau: Charles Taylors religionsphilosophische Rehabilitierung der christlichen Religion in ‚Ein säkulares Zeitalter', in: NZSTh 53 (2011), 357–373.

38 Vgl. Henning Luther: Religion und Alltag, 18 u. ö.

39 Für die exegetische Ausarbeitung der Forderung einer „Reintegration von Erbarmen *und* Recht in die Diakonie" ist einschlägig die Studie von Klaus Müller: Diakonie im Dialog mit dem Judentum. Eine Studie zu den Grundlagen sozialer Verantwortung im jüdisch-christlichen Gespräch, Heidelberg 1999, hier zit. nach 443.

40 Dies findet sich insbesondere in den folgenden Aufsätzen: Henning Luther: Wahrnehmen und Ausgrenzen; Ders.: Diakonische Seelsorge; Ders.: Alltagssorge und Seelsorge. Zur Kritik am Defizitmodell des Helfens, in: Ders.: Religion und Alltag, 224–238.

mentarität und Versehrtheit unser aller Leben – auch desjenigen der scheinbar ‚Gesunden'; und zweitens auf einer Verdrängung dessen, was an den scheinbaren Defiziten des Anderen bei aller Vorsicht auch Positives und noch mehr: was an dem Anderen selbst noch jenseits seiner scheinbaren Defizite zu entdecken ist.

> „Die Ausgrenzung des behinderten und kranken Anderen beginnt also damit, daß wir Behinderung, Krankheit, sogenannte Defizite und andere Grenzerfahrungen aus unserem Lebenskonzept ausschließen."[41]

Auch wenn die christliche Religion eine solche Sicht auf die Welt und damit auf das Gegenüber in Seelsorge und Diakonie oft befördert hat, könnte sie aber ebenso, wenn man Luthers Religionsverständnis folgt, ein Katalysator einer nicht paternalistischen Zuwendung zum Anderen werden. Dazu kann sie, wie Luther zeigt, durchaus auch ihre eigenen begrifflichen Ressourcen mobilisieren, wenn sie einmal von den historischen Ablagerungen einer bevormundenden Fürsorglichkeit befreit worden sind: Dann erscheint ‚Dienst' als das Gegenmodell zu Herrschaft und ‚Liebe' als eine Begegnung auf Augenhöhe und in wechselseitiger Bedürftigkeit.[42]

Damit wäre eine erste Spur ausgemacht, der man zu jenem Ziel einer praktischen Durchführung von Luthers eher grundsätzlichen Anliegen folgen könnte. Sie deutet an, wie man die spezifische Berufsethik diakonischen Handelns auch in ihrer scheinbar ‚säkularen' Professionalität als eine christlich deutbare verstehen könnte: Die Wahrnehmung sozialer Problemlagen und diakonisches Handeln in ihnen setzt jene Bewegung in Gang, die Luther unter dem Stichwort ‚Religion als Weltabstand' beschrieben hat. Hier, auf dem Gebiet der ‚Grenze', lernt die Christin, der Christ etwas, das für die Entwicklung einer nicht eindimensionalen Religiosität entscheidend ist. Eine solche Religiosität wiederum wirkt auch auf die Praxis zurück, da sie sich als ‚Liebe' realisiert, die soziale Grenzen überschreitet, ohne dabei in Paternalismus zu verfallen. Dies tut sie um der Subjekte willen, deren Anwältin die Religion in der Neuzeit ist – in aller Verwiesenheit auf die sozialen Anerkennungsverhältnisse der sie umgebenden Gesellschaft *und* in der diese noch einmal transzendierenden Kritik an ihnen. Dabei hofft sie, gegen alle augenscheinliche Wirklichkeit, auf die ‚Wahrheit des Versprechens'.

---

41 Henning Luther: Wahrnehmen und Ausgrenzen, 262. Darin kommen Luthers Überlegungen, nebenbei bemerkt, mit einem breiten Strang der sozialpädagogischen Diskussion überein, die sich unter Stichworten wie ‚Lösungsorientierung' oder ‚systemische Ansätze' bei allen auch problematischen Tendenzen dieser Theorien um eine eben solche Perspektive bemühen.

42 Vgl. a. a. O., 263ff.

III. Lesarten

Henning Luther – dialektisch-theologisch gelesen

Albrecht Grözinger

I. Was heißt „dialektisch-theologisch lesen"?

Ich bin kein Dialektischer Theologe. Ich kann dies und will dies nicht sein. Allerdings verstehe ich mich als Praktischen Theologen, der in sein Denken Elemente der Dialektischen Theologie wohl nicht nur randständig aufgenommen hat. Was heißt unter diesen Voraussetzungen Henning Luther *dialektisch-theologisch lesen*? Es geht mir darum, in seinem Denken sein Verhältnis zu einigen Grundmotiven der Dialektischen Theologie aufzuspüren, wobei es sowohl um explizite als auch implizite Bezugnahmen geht.

Wer andere Theologen und Theologinnen *dialektisch-theologisch lesen* will, muss zunächst die Dialektische Theologie lesen. Die Lektüre der Dialektischen Theologie konkretisiert sich zu allermeist an der Lektüre ihres Hauptvertreters, an der Lektüre Karl Barths mithin. Wie Karl Barth lesen?

Es lassen sich meines Erachtens vier Grundtypen von Barth-Lektüre unterscheiden (wahrscheinlich ließen sich diese vier Grundtypen auch in der Rezeption von Henning Luther erkennen):

- Die epigonale Lektüre
- Die Lektüre des Verdachts
- Die implizit-rekonstruktive Lektüre
- Die kritisch-dekonstruktive Lektüre

Die epigonale Lektüre: Die Dialektische Theologie hat Schule gemacht, obwohl Karl Barth immer wieder damit kokettiert hat, dass eine dialektisch-theologische Schulbildung das Ende der Dialektischen Theologie wäre. Gleichwohl machte die Dialektische Theologie Schule und wurde zur Schule – oft mit sehr unkritischen Schülern und nicht weniger unkritischen Kritikern. Bereits im Jahre 1928 machte sich Paul Schempp in seinen „Randglossen zum Barthianismus“ über solches Epigonentum im Für und Wider lustig:

> Es werde „überall Barth zuerst in mehr oder weniger glücklicher Photographie eingerahmt, dann gelobt oder getadelt, korrigiert, verbessert oder verschlimmert – ein theologisch durchaus berechtigtes Vorverfahren; aber hier, in der Diskussion über Barths Theologie bleibt man stecken, als ob Theologie ein so harmloses und friedfertiges Unternehmen wäre wie die Aufstellung der Jahresbilanz eines gut fundierten Geschäfts. Barth floriert, seine Bücher gehen und die Konkurrenz strengt sich an.“[1]

Die Lektüre des Verdachts: In der Zeit nach dem Zweiten Weltkrieg und nach dem Ende des nationalsozialistischen Regimes haben die Vertreter der Dialektischen Theologie die Lehrstühle und die kirchenleitenden Stellen gleichsam erobert. Die Dialektische Theologie galt als nicht in die Verbrechen des Nationalsozialismus verstrickt und damit – wie berechtigt auch immer – als nicht kompromittiert. Sie war die Leittheologie der Bekennenden Kirche und erhielt damit gleichsam nachträglich den theologischen Ritterschlag. Doch was wird aus *Revolutionären*, die siegen? Sie werden zu *Bewahrern*. Dagegen hat sich dann Widerstand formiert. Der kritische Elan der Bultmann-Schule trat in eine direkte Konkurrenz zur Barth-Schule. Und in der Praktischen Theologie, wo dieser Kampf besonders heftig ausgetragen wurde, meldeten sich die ‚Empiriker‘ gegen die ‚Dogmatiker‘ (und damit war die Dialektische Theologie gemeint) zu Wort. In Gegenwart unseres – d. h. Henning Luthers und meines – Lehrers Gert Otto war es angebracht, bei der Nennung des Namens von Karl Barth gleich dessen Verurteilung mitzuliefern. Ich tadle dies nicht nur. Denn dieser Grundwiderspruch gegen die Dialektische Theologie war mit einem theologischen Erneuerungswillen verbunden, dessen wohltuende Dynamik wir damals alle spürten und die unser praktisch-theologisches Denken prägen sollte. Exemplarisches Dokument dieser produktiven Hermeneutik des Verdachts ist der Aufsatz von Dietrich Rössler aus dem Jahre 1966 mit dem Titel „Das Problem der Homiletik“. Er zielte damit gleichsam ins Herz der Dialektischen Theologie, die die Predigt zum Dreh- und Angelpunkt ihres theologischen Denkens und Handelns gemacht hatte. Und ausgerechnet diese Theologie – so lautet der Vorwurf von Rössler – verfehlt die wirkliche Predigt durch eine maßlose Überfrachtung des Predigtgeschehens:

> „Zu vieles an Motivation und Anspruch kommt zusammen: die Isolierung der Prinzipienfragen, die schwärmerische Übersteigerung des Predigtbegriffes und der Anspruch der Exegese, die zugleich Geschichtswissenschaft und mehr sein will. Aber gerade der Pfarrer, der sich bemüht, seine Predigtaufgabe auf der Grundlage dieser Homiletik zu tun, gerät in eine kaum erträgliche Lage. In jeder Predigt, Sonntag für Sonntag, soll der Prediger das Höchste und Letzte, die Offenbarung, das Heilsgesche-

[1] Paul Schempp: Randglossen zum Barthianismus, in: ZZ 6 (1928), 529–539 (531).

hen präsentieren. Und will er gar noch den Vorstellungen und Forderungen Bohrens folgen, dann gilt das nicht nur für die Sonntagspredigt, sondern auch für jede Beerdigung und jede Trauung: Immer steht alles auf dem Spiel."[2]

So kann und darf es nicht weitergehen – ist die Botschaft dieser Sätze.

Die implizit-rekonstruktive Lektüre: Dass die Dialektische Theologie durch ein unkritisches Epigonentum mehr beschädigt als befördert wird, ist evident. Deshalb bildete sich eine Barth-Lektüre heraus, die dessen Texte unter der Perspektive eines kritisch-wohlwollenden Blickes in den Blick nahm. Eigene Akzente wurden gesetzt, bestimmte Elemente der Barth'schen Theologie wurden erweitert und reflektiert modifiziert, andere Elemente traten eher in den Hintergrund. Herausragendes Beispiel dieser Art von Barth-Lektüre sind die „Barth-Studien" Eberhard Jüngels. Bereits in seiner frühen Studie „Gottes Sein ist im Werden"[3] versuchte er, die alten Grabenkämpfe zwischen Barthianern und Bultmannianern durch eine neue Lektüre Barths zu unterlaufen. Es gehöre – so Jüngels Kurzfassung der Hermeneutik einer implizit-rekonstruktiven Lektüre – „zur Aufgabe des Barth-Studiums, die sich – heute so und morgen anders – formierenden Anhängerschaften und Ablehnungsfronten gleichermaßen davor zu bewahren, dass sie sich von Barths Texten dazu verführen lassen, selber – sei es mit einem bornierten *sic*, sei es mit einem nicht weniger bornierten *non* – nun eben doch eindimensional, wenn nicht gar sektiererisch zu werden".[4]

Die kritisch-dekonstruktive Lektüre: Wie die implizit-rekonstruktive Lektüre versucht auch die kritisch-dekonstruktive Lektüre, die alten Fronten hinter sich zu lassen. Dies geschieht allerdings in einer radikalen Außenperspektive. Die dogmatische Grammatik Barths wird konsequent historisiert und damit relativiert und auf ihre Tiefenstruktur hin gelesen. Die Dialektische Theologie erscheint in dieser Lektüre – entgegen ihrem emphatischen Selbstverständnis – als eine radikale Form der Modernisierung der Theologie. Der Streit zwischen Liberaler und Dialektischer Theologie dreht sich – so die Analyse dieser Lektüre – nicht darum, ob Theologie modernisiert werden darf, sondern wie diese Modernisierung zu geschehen habe. Georg Pfleiderer hat diese Perspektive in seiner Habilitationsschrift „Karl Barths praktische Theologie" konsequent vertreten. Er interpretiert die Frühphase der Dialektischen Theologie als Einspruch gegen theologische Großsysteme, die angesichts der Gräuel des Ersten Weltkriegs definitiv Schiffbruch erlitten hätten. Zugleich wird ein radikaler (moderner!) theolo-

---

2 Dietrich Rössler: Das Problem der Homiletik, in: Albrecht Beutel et al. (Hg.): Homiletisches Lesebuch, Tübingen 1986, 23–38 (30f.).

3 Eberhard Jüngel: Gottes Sein ist im Werden, Tübingen [2]1966.

4 Eberhard Jüngel: Barth-Studien, Gütersloh 1982, 10.

gischer Gegenentwurf präsentiert. Pfleiderer hat dafür ein eindrückliches Bild geprägt:

> „Die *Titanic-* (oder freundlicher ausgedrückt: die *Britannia-*) Phase der modernen Theologie dürfte vermutlich vor allem darum fürs Erste vorbei sein, weil sie – um im Bild zu bleiben – einer Klassengesellschaft angehört hat und die zahlungskräftige theologische Aristokratenkaste, die ihre Passagierdecks bevölkerten, heute keine Zeit mehr hat für Luxusfahrten, die vorrangig ihrer Selbstdarstellung dienen. Für die Gegenwart anschlussfähiger dürfte das avantgardistische Stadium der Barth'schen Theologie sein, die Zeit der Römerbriefkommentare und des Tambacher Vortrags, also die Phase, in der Barth sozusagen eine ganze Flotte wendiger Barkassen, Segelschiffe und Ruderboote zu Wasser gelassen hatte, die freilich unter der Wasserlinie auch schon von modernen Dieselaggregaten angetrieben waren.“[5]

Henning Luther – dialektisch-theologisch gelesen: Ich werde mich bei meiner Lektüre sowohl Luthers wie auch der Dialektischen Theologie an die beiden letzten Weisen der Lektüre halten. Ich werde beide implizit-rekonstruktiv und kritisch-dekonstruktiv lesen. Ich will mich entlang der Wasseroberfläche der Texte bewegen und ab und an einen kleinen Taucher in den Wasseruntergrund versuchen. Ich werde dabei drei Motive verfolgen, die sich aus meiner dialektisch-theologischen Lektüre Henning Luthers auf besondere Weise erschlossen haben:

- Der praktisch-theologische Affekt gegen die Dialektische Theologie
- Religion als Welt-Abstand
- Das extra nos des Menschen

II. Der praktisch-theologische Affekt gegen die Dialektische Theologie

Zweifellos teilt Henning Luther den praktisch-theologischen Affekt gegen die Dialektische Theologie. Ich spreche sehr bewusst von einem Affekt. Affekt meint: Leidenschaft, Gemütserregung, Begierde. Eine hoch ambivalente Angelegenheit also. Als Henning Luther sein Studium begann, war dieser Affekt in der Praktischen Theologie besonders ausgeprägt. Die Praktischen Theologen und Theologinnen, die der empirischen Wende verbunden waren, machten in der Dialektischen Theologie ihren Hauptgegner aus. Insofern war dieser Affekt durchaus produktiv – er verhalf dazu, ein neues wissenschaftliches Paradigma innerhalb der Praktischen Theologie auszubilden und einer Bewährung auszusetzen. Als Henning Luther und ich in den späten 60er Jahren unser Studium begannen, war dieser produktive Aufbruch allenthalben zu spüren. Insbesondre in Mainz, wo

[5] Georg Pfleiderer: Karl Barths praktische Theologie, Tübingen 2000, 463.

sich innerhalb der Praktischen Theologie Gert Otto und Manfred Mezger um eine Neubesinnung vor allem in der Religionspädagogik und Homiletik bemühten. Gert Ottos programmatischer Aufsatz „Wider den ‚Mythos' der Verkündigung"[6] sieht in der Wort-Gottes-Theologie eine homiletische Konzeption, die durch eine empirisch-rhetorisch orientierte Homiletik aus ihrem dogmatischen Schlummer zu reißen ist.

Spuren dieses praktisch-theologischen Affekts finden sich im Werk Henning Luthers auf vielfältige Weise – bis in seine letzten Veröffentlichungen hinein. Bereits im einleitenden Kapitel der Habilitationsschrift aus dem Jahre 1984 über Friedrich Niebergalls Konzeption der Erwachsenenbildung taucht die Dialektische Theologie als Hintergrundtheorie auf, von der sich der Ansatz Luthers (und Niebergalls) nur positiv abheben kann. Auf der einen Seite wird der Dialektischen Theologie eine Dichotomie von „Verkündigung und Bildung, Gottes Wort und Menschenwort"[7] angelastet – und die Konsequenz ist in der Sicht der Dialektischen Theologie: „Das Predigtgeschehen kategorial als Bildungsprozeß zu verstehen, muß diesem Verständnis als frivol erscheinen."[8] Auf der anderen Seite stellt Luther fest, dass etwa Thurneysen dann doch diese Dichotomie paradoxal unterläuft:

> „Aber selbst die theologische Radikalisierung der Predigtauffassung als Verkündigung des absoluten Gotteswortes hat die eigenen didaktischen Voraussetzungen und Implikationen nicht tilgen können. Paradoxerweise führte sie sogar zu einer Akzentuierung der Lehre. Wenn Thurneysen im Zusammenhang seiner Ausführungen zum kirchlichen Konfirmandenunterricht zur apodiktischen Definition: ‚Unterricht ist grundsätzlich nichts anderes als Predigt' gelangt, so trifft er damit nicht nur eine Aussage über den Charakter des Unterrichts, sondern zugleich eine über die Predigt. Wenn Predigt und Unterricht identisch sind, nicht unterschieden werden können, dann ist auch Predigt nichts anderes als Unterricht."[9]

Dieses kleine theoretische Geplänkel im Eingangskapitel der Habilitationsschrift, das zum Teil sogar in *Petit* gesetzt ist, gibt gleichwohl die Tonlage an, in der Luther die direkte Auseinandersetzung mit der Dialektischen Theologie auch weiterhin führen wird. Immer wieder werden ihr Überspanntheit und theoretische Unaufgeklärtheit vorgeworfen. Dort aber, wo Luther die Dialektische Theologie in ihrer Tiefenstruktur rekonstruiert, entdeckt er in ihr Motive des eigenen Denkens.

Angesichts des Stellenwertes der Homiletik für die Dialektische Theologie ist es nur folgerichtig, dass Luther die direkte Auseinandersetzung mit dieser in seinen Überlegungen zur Homiletik führt. Wider die „rigiden Idealisierungen

6 Gert Otto: Wider den „Mythos" der Verkündigung, in: ThPr 7 (1972), 316–324.
7 Henning Luther: Religion, Subjekt, Erziehung, 10.
8 Ebd.
9 Ebd.

einer überspannten Wort-Gottes-Homiletik"[10] führt Henning Luther sein Verständnis der Homiletik als *ars*, als Kunst im Sinne Schleiermachers ein. Widerpart ist dabei Eduard Thurneysen, der *Commander in Chief* der Dialektischen Theologie in Sachen Homiletik. Luthers Analyse fällt harsch aus:

> „Daß gute Predigt nicht aus der Befolgung technischer Anleitungen (allein) heraus zu bewerkstelligen sei, veranlaßte die Dialektische Theologie, nicht nur die Inkommensurabilität von Predigtmethodik und zu verkündigendem Wort Gottes zu konstatieren, sondern darüber hinaus die Unmöglichkeit menschlicher Predigt. ‚Nur in der tiefen Einsicht kann gepredigt werden, daß eigentlich nicht gepredigt werden kann.' [Zitat Thurneysen, A. G.] Nur mit dieser paradoxen Auskunft glaubte man vor dem Lachen bestehen zu können, ‚das im Himmel über sämtlichen Ratschlägen, Rezepten und Mittelchen der praktischen Theologie ertönt.' [Zitat Thurneysen, A. G.] Ob diese Auskunft Predigten besser macht, steht ebenso dahin, wie die Aussicht, daß damit nicht nur der himmlische, sondern auch der irdische Spott über Kanzelreden verstumme. Damit Predigt gelinge, darf aus der Einsicht, daß ihr Gelingen nicht durch die Anwendung von Rezepten verfügbar ist, nicht der kurzschlüssige Verzicht auf (menschliche) Bemühung überhaupt werden. Vielmehr muß das Bewußtsein, daß nicht schon die richtige Methode die Predigt ausmacht, den kreativen Ausgangspunkt der Predigtmühe abgeben. Das aber heißt, Predigt nicht als Handwerk, dessen regelrechte Ausübung das Gelingen garantiert, sondern als Kunst zu verstehen, deren Wirkung riskant bleibt, die aber gewagt werden muß."[11]

Auch in diesen Sätzen wird die Ambivalenz des theoretischen Umgangs Luthers mit der Dialektischen Theologie deutlich. Die von ihm konstatierte ideologische und wirklichkeitsferne Denkform der Dialektischen Theologie wird immer wieder explizit kritisiert. In dieser Kritik jedoch blitzen immer wieder implizite Wahrheitsmomente der Dialektischen Theologie auf, die Luther für unabgegolten hält. Eine von ihrer Denkform befreite Dialektische Theologie wäre für Luther ein Partner. Dieser Gedanke klingt bereits im Schlusskapitel der Habilitationsschrift an, in dem Luther (und das lässt sich aus der Rückschau sagen) ein solides Fundament seiner später entwickelten Theorie einer *Praktischen Theologie des Subjekts* legt:

> „Diese Kritik am dogmatischen Ansatz der Praktischen Theologie im Interesse des Rechts der religiösen Subjekte will nicht die Legitimität von Kategorien wie Auftrag der Kirche bestreiten oder sie gar suspendieren. Wohl aber will sie die Klärung dessen, was jeweils inhaltlich unter dem Auftrag und dem Wesen der Kirche zu verstehen ist, nicht von den betroffenen Subjekten abstrahieren, ihnen als bereits vorentschiedene Formel vorsetzen, sondern in den Verständigungsprozeß *aller* Beteiligten einholen."[12]

---

10 Henning Luther: Predigt als inszenierter Text, 395.

11 A. a. O., 395f.

12 Henning Luther: Religion, Subjekt, Erziehung, 284.

III. Religion als Welt-Abstand

„Religion ist Unglaube; Religion ist eine Angelegenheit, man muß geradezu sagen: die Angelegenheit des gottlosen Menschen“[13] – so Karl Barth in seinem berühmt-berüchtigten Kapitel der Kirchlichen Dogmatik über die Religion.

„Illusionär ist Religion, wo sie irgend dieses Wahre als wirklich behauptet und wo sie leugnet, daß dies die Wahrheit eines Versprechens ist, das sich freilich von keinem Realismus einschüchtern und entmutigen läßt“[14] – so Henning Luther in „Religion und Alltag“.

Können beide Sichtweisen zusammenkommen? Ja und Nein!

Beide – Barth und Luther – sind sich einig in ihrer Religionskritik. Beide können sich in ihren Veröffentlichungen immer wieder auf die große Tradition der europäischen Religionskritik beziehen. Kritisch sehen beide die Tendenz der Religion, den Menschen auf seine Vorfindlichkeit zurückzuwerfen. So kann Barth feststellen, die Religion werde „nämlich nie grundsätzlich mehr und etwas anderes sein als ein Spiegelbild dessen, was der Mensch selbst, der zu dieser äußeren Befriedigung seines Bedürfnisses schreiten zu sollen meint, ist und hat.“[15] Religion als *Opium des Volkes* mithin. Die Religion nivelliert eine Differenz, die im Menschen angelegt ist. Allerdings – und da unterscheiden sich Barth und Luther – wird für Barth diese Differenz nur von außen her sichtbar – durch die Offenbarung Gottes. Insofern kann Barth der Religion auch keine Ambivalenz zusprechen – sie *ist* Unglaube, der die Selbstwahrnehmung des Menschen ideologisch einengt. Diese ideologische Verblendung vermag die Religion nicht zu überwinden. Sie führt immer nur weiter in diese ideologische Verblendung hinein. Religion ist für Barth in dieser Hinsicht grundsätzlich differenzunfähig. Sie macht den Menschen auf eine fatale Weise einfältig.

An dieser Differenz ist jedoch sowohl Barth wie Luther gelegen. Barth sieht diese Differenz *jenseits* der Religion; Luther sieht sie *in* der Religion – und zwar auf zweifache Weise. Zum einen hat die Religion stets die Tendenz, diese in ihr angelegte Differenz zu negieren. Da ist Luther der Barth'schen Sicht sehr nahe. Zum anderen jedoch, hat Religion das Potential, für diese Differenz zu sensibilisieren. Darin besteht ihre Wahrheit: „Wahr ist ihre Aussicht auf eine andere Welt, in der ‚der Tod nicht mehr sein wird noch Leid noch Geschrei noch Schmerz‘ und in der ‚alle Tränen‘ abgewischt werden (Offb 21,4).“[16] Barth wäre sehr skeptisch gegenüber einer solchen Beschreibung von Religion. Hier ist Barth vielleicht in der Tat radikaler als Luther. Radikaler als Barth ist demgegenüber

[13] Karl Barth: KD I/2, Zollikon / Zürich ³1945, 327 (Hervorh. von A. G.).

[14] Henning Luther: Religion und Alltag, 25 (Hervorh. von A. G.).

[15] Barth 1945 (Anm. 13), 345.

[16] Henning Luther: Religion und Alltag, 25.

Luther darin, dass er die alle Religion transzendierende Außensicht, an der auch Barth liegt, in den Lebensäußerungen der Menschen selbst zu identifizieren versucht. Offenbarung – da kann Luther Barth zustimmen – unterbricht den Menschen, aber sie tut dies in den Menschen selbst, in ihren Lebensäußerungen.

Deshalb ist Luther so sehr an einer kritischen Theorie des Alltags gelegen, an der Barth wohl – wenn überhaupt – nur ein randständiges Interesse hat. Es ist alles andere als ein Zufall, dass Luther seine Marburger Antrittsvorlesung aus dem Jahre 1987 unter das Thema „Schmerz und Sehnsucht. Praktische Theologie in der Mehrdeutigkeit des Alltags" stellt. Der Alltag ist für Luther voller kleiner und großer Transzendenzen, die nicht einfach da sind, sondern die es zu „entdecken" gilt. Religion kann diese Transzendenzen verstellen und erleuchten. Darin besteht ihre Ambivalenz. Eindeutig wird Religion dort – hier rekurriert Luther auf Walter Benjamins Theorie des *ästhetischen Augenblicks,* dem der Charakter von *Offenbarung* anhaftet –, wo sie im Alltag den Alltag zu transzendieren vermag. Praktische Theologie ist die Theorie dieses Geschehens:

> „Praktische Theologie, die sich auf den Alltag einläßt, muß nicht alltäglich werden, denn je mehr sie wirklich in ihn eingeht, wird sie über ihn hinausgehen können. Sie wird der Mehrschichtigkeit und Mehrdeutigkeit der Szenarien gewahr, in denen das Alltagsleben der Menschen sich abspielt. Sie wird Lücken, Brüche, Knoten entdecken, die die Routinen unterbrechen, Vertrautes verfremden, Neues in das Bekannte bringen."[17]

IV. Das extra nos des Menschen

Karl Barth und Henning Luther können je auf ihre Weise als pointierte Differenz-Theologen bezeichnet werden. Das theologische Interesse an Differenz, das sich Barth und Luther teilen, wird in ihrer jeweiligen Anthropologie sichtbar.

Ich möchte mich an dieser Stelle vor allem auf zwei Veröffentlichungen von Barth und Luther beziehen, die zunächst einmal gar nichts miteinander zu tun zu haben scheinen, bei genauerem Hinsehen jedoch einen Schlüssel dafür darstellen können, Einsicht in die Gemeinsamkeiten und Differenzen in der Anthropologie beider zu ermöglichen. Im Jahre 1938 hat Karl Barth in Muri im Kanton Bern einen Vortrag zum Thema „Evangelium und Bildung" gehalten. Im November des Jahres 1990, also wenige Monate vor seinem Tod, hat Henning Luther in Marburg einen Vortrag gehalten mit dem Titel „Leben als Fragment". Beide Vorträge setzen sich mit dem Grundverständnis menschlichen Lebens auseinander.

[17] A. a. O., 251.

Henning Luther greift mit der ästhetischen Figur des Fragments auf ein Motiv zurück, das in seinem Denken durchgängig aufscheint. Das Fragment weist für Luther eine doppelte Offenheit auf – in die Vergangenheit und in die Zukunft:

> „Da sind zum einen Fragmente als Überreste eines zerstörten, aber ehemals Ganzen – der Torso, die Ruine, also die *Fragmente aus Vergangenheit*. Zum anderen sind da die unvollendet gebliebenen Werke, die ihre endgültige Gestalt nicht – noch nicht – gefunden haben, also die *Fragmente aus Zukunft*. Fragmente – seien es die Ruinen der Vergangenheit, seien es die Fragmente aus Zukunft – weisen über sich hinaus. Sie leben und wirken in *Spannung* zu jener Ganzheit, die sie nicht sind und nicht darstellen, auf die hin der Betrachter sie zu ergänzen trachtet. Fragmente lassen Ganzheit suchen, die sie selber nicht bieten und finden lassen."[18]

Luther interessiert an der ästhetischen Figur des Fragments deren radikale Orientierung an einem Anderssein und deren Ausrichtung auf ein Anderssein, das im Fragment nicht präsent ist, aber darin aufzuscheinen vermag – ein Als-ob, das gleichwohl wirklich ist. Diese ästhetische Figur verwendet er nun, um die Signatur der conditio humana zu zeichnen:

> „Wir sind Ruinen aufgrund unseres Versagens und unserer Schuld ebenso wie aufgrund zugefügter Verletzungen und erlittener und widerfahrener Verluste. Das ist der *Schmerz* des Fragments. [...] Andererseits ist jede erreichte Stufe unserer Entwicklung immer nur ein Fragment aus Zukunft. Das Fragment trägt den Keim der Zeit in sich. Sein Wesen ist *Sehnsucht*."[19]

Unter den Titel „Schmerz und Sehnsucht" hat Luther bereits im Jahre 1987 seine programmatisch gehaltene Marburger Antrittsvorlesung gestellt. Die Praktische Theologie – so die dort entfaltete These – ist die Theorie einer radikal offen zu haltenden Subjektivität der einzelnen Menschen. Diese „Offenheit" der conditio humana ist Luthers durchgängiges Thema. Allerdings ist diese Offenheit nicht konturlos, sie ist bezogen auf ein Anderes, ein radikal Anderes. Dieses „Andere" wird von Luther im Verlauf der Entwicklung seines Denkens – wenn ich es recht sehe – dreifach konturiert:

1. In seinem Aufsatz „Das unruhige Herz" ist Augustin der dominante Gesprächspartner. An ihm interessiert Luther dessen radikale Selbstthematisierung, die auch vor der äußersten Subjektivität nicht zurückschreckt. Diese Subjektivität wird bei Augustin erst vor dem Gegenüber Gottes ihrer selbst gewahr. Erst angesichts dieses Gottes werde ich meiner selbst gewahr. Subjektivität ist radikal extra nos konstituiert. Gott ist – so Luther – „nicht der *Autor* meiner Lebensgeschichte, sondern ihr *Leser (Hörer)*."[20]

---

18 Henning Luther: Leben als Fragment, 266.

19 A. a. O., 267.

20 Henning Luther: Religion und Alltag, 149.

2. Philosophisch orientiert sich Luther an Emmanuel Levinas, der eine radikale Anthropologie der Verwiesenheit auf den/die Andere/n konzipiert hat: „*Ich ist ein Anderer.*“[21] Auch in „Leben als Fragment“ ist Levinas der philosophische Bezugspunkt, dessen Position er folgendermaßen charakterisiert: „Weil das Ich also nur ist, weil und insofern es ‚offen‘ ist für den Anderen, kann es keine geschlossene, feste Identität des Menschen geben.“[22]

3. Theologisch nimmt Luther in diesem Zusammenhang den Gedanken der Gottebenbildlichkeit des Menschen auf. Er verknüpft dabei dieses Theologumenon eng mit dem biblischen Bilderverbot. Ist der Mensch das Ebenbild des Gottes, der nicht auf ein Bild zu fixieren ist, dann steht er in einer radikalen Offenheit da, die weder durch eine eigendefinitorische Begrenzung noch durch Zusprechung der sozialen Gemeinschaft eingeschränkt werden darf. Diese These wird dann von Luther noch einmal inkarnationstheologisch zugespitzt:

> „In der Gottesebenbildlichkeit liegt die Würde des Menschen begründet. Und diese Würde besteht nicht – wie der Mythos sagt – in seiner ursprünglichen Ganzheit und Vollkommenheit, sondern gerade in seiner Unvollkommenheit, Schwäche und Verletzlichkeit.“[23]

Liest man den Vortrag Karl Barths im Lichte der Überlegungen Henning Luthers (oder auch umgekehrt), so lassen sich frappierende Gemeinsamkeiten erkennen. Barth versteht dort die conditio humana als einen unabschließbaren Bildungsprozess, in dem der Mensch vielfältigen Einflüssen ausgesetzt ist und vielfältig Einfluss ausübt:

> „Daß die Umwelt des Menschen ihn gestalte zu einem, der möglichst reich und tief um sie weiß, sie versteht, an ihr teilnimmt. Daß der Mensch in seiner Begegnung mit der Umwelt sich selbst gestalte zu einem zugleich Freien und Verantwortlichen. Und daß endlich er selber seinerseits zu einem Gestalter werde in und an seiner Umwelt.“[24]

Damit haftet der conditio humana etwas durchaus Riskantes an, denn es ist ja nicht gewährleistet, unter welche Einflüsse der Mensch gerät und welche Einflüsse er auf andere ausübt – und wir „insofern merkwürdig in der Luft stehen, als wir darüber, in wessen Hand wir nun eigentlich sind, woher und wohin wir nun eigentlich wandern, etwas Entscheidendes letztlich weder sagen noch wissen können“[25]: Leben als Fragment mithin, indem wir uns ständig bemühen, „die jetzt noch verborgene, künftig zu offenbarende Verwirklichung unserer eigenen

---

21 Vgl. a. a. O., 74 u. ö. (Hervorh. von A. G.).

22 Henning Luther: Leben als Fragment, 268.

23 A. a. O., 270.

24 Karl Barth: Evangelium und Bildung, Zollikon 1938, 3f.

25 A. a. O., 6.

Bildung zu erkennen"[26]. Ein Satz wie von Henning Luther! Die Kontur dieser conditio humana kommt von außen als „die den Menschen auf- und annehmende Humanität, die Menschenfreundlichkeit Gottes"[27] – Gott als Leser (Hörer) meiner Lebensgeschichte?!

Wie Luther betont auch Barth den heilsam begrenzenden Charakter dieses *extra nos* des Menschen. Dort, wo der Mensch sich abschottet, in dem er sich an die Stelle Gottes setzt und so die Fragmentarität seiner Existenz zu einem Ganzen rundet, kann sich der Mensch nur verfehlen. Barth formuliert die Konsequenzen dieses Handelns sowohl grundsätzlich wie auch aktuell zeitbezogen (1938!):

> Der Mensch, der im Hier und Heute nach einer abgeschlossenen Ganzheit greife, handle „in jenem Absolutismus und Totalitarismus, in jener Selbstgenügsamkeit und Grenzenlosigkeit, die sich keineswegs bloß auf den vermeintlichen Höhen menschlicher Bildung offenbart, deren Wesen uns vielmehr – wie *figura* heute zeigt – gerade auch die jene Höhen bestürmenden Barbaren ganz besonders eindrücklich vorführen können".[28]

Bei allen Gemeinsamkeiten hätte Henning Luther sicher auch seine kritischen Fragen an Barth hinsichtlich der Beschreibung der conditio humana. Der Bezug auf *Jesus Christus* als den *Herrn* ist bei Barth der Cantus firmus, auch in seinen Überlegungen zu „Evangelium und Bildung". Dieser Cantus firmus hätte in den Ohren Luthers mit Sicherheit zu laut getönt. Er hätte wohl befürchtet, dass damit die leise Stimme der Subjekte zu sehr übertönt würde. Dass die Stimme des alten Karl Barth in seinen späten Veröffentlichungen erkennbar leiser, tastender, zögernder wird, hätte das Gespräch zwischen beiden sicher erleichtert. Aber mit Sicherheit hätte Henning Luther darauf beharrt, dass auch für die Rede von Jesus Christus als dem Herrn das biblische Bilderverbot in Geltung steht.

V. Finale – noch ausstehend

Henning Luthers Verhältnis zur Dialektischen Theologie ist seinerseits hoch dialektisch. Auf der einen Seite transponiert er den gängigen praktisch-theologischen Verdacht gegen die Dialektische Theologie, auf der anderen Seite sind aber in seiner Theologie Motive der Dialektischen Theologie derart stark aufgenommen und weiterentwickelt, dass man Henning Luthers Praktische Theologie durchaus auch als Wirkungsgeschichte der Dialektischen Theologie lesen kann – so wie ich es hier versucht habe.

In einer späten Andacht Luthers, die aus dem Jahr vor seinem Tod stammt, wird das spannungsreiche Verhältnis Henning Luthers zur Dialektischen Theo-

---

[26] A. a. O., 9.

[27] A. a. O., 12.

[28] A. a. O., 17.

logie szenisch gestaltet. Die Andacht trägt den Titel „Dem unbekannten Gott – oder: Paulus in Frankfurt".[29] Die Grundszene variiert: Der Verfasser der Apostelgeschichte geht durch das heutige Frankfurt. Der bleibende Bezugstext ist die lukanische Erzählung von Paulus auf dem Areopag. In der ersten Szene trifft Lukas in einem Frankfurter Weinkeller auf Karl Barth und Eduard Thurneysen: Barth und Thurneysen treten als knurrige, laut tönende Zeitgenossen auf. Die Grundthesen der Dialektischen Theologie werden in Wein-Laune hinaus posaunt. Keine sehr angenehme Szene. Nach einem weiteren Treffen (dieses Mal erkennbar Michael Welker) begibt sich Lukas beinahe schon fluchtartig in die Straßen Frankfurts – als Steppenwolf in der Mehrdeutigkeit des Alltags gewissermaßen. Zum Schluss findet Lukas einen Zettel auf dem Boden:

> „… Ich bin satt vor der Zeit
> und hungre nach ihr.
> Was soll nur werden?
>
> Auf den Bergen werden nachts die Feuer brennen.
> Soll ich mich aufmachen, mich allen wieder nähern?
>
> Ich kann in keinem Weg mehr einen Weg sehen."[30]

Worte aus einem Gedicht Ingeborg Bachmanns. Um Lukas wird es an diesem Abend einsam. Und dann das Finale: „Vom nahen Paulusplatz läutete nämlich um die Zeit mit einem Mal eine Glocke. Sie sagten, es sei eine Todesglocke. Der Wind trug die Litanei einer langen Liste von Namen herüber. Von Verstorbenen, sagten sie."[31] Henning Luther schreibt dazu in einer Anmerkung: „Die im Text erwähnte ‚Todesglocke' wurde aus Anlass einer Demonstration von HIV-Positiven und AIDS-Kranken geläutet."[32] Dieses Finale muss nicht mehr dialektisch-theologisch *gelesen* werden. Dieses Finale *ist* Dialektische Theologie.

---

29 Henning Luther: Frech achtet die Liebe, 136–144.

30 A. a. O., 143f.

31 A. a. O., 144.

32 A. a. O., 157.

Henning Luther – katholisch gelesen

Christian Bauer

Henning Luther hat Konjunktur in der katholischen Pastoraltheologie. Er ist dort ein häufig gelesener und gerne erwähnter Autor, avanciert gerade vom Geheimtipp zur Pflichtlektüre. Um zwei wesentliche Einschränkungen des Folgenden gleich zu Beginn vorwegzunehmen: Erstens sind diese Notizen zu Luther nicht allein deswegen schon katholisch, weil sie von einem Pastoraltheologen aus dieser Konfession stammen. Und zweitens gibt es nicht *die eine* katholische Lesart, genauso wenig wie es *die eine* evangelische gibt. Dennoch steht im Hintergrund eine bestimmte Pastoralkultur mit einer spezifischen konfessionellen Einfärbung. Was also ist an Luther aus katholischer Sicht nicht nur anregend, sondern in diesem Sinne vielleicht auch selbst katholisch? Gibt es sogar so etwas wie eine ‚katholische' Tiefengrammatik seiner Theologie? Die folgende subjektive Relektüre konzentriert sich auf einen speziellen Aspekt Luthers, der einen katholischen Pastoraltheologen der jüngeren Generation besonders faszinieren muss: sein bislang noch kaum gehobenes Potenzial, wesentliche Impulse der katholischen Theologie im vergangenen Jahrhundert auf dem Diskursniveau unserer spätmodernen Gegenwart[1] weiterzudenken. Es geht im Folgenden also mitten hinein in evangelisch-lutherische und römisch-katholische Diskurskonstellationen des 20. Jahrhunderts, deren genealogische Hauptlinie katholischerseits von Maurice Blondel über die neuartige Thomaslektüre von Konzilstheologen wie M.-Dominique Chenu und Karl Rahner direkt zum Zweiten Vatikanum führt, dem zentralen lehramtlichen Diskursereignis der katholischen Theologie im vergangenen Jahrhundert. Sichtbar wird ein erstaunlich ‚katholischer' Luther. Oder etwas vorsichtiger formuliert: Sichtbar werden theologisch-personale Echoräume, aus denen heraus das Eigene in herausfordernder Zuspitzung zurücktönt – und zwar das eigene Katholische aus dem Diskurs des evangelischen Theologen ebenso wie möglicherweise auch das eigene Evangelische aus einer katholischen Lesart Luthers.

I. Katholisches Subjektdefizit

Offensichtlich gibt es eine ganz erstaunliche Langlebigkeit konfessioneller Diffe-

---

[1] Vgl. Christian Bauer: Henning Luther, in: Stefan Gärtner / Tobias Kläden / Bernhard Spielberg (Hg.): Praktische Theologie in der Spätmoderne. Herausforderungen und Entdeckungen, Würzburg 2013 (in Vorbereitung).

renzen[2], welche die gegenseitige Wahrnehmung noch immer bestimmen – wenn auch inzwischen mit größerer Randunschärfe und feineren Unterschieden. Im Bild gesprochen: Man weiß intuitiv, dass Osterkerze, Weihrauch und bunte Gewänder etwas Katholisches sind, so wie Lutherbibel, Matthäuspassion und Pastorenbeffchen etwas Evangelisches darstellen. Und doch kennt man auch evangelische Pastoren mit bunter Stola, die das Entzünden der Osterkerze gerne mit einer guten Portion Weihrauch begleiten. Mentalitätsgeschichtlich exemplarisch ist in diesem Zusammenhang das historische Detail, dass Protestanten lange Zeit individuell ihren Geburtstag feierten, während Katholiken hingegen kollektiv ihren Namenstag begingen. Die einen feierten also jeder für sich und zu verschiedenen Terminen, die anderen jedoch alle zusammen und am selben Tag. Hier werden konfessionelle Mentalitätsunterschiede sichtbar, deren wechselseitig komplementäre Extreme man als *katholischen Kommunitarismus* bzw. *evangelischen Individualismus* bezeichnen könnte. Der erste steht, mit Ferdinand Tönnies gesprochen, für eine Kirche als Gesellschaft („societas perfecta") in Form einer stabilen Gemeinschaft, der zweite für eine Kirche als Gemeinschaft („communio sanctorum") in Form einer offenen Gesellschaft.

Aus dieser Mentalitätsdifferenz ergeben sich idealtypische konfessionelle Schlagseiten beider Pastoralkulturen. Mit dem bei Adorno entliehenen Schlusssatz seiner Dissertation bringt Luther entsprechende Defizite des Katholischen paradigmatisch auf den Punkt: „Je reicher ein Allgemeines mit den Insignien des Kollektivsubjekts ausstaffiert ist, desto spurloser verschwinden darin die Subjekte."[3] Luther hat vieles, was der katholischen Theologie mit ihrer Fixierung auf die Kirche als einem kollektiven „Subjekt ohne Subjekte"[4] traditionellerweise abgeht – vor allem einen spätmodern alltagsbezogenen und daher fragmentarischen Subjektbegriff, gepaart mit einer geradezu lustvollen christlichen Zeitgenossenschaft. All das kann man sich als katholischer Pastoraltheologe nur wünschen. Rolf Zerfaß zum Beispiel hat Luther nicht nur in einem Seminar zu „*Ansätzen und Methoden der Praktischen Theologie*" als einen „Mann der Zukunft" eingeführt, der gegen jede ekklesiozentrische Verengung der Praktischen Theologie stehe, sondern auch selbst seine eigene Diakonie-Vorlesung unter ein explizit Luther-nahes Motto gestellt: „*Einer allein ist nicht zu wenig*". Diese katholische Entdeckung des Subjekts im Sinne eines eigenen theologischen Ortes ist noch gar nicht so alt. Einen exemplarischen Anfang setzte Johann B. Metz, der nach seiner Dissertation über „*Christliche Anthropozentrik*" (1962) bei Thomas von Aquin den neuzeitlichen Subjektbegriff mit Rahners Zustimmung in die zweite Fassung von dessen „*Hörer des Wortes*" (1963) einfügte: Subjektivität als anthropologische Bedingung der Möglichkeit von Offenbarung. Nicht der

2 Vgl. Christian Bauer: Katholizismus, wohin? Herkunft und Zukunft eines vergehenden Milieus, in: WuA(M) 46 (2005), 172–177.

3 Henning Luther: Religion, Subjekt, Erziehung, 296.

4 A. a. O., 280.

einzige, aber ein höchst signifikanter Fall nachholender subjektbezogener Selbstmodernisierung des Katholizismus im Umfeld des Zweiten Vatikanums.

Auch für den Bereich der katholischen Pastoraltheologie gälte es, wie bereits im „*Handbuch Praktische Theologie*" (1999/2000) versucht, eine „Verflüchtigung der Subjektfrage in ekklesiologische Allgemeinbegriffe"[5] zu vermeiden und sie ebenfalls „grundbegrifflich als Subjekttheorie anzulegen"[6], die vom einzelnen Menschen her das Ganze in den Blick nimmt: „Der subjekttheoretische Ansatz [...] meint [...], daß der (Rück-)Bezug auf das Subjekt zum kritischen Maßstab aller praktisch-theologischen Reflexionen wird [...]."[7] Insbesondere der spätmodern gebrochene, fragmentarische Subjektbegriff Luthers fordert die Pastoraltheologie heraus, das Format ihrer klassisch modernen Rede vom Subjekt zu überschreiten. In diesem Zusammenhang könnte die Metapher der Ruine[8] auch katholischerseits eine eigene subjekttheologische Bedeutung gewinnen:

> „Fragmente – seien es die Ruinen der Vergangenheit, seien es die Fragmente aus Zukunft – weisen über sich hinaus. Sie [...] wirken in Spannung zu jener Ganzheit, die sie nicht sind [...], auf die hin aber der Betrachter sie zu ergänzen trachtet. [...] Wir sind [...] Ruinen unserer Vergangenheit, Fragmente zerbrochener Hoffnungen, verronnener Lebenswünsche [...]. [...] Andererseits [...] sind wir [...] immer auch Ruinen der Zukunft, Baustellen, von denen wir nicht wissen, ob und wie an ihnen weitergebaut wird; wir wissen immer nur, daß der Bau noch nicht vollendet ist."[9]

Soweit zur Frage, was katholische Pastoraltheologie an Luther faszinieren könnte. Nun zur Frage nach den ‚katholischen' Anteilen seines Denkens. Das Katholische liegt bei ihm im diskursiven Untergrund seiner Theologie, näherhin: im Bereich ihrer Methode, ihrer Sprache und ihres Gegenstandes. Methodologisch handelt es sich um eine ‚immanenzapologetische' Anknüpfung am Kontext der eigenen Gegenwart (II.), sprachlich um die inkarnatorische ‚In-Grammatik' von daraus resultierenden Aussagen (III.) und gegenstandsbezogen um den menschlichen Alltag in der Spätmoderne als primäres ‚Untersuchungsobjekt' (IV.) – und das alles in einer noch immer in höchstem Maße inspirierenden, die katholische Pastoraltheologie als Ganze subjekttheoretisch weiterführenden Weise.

---

5 A. a. O., 279.

6 A. a. O., 292.

7 Ebd.

8 Vgl. Christian Bauer: Ruine, in: Stephan Günzel (Hg.): Lexikon der Raumphilosophie, Darmstadt 2012, 348 sowie Rainer Bucher: Wer braucht Pastoraltheologie wozu? Zu den aktuellen Konstitutionsbedingungen eines Krisenfachs, in: Ders. (Hg.): Theologie in den Kontrasten der Zukunft. Perspektiven des theologischen Diskurses, Graz / Wien / Köln 2001, 181–197 (195).

9 Henning Luther: Religion und Alltag, 167; 170.

II. Immanenzbezogene Korrelationstheologien

Das 20. Jahrhundert der katholischen Theologie hat im Jahr 1893 begonnen. Damals reichte Maurice Blondel an der Sorbonne seine Dissertation *„L'action"* ein. Er setzt darin bei der menschlichen Tat an, die sich in der Differenz von wollendem („volonté voulante") und gewolltem Willen („volonté volue") konstituiere. Die transzendente Übernatur Gottes bestimmte er somit auf dem Boden der immanenten Natur des Menschen, die aufgrund dieses ‚Wollensdilemmas' als grundlegend defizient erfahren wird:

> „Es ist unmöglich, das Ungenügen der [...] natürlichen Ordnung nicht anzuerkennen und kein weiteres Bedürfnis zu empfinden. Und es ist unmöglich, in sich selber etwas zu finden, das dieses religiöse Bedürfnis befriedigen könnte. Es ist notwendig, und es ist unausführbar. Das sind, grob gesagt, die Schlußfolgerungen des [...] menschlichen Tuns. [...] Absolut unmöglich und absolut notwendig für den Menschen – das genau ist auch der Begriff des Übernatürlichen. Das Tun des Menschen reicht über den Menschen hinaus."[10]

Blondels immanenzbezogene Apologetik der Transzendenz[11] ermöglichte es Rahner, wenig später mit seinem *„Hörer des Wortes"* (1941) eine anthropologische Wende der Theologie einzuleiten – und zwar im Rahmen eines „Glaubens, der die Erde liebt"[12]:

> „Und wenn schon der Himmel sich schenken muß, damit die Erde erträglich sei, dann muß er [...] schon [...] als Glanz aus dem dunklen Schoß der Erde selbst hervorbrechen. [...] Die Erde gebiert Kinder maßlosen Herzens, und [...] was sie ihnen gibt, ist zu schön, um von ihnen verachtet zu werden, und ist zu arm, um sie [...] reich zu machen."[13]

Dass dann auch das Zweite Vatikanum Blondels „Weg einer Immanenzapologetik"[14] beschritt, ist sicherlich kein Zufall:

> „Die Kirche weiß sehr wohl, daß Gott allein [...] die Antwort auf jene tiefsten Sehnsüchte des menschlichen Herzens ist, das an den Gaben der Erde nie voll sich sättigen

---

10 Maurice Blondel: L'Action. Essai d'une critique de la vie et d'une science de la pratique, Paris 1993, 319; 388.

11 Apologetik wird hier im Sinne des altkirchlichen Versuchs verstanden, die christliche Botschaft auch für Nichtchristen zu plausibilisieren. Man könnte im Anschluss an Niklas Luhmann auch von einer *kontingenz*bezogenen Apologetik des Unbedingten sprechen – ist Kontingenz Luhmann zufolge doch alles „was zwar möglich, nicht aber notwendig ist" (zit. nach Henning Luther: Religion und Alltag, 56).

12 Karl Rahner: Glaube, der die Erde liebt. Christliche Besinnung im Alltag der Welt, Freiburg i. Br. 1966.

13 A. a. O., 64.

14 Elmar Klinger: Armut – eine Herausforderung Gottes. Der Glaube des Konzils und die Befreiung des Menschen, Zürich 1990, 83.

> kann. [...] Immer wird der Mensch wenigstens ahnungsweise Verlangen in sich tragen, zu wissen, was der Sinn seines Lebens, seines Tuns und seines Todes ist" (GS 41).

Dieser vom Konzil autorisierte ‚immanenzapologetische' Weg einer positiven Anknüpfung am Kontext der eigenen Gegenwart ist in beiden Konfessionen gleichermaßen umstritten. Katholische und evangelische Theologie im 20. Jahrhundert verhalten sich in dieser Hinsicht zueinander wie zwei vielfach verknüpfte Paralleluniversen. Was im katholischen Diskurs als die Leitdifferenz von abgrenzungsbetonter römischer Schultheologie und anknüpfungsbereiter deutsch-französischer Konzilstheologie auftritt, ist im evangelischen Diskurs die Leitdifferenz von abgrenzungsbetonter Dialektischer Theologie[15] und anknüpfungsbereiter Liberaler Theologie. Die theologiebestimmende Gretchenfrage lautet in beiden Konfessionen: Wie hältst du's mit der Gegenwart? Anknüpfung oder Widerspruch? In einer Marburger Universitätspredigt inszenierte Luther eine entsprechende Diskussion zwischen Karl Barth, Eduard Thurneysen und dem Evangelisten Lukas:

> „Es war vor mehr als 50 Jahren. Am Abend dieses letzten Tages des Theologenkongresses – es muß wohl in Basel gewesen sein – trafen sie sich noch zu einem Schoppen Wein. Eduard Th. und Karl B. Außerdem wollte Lukas noch hinzukommen. [...] Karl stopfte seine Pfeife. Eduard klopfte ihm freundlich-anerkennend auf die Schulter: ‚Also, ich muß es dir noch einmal sagen: Wie du dem Emil [Brunner] dein unerbittliches ‚Nein!' entgegengeschleudert hast – das hat gesessen. [...] Ich glaube, jetzt wagt keiner mehr so leichtfertig, dieses blöde Wort von der ‚Anknüpfung' in den Mund zu nehmen. [...]' Karl stopfte ruhig weiter seine Pfeife [...]: ‚Komm, Eduard, dein Vortrag war aber auch nicht von schlechten Eltern. Die verdutzten Gesichter hättest du einmal sehen müssen, vor allem in der Sekte der Praktischen Theologen. Da sitzen die jahrelang und grübeln darüber, wie predigen wir dem modernen Menschen? [...] – und dann kommst du [...]: Kein Eingehen auf das sogenannte Bedürfnis des Hörers! [...] Ach, herrlich, wie du das [...] in den Saal geschleudert hast [...].'"[16]

An diesem Punkt schaltet sich Lukas ein:

> „‚Keinen Anknüpfungspunkt bei den Menschen suchen, denen wir predigen. Nicht eingehen auf sie. – [...] dann hat der Paulus es ja falsch gemacht, zum Beispiel damals in Athen, auf dem Areopag.' [...] Und Lukas erzählte, wie es damals gewesen war [...]: (Lesung Apg 17, 22–34) Während Lukas berichtete, verständigten sich Eduard und Karl mit kurzen Blicken. Bei den Stichworten ‚Buße' und ‚den Erdkreis richten' nickten sie sich zu [...]. [...] Nach einer Weile fragte Karl, mit ausgesuchter Freundlichkeit: ‚Lieber Lukas, du sagst es selbst: Auch Paulus hat den Leuten nicht nach dem

---

15 Es gab auch eine *anknüpfungsbereite* Richtung der Dialektischen Theologie, zu der in unterschiedlicher Weise Friedrich Gogarten und Emil Brunner zählten. Dazu sowie zum Folgenden insgesamt siehe die glänzende Übersicht in: Dietrich Korsch: Zäsur: Dialektische Theologie, in: Gregor Maria Hoff / Ulrich H. J. Körtner (Hg.): Arbeitsbuch Theologiegeschichte. Diskurse – Akteure – Wissensformen. Bd. 2: 16. Jahrhundert bis zur Gegenwart, Stuttgart 2013, 235–248.

16 Henning Luther: Frech achtet die Liebe, 136f.

> Mund geredet. Er hat nicht zu den Athenern gesagt: Behaltet eure Götter, die sind prima. […]' […] ‚Moment mal', entgegnete Lukas […]; das war nicht der Punkt. Es ging ja nicht um die – entschuldigt – alberne Frage, ob wir Gott oder Götzen predigen. Darüber ist doch ernsthaft gar kein Streit. Die Frage war doch die nach dem Anknüpfungspunkt […]: Können wir mit unserer Predigt ansetzen bei den Menschen, was in ihnen ist, bei ihren unbewußten Fragen, Ahnungen, Wünschen, Sehnsüchten …'"[17]

Thurneysen und Barth reagieren aufgebracht:

> „‚Die kennen wir doch: alles korrumpiert von der Sünde', bellte Eduard laut dazwischen. ‚Ahnungen – wenn ich das schon höre', schimpfte nun auch Karl, ‚gar nichts ahnt der Mensch. Ahnungslos ist er, der Mensch! Darum muß es ihm gesagt werden! Von außen! Auf den Kopf zu! Wenn du so willst: senkrecht von oben!'"[18] Lukas entgegnet: „‚Ja, […] das scheint Paulus ganz anders gesehen zu haben. So griesgrämig hat er jedenfalls die Athener nicht abgekanzelt. Hätte er sich sonst ihre Stadt genauer angeschaut? Vor allem, hätte er sonst jenen Altar […] zum Anknüpfungspunkt seiner Rede gemacht, auf dem […] geschrieben stand: ‚Dem unbekannten Gott'? […] Wenn es nach euch ginge […], dürfte Paulus weder darauf achten und Bezug nehmen noch auf die Dichter, die die Menschen gerne lesen.' […] Beide schwiegen. Karl wechselte seine Pfeife, wortlos. Eduard goß die letzten Tropfen des guten Rotweins nach. […] ‚Dem unbekannten Gott', murmelte Eduard vor sich hin. Leider wissen wir nicht, wie der Abend in der Weinstube ausgegangen ist."[19]

In seiner programmatischen Anknüpfung an Friedrich Schleiermacher und Friedrich Niebergall ist Luther selbst eher als ein kritischer Parteigänger der Liberalen Theologie anzusehen. Man kann ihn wohl als einen spätmodernen Liberalen bezeichnen, der in einer gewissen Nähe zur Dialektischen Theologie durchaus auch um die Ambivalenzen der Gegenwart[20] wusste. Gegen Ende seines Lebens näherte er sich im Kontakt mit alteritätsbewussten Denkern wie Emmanuel Levinas der Dialektischen Theologie an und begann, deren Anliegen im Sinne einer spätmodernen Differenztheorie in die eigene liberal-theologische Herkunftstradition einzubringen. Ohne diese zu verraten, hat er sie somit von ihren eigenen Optionen her radikalisiert. Dass er dabei einem ähnlichen Diskurspfad folgt wie die römisch-katholische Konzilstheologie des 20. Jahrhunderts, in der *fides implicita* und *fides explicita* einander auf dem Weg einer kontextsensiblen Immanenzapologetik neu zugeordnet wurden, zeigt sich an mehreren herausragenden Stellen seines Werkes:

---

17 A. a. O., 138f.

18 A. a. O., 139.

19 Ebd.

20 Katholischerseits vgl. Christian Bauer: Zeichen der Zeit? Ortsbestimmungen des Zweiten Vatikanums, in: LS 63 (2012), 203–210 (bes. 208f.); evangelischerseits vgl. Korsch (Anm. 15), bes. 245–247.

> „In den bisherigen Gedanken zum Verhältnis von Identität und Fragment lassen sich […] *implizit* bereits theologische Motive wiedererkennen. Diese [von Luther zuvor thematisierte] theologische Kritik an einem auf Vollständigkeit und Dauer tendierenden Identitätskonzept […] *explizit* zu machen, heißt zugleich, sich von zwei Formen der theologischen Auseinandersetzung mit der Identitätsproblematik abzugrenzen, die beide der Identitätsfrage äußerlich bleiben und das Theologische von außen an sie herantragen. Es kann zum ersten nicht darum gehen, die Identitätsfrage als solche pauschal als unchristlich zu verwerfen. Glaube und Leben aus Glauben bedeuten nicht die Negation von Selbstverwirklichung. […] Es kann zum zweiten auch nicht darum gehen, den christlichen Glauben lediglich im Entstehungszusammenhang von […] Identität anzusiedeln. Bei diesem Ansatz erscheint der Glaube als Ermöglichungsgrund gelingender […] Identität. […] Demgegenüber möchte ich die Relevanz des christlichen Glaubens *immanent* in der Identitätsproblematik selber zum Austrag bringen, sie nicht an sie herantragen. […] Glauben hieße dann, als Fragment […] leben zu können."[21]

Luther setzt hier im Bereich *impliziter* menschlicher Theologalität an, um die Transzendenz Gottes *immanent* zum Thema zu machen. Dass er sich dabei als ein spätmoderner Zeitgenosse an den Bruchkanten der Moderne bewegt, ermöglicht katholischerseits heute eine gegenwartsnahe Immanenzapologetik – und damit auch eine „Rekontextualisierung"[22] vermeintlich ‚altliberaler'[23] Korrelationsdiskurse von Konzilstheologen wie Rahner, Chenu oder Edward Schillebeeckx. Diese hatten im Rahmen einer katholischen ‚Liberalen Theologie' versucht, Erfahrungssedimente vergangener Diskursarchive und gegenwärtiger Praxisfelder in positiver Anknüpfung miteinander zu korrelieren. Im Zuge seiner eigenen Rekontextualisierung der Liberalen Theologie kommt auch Luther selbst noch einmal auf die Dialektische Theologie zu sprechen – und stellt deren Dichotomisierungen von Gott und Mensch dabei einen ‚nichtdialektischen' Kontextbezug entgegen:

> „Innerhalb der neueren theologischen Tradition hat die sog. Dialektische Theologie das Bewußtsein der Grenze durch die Betonung der radikalen Andersheit Gottes geschärft. Mir scheint freilich, daß die Dialektik von (menschlichem) Eigenen und (göttlichem) Anderen zerrissen wurde zugunsten einer […] dichotomischen Gegenüberstellung zweier Bereiche. Für den Praktischen Theologen wird die Grenze […] nicht nur als äußerste, weltübersteigende Gotteserfahrung zum Thema. Vielmehr sieht er das Leben an der Grenze als latente Grundstruktur in unseren Alltagserfahrungen selbst. […] Ihn sollte […] das Existieren-Können *an* der Grenze interessieren […]. Seine Aufgabe ist also nicht, […] das Innen gegen Erfahrungen von draußen ‚wasserdicht' zu machen, sondern gerade für die undichten Stellen sensibel und emp-

---

21 Henning Luther: Religion und Alltag, 171f. (Hervorh. von C. B.).

22 Lieven Boeve: God interrupts history. Theology in a time of upheaval, New York u. a. 2007, 2f.; vgl. 30–49.

23 Vgl. exemplarisch James K. A. Smith: Introducing Radical Orthodoxy. Mapping a Post-secular Theology, Grand Rapids 2004.

fänglich zu machen. Ich möchte daher den Blick vor allem auf die Grenzerfahrungen der alltäglichen Lebenswelt richten."[24]

III. Inkarnatorische In-Grammatik

Es gibt in der Theologie grundsätzlich zwei Wege: Entweder denkt man die Gnade von der Natur oder die Natur von der Gnade her. Katholische Theologie tendiert generell eher zu erstem, evangelische Theologie hingegen zu zweitem[25]. Katholischerseits wird das Ganze des christlichen Gottesdiskurses dabei vor allem als Inkarnationstheologie *thomanisch* in den Begriffen von Schöpfung und Vollendung gefasst, evangelischerseits als Kreuzestheologie *augustinisch* in den Begriffen von Sünde und Erlösung. Das heißt nicht, dass katholische Theologie nicht auch vom Kreuz spricht, sondern dass sie es normalerweise eher von der Inkarnation her tut: Kreuzestheologie als tiefster Punkt einer Inkarnationsbewegung, in welcher die protologische Herkunft („Schöpfung") des Menschen in seine eschatologische Zukunft („Vollendung") umschlägt. Und es heißt auch nicht, dass evangelische Theologie nicht auch von der Inkarnation redet, sondern dass sie es normalerweise eher vom Kreuz her tut: Inkarnationstheologie als erster Beginn einer Kreuzesdynamik, in welcher sich die hamartiologische Wesensstruktur („Sünde") des Menschen in eine soteriologische Seinsdynamik („Erlösung") umwendet. Es ergibt sich folgende Übersicht:

Katholische Theologie:	Evangelische Theologie:
Natur	Gnade
Schöpfung – Vollendung	Sünde – Erlösung
Inkarnationstheologie	Kreuzestheologie

Das von diesen Differenzen eröffnete interkonfessionelle Spannungsfeld lässt sich anhand zweier bekannter Konzilstheologen idealtypisch personalisieren: M.-Dominique Chenu und Joseph Ratzinger. Beide repräsentieren einen binnenkatholischen Widerstreit von Inkarnations- und Kreuzestheologie, dessen polare Spannungseinheit beinahe das gesamte katholische 20. Jahrhundert durchzieht. Die Meinungsverschiedenheiten kulminierten auf dem Zweiten Vatikanum in der Debatte um die maßgeblich von Chenu inspirierte Pastoralkonstitution *„Gaudium et spes"* und damit entlang der Frage, von woher eine kirchliche „Be-

---

24 Henning Luther: Religion und Alltag, 47f.

25 Zur gnadentheologischen Linie von Paulus über Augustinus hin zu Martin Luther vgl. Christian Bauer: Macht und Gnade. Versuch einer Begriffsklärung angesichts von Ohnmacht und Gnadenlosigkeit heute, in: Rainer Bucher / Rainer Krockauer (Hg.): Macht und Gnade. Untersuchungen zu einem konstitutiven Spannungsfeld der Pastoral, Münster 2005, 45–60.

urteilung der modernen Welt"[26] erfolgen solle: „Ratzinger fürchtete, dass *Gaudium et spes* die Dynamik der Inkarnation zu stark betonte und darüber das Mysterium des Kreuzes vergaß."[27] In seiner *„Einführung in das Christentum"* ordnete er die beiden Grundlinien einer synoptisch-thomanisch geprägten, tendenziell eher weltfreudigen *theologia incarnationis*, die in der „katholischen Theologie"[28] traditionell eine wichtige Rolle spielte, und einer paulinisch-augustinisch orientierten, tendenziell eher weltskeptischen *theologia crucis*, die im „reformatorischen Denken entscheidend zum Durchbruch"[29] kam, einander auf konstitutive Weise zu:

> „In den beiden grundlegenden Strukturformen von Inkarnations- und Kreuzestheologie sind Polaritäten aufgerissen, die man nicht in eine [...] Synthese hinein übersteigen kann, ohne das Entscheidende von beiden zu verlieren; sie müssen als Polaritäten gegenwärtig bleiben, die [...] nur in ihrem Zueinander auf das Ganze verweisen."[30]

Henning Luther ist in spiegelverkehrter Komplementarität zum ‚evangelischen' Augustiniker Joseph Ratzinger in diesem Sinne als ein ‚katholischer' Thomaner interpretierbar – bis hin zu seinem grundlegenden Respekt vor der Autonomie säkularer Humanwissenschaften in der Theologie[31], der aus katholischer Perspektive betrachtet in einem klassisch-thomanischen Grundaxiom wurzelt: *Gratia non tollit, sed perficit naturam.* Derselbe integrale Zusammenhang von Natur und Gnade, der nicht in einer Aufhebung der ersten, sondern in ihrer Vollendung durch die zweite konvergiert, prägte auch die inkarnatorische Tiefenstruktur der *nouvelle théologie*[32] vor dem Zweiten Vatikanum – allen voran den jungen Henri de Lubac, der mit seinen Überlegungen zum *désir naturel du surnaturel*[33] das überkommene schultheologische Natur-Gnade-Schema diskurseröffnend aufsprengte. Chenu zentrierte in diesem Zusammenhang die gnadengestützte Rückkehr der gesamten Schöpfung zu ihrem Ausgangspunkt im christologischen Scheitelpunkt der Erlösung[34]. Diese „Verknüpfung von Schöpfung und Erlösung in einer einzigen Geschichte"[35] ermöglichte es der katholischen Kirche, sich ganz neu auf die Welt einzulassen:

---

26 Joseph Komonchak: Dealing with diversity and disagreement. Vatican II and beyond, in: www.nplc.org/commonground/lecture/komonchak2003.htm (Abruf: 15.05.2006), 5.

27 Lieven Boeve: *Gaudium et spes* and the crisis of modernity. The End of the Dialogue with the World?, in: Mathijs Lamberigts / Leo Kenis (Hg.): Vatican II and Its Legacy, Löwen 2002, 83–94 (93).

28 Joseph Ratzinger: Einführung in das Christentum, Augsburg 2005, 215.

29 Ebd.

30 A. a. O., 216.

31 Anders z. B. John Milbank: Theology and Social Theory. Beyond secular reason, Oxford 1990.

32 Vgl. Michael Rieger: Inkarnation. Christliches Heilsverständnis im Kontext französischsprachiger Theologie der Menschwerdung, Frankfurt a. M. 1993.

33 Henri de Lubac: Surnaturel. Études historiques, Paris 1991, 431–438.

34 M.-Dominique Chenu: Le plan de la Somme théologique de saint Thomas, in: Revue Thomiste 45 (1939), 93–107.

35 M.-Dominique Chenu: Peuple de Dieu dans le monde, Paris 1966, 31.

> „Es geht […] um eine Theologie der Inkarnation und der daraus folgenden Aufnahme der irdischen Wirklichkeiten in den Himmel. […] Man sollte […] seine Aufmerksamkeit auf eine Lektüre der Geschichte als solcher richten. Und zwar um den in bestimmten Ereignissen liegenden symbolischen Wert zu erkennen, insofern diese Konvergenzpunkte gemeinsamer Hoffnungen darstellen. Wenn man den evangelischen Sinn dieser Ereignisse liest, bedeutet das keine Abstraktion von ihrer irdischen Wirklichkeit. Es heißt vielmehr, sie in sich selbst zu lesen […].“[36]

In dieser theologischen Hochschätzung der menschlichen Geschichte wird Gottes Gnade strikt übernatürlich gedacht – und zwar in Aussagen, an der „auch Karl Barth seine Freude“[37] gehabt hätte: „Weder die Natur noch die Geschichte haben die Kapazität, das Geheimnis Gottes aus sich heraus zu offenbaren – sein Wort kommt von ganz oben […].“[38] Natur und Geschichte sind Chenu zufolge zwar nicht die „Quelle des Heils“[39], das allein der Transzendenz Gottes entspringt – aber eben doch ihr immanenter Ort. Schließlich ist die Gnade zwar kein menschliches Tun, aber sie mindert es auch nicht, sondern vollendet es vielmehr in dem Maße, in dem die Welt theologisch „an Konsistenz gewinnt“[40]: „Es scheint, als ob die Autonomie der irdischen Wirklichkeiten in gewisser Weise die Transzendenz […] der Gnade Gottes garantiert.“[41] Hier wird eine inkarnatorische Denkform sichtbar, die auch die Strukturgrammatik der drei wichtigsten konzilstheologischen Sammelbände Chenus prägt: Glaube *in der* Vernunft[42], Evangelium *in der* Zeit[43], Volk Gottes *in der* Welt[44]. Diese integrale In-Grammatik überschreitet sowohl die konfrontative Gegen-Grammatik der vorkonziliaren Schultheologie als auch die additive Und-Grammatik einer Konzilstheologie, die noch nicht tief genug „au profondeur du mystère“[45] vordringt:

> „Die Kirche befindet sich *in* der Welt (der Titel [der Pastoralkonstitution] lautet nicht: Kirche *und* Welt) […]. Und zwar nicht aufgrund des simplen Nebeneinanders zweier einander im Grunde fremder Gesellschaften, sondern […] durch eine wechselseitige Durchdringung […]. Das Geheimnis der Inkarnation selbst […] bestimmt das *Sein* dieser Kirche.“[46]

Chenus theologische In-Grammatik situiert die Transzendenz inkarnatorisch

---

36 M.-Dominique Chenu: La ‘doctrine sociale’ de l’Église comme idéologie, Paris 1979, 93; 96.

37 Yves Congar: Le Père M.-D. Chenu, in: Robert Vander Gucht / Herbert Vorgrimler: Bilan de la théologie du XX*e* siècle (Bd. 2), Tournai / Paris 1970, 772–790 (780).

38 Chenu 1966 (Anm. 35), 26.

39 Ebd.

40 A. a. O., 49.

41 Ebd.

42 M.-Dominique Chenu: La foi d a n s l’intelligence. La Parole de Dieu I, Paris 1964.

43 M.-Dominique Chenu: L’Évangile d a n s les temps. La Parole de Dieu II, Paris 1964.

44 Chenu 1966 (Anm. 35).

45 A. a. O., 19.

46 A. a. O., 15.

innerhalb der Immanenz: Gnade inkarniert sich in der Natur. Heil inkarniert sich in der Geschichte. Erlösung inkarniert sich in der Schöpfung. Eine ähnliche Grundstruktur charakterisiert auch die *nichtdialektische* Offenbarungstheologie Karl Rahners:

> „Denn unsere Religionsphilosophie [...] zeigt einerseits eine positive Empfänglichkeit des Menschen für Offenbarung, sodaß diese nicht einfach der negative dialektische Gegenschlag wird [...], und anderseits hat sich doch diese Empfänglichkeit nicht als eine solche gezeigt, der gegenüber die Offenbarung nur ein anderes Wort würde für eine immanent geforderte Erfüllung dieser religiösen Empfänglichkeit [...]. Gott kann so einerseits wirklich noch reden, anderseits kann der Mensch dieses von ihm aus nicht berechenbare Wort Gottes so hören, daß es wirklich vernommen ist. [...] [Dann braucht einerseits, C. B.] Offenbarung [...] nicht bloße Krisis des Menschlichen [...] zu sein, das eigentlich nie ‚Fleisch' werden kann, sondern immer nur Stachel des Fleisches bleibt, und doch kann anderseits und muß der Mensch die freie Offenbarung Gottes als unerwartete, ungeschuldete Gnade [...] nicht zwar als Widernatur, wohl aber als Übernatur annehmen."[47]

Signifikanterweise trug Rahners erste Dissertation denn auch den Titel *„Geist in Welt"*: Theologie als Anthropologie[48], Gottesliebe als Nächstenliebe[49], immanente Trinität als ökonomische Trinität[50], Erlösungswirklichkeit als Schöpfungswirklichkeit[51], Heilsgeschichte als Weltgeschichte[52] – um nur einige weitere Themen aus dem Umfeld des Konzils zu nennen. Von hier aus ist es nun nicht mehr weit bis zur ‚quasikatholischen' subjekttheologischen In-Grammatik Luthers: „Gibt es nicht auch das Außeralltägliche *im* Alltäglichen, das Ungewöhnliche *im* Gewöhnlichen, das Unvorhergesehene *im* Vorhersehbaren, das Ungeregelte *im* Geregelten?"[53] Auf der Linie dieser – allerdings nicht explizit inkarnationstheologisch gefassten – Fragen betonte er zum Beispiel auch die „Aufgabe der Religionspädagogik"[54], die „religiöse Dimension *im* Bildungsprozeß selber zu erschließen"[55]. Ähnlich forderte Luther für das Feld der Diakonie, dass Glaubenshilfe in Bezug auf Lebenshilfe „nicht *gegen* sie, sondern nur

---

[47] Karl Rahner: Hörer des Wortes. Zur Grundlegung einer Religionsphilosophie, München 1941, 224f.

[48] Karl Rahner: Theologie und Anthropologie, in: Ders.: Schriften zur Theologie VIII, Einsiedeln 1967, 43–65.

[49] Karl Rahner: Über die Einheit von Nächsten- und Gottesliebe, in: Ders.: Schriften zur Theologie VI, Einsiedeln 1965, 277–298.

[50] Karl Rahner: Bemerkungen zum dogmatischen Traktat ‚De Trinitate', in: Ders.: Schriften zur Theologie IV, Einsiedeln ²1961, 103–133 (bes. 115ff.).

[51] Karl Rahner: Erlösungswirklichkeit in der Schöpfungswirklichkeit, in: Ders.: Sendung und Gnade, Innsbruck 1959, 51–88.

[52] Karl Rahner: Weltgeschichte und Heilsgeschichte, in: Ders: Schriften zur Theologie V, Einsiedeln 1962, 115–135.

[53] Henning Luther: Religion und Alltag, 242.

[54] A. a. O., 178.

[55] Ebd.

in ihr zur Entfaltung kommt"[56]. Die entsprechende „Widerfahrnis von Grenzsituationen"[57] weist über gängige pastorale Kontingenzbewältigung hinaus:

> „Die religiöse Dimension von Praxis kommt in diesen Grenzsituationen [...] nicht erst dadurch zustande, daß vermittels kirchlicher Maßnahmen bestimmte religiöse Inhalte und Formen in diese Situationen eingegeben werden [...], sondern *in* den Grenzsituationen erschließt sich den Subjekten die religiöse Dimension, insofern diese *als* Grenzerfahrungen wahrgenommen werden."[58]

Es ergibt sich eine ganz eigene ‚dialektische' Theologie jenseits dichotomischer Trennungen von Immanenz und Transzendenz:

> „Wer nicht glaubt, daß das, was ist, alles ist, kann dabei an eine andere Welt denken, die neben, jenseits, hinter, über dieser Welt ist. [...] Demgegenüber gibt es eine andere Weise, die eindimensionale Beziehung zur Welt zu überwinden, ohne in dichotomische Trennungen zu verfallen. Hierbei wird dann die Welt selber nicht mehr eindimensional, widerspruchsfrei gesehen, sondern *in ihr selber* erweist sich, daß das, was ist, nicht alles ist. [...] Dieser Weg ist nicht dichotomisch, sondern dialektisch. Er sieht keine andere als diese unsere Welt und beschränkt sich doch nicht [...] auf das, was der Fall ist, sondern spürt *in ihr* das auf, was *über sie* hinausweist."[59]

Eine solche transzendenzoffene Immanenztheologie denkt das ganz Andere nicht „‚senkrecht von oben', sondern konkret *im* Anderen"[60]:

> „Innerhalb der neueren theologischen Tradition hat die sog. Dialektische Theologie das Bewußtsein der Grenze durch die Betonung der radikalen Andersheit Gottes geschärft. Mir scheint freilich, daß die Dialektik von (menschlichem) Eigenen und (göttlichem) Anderen zerrissen wurde zugunsten einer [...] dichotomischen Gegenüberstellung zweier Bereiche. Für den Praktischen Theologen wird die Grenze aber [...] nicht nur als äußerste, weltübersteigende Gotteserfahrung zum Thema. Vielmehr sieht er das Leben an der Grenze als latente Grundstruktur in unseren Alltagserfahrungen selbst. Die Erfahrung der Grenze ist [...] nur eine *mögliche* [...]. Das Jenseits *im* Diesseits, das Fremde *im* Vertrauten, der Einbruch von draußen, vom Anderen, oder der Ausbruch ins Draußen, ins Andere – Erfahrungen dieser Art können [...] mit Erfolg ausgegrenzt bleiben [...]."[61]

---

56 A. a. O., 226.

57 Henning Luther: Religion, Subjekt, Erziehung, 290.

58 Ebd. (Hervorh. von C. B.).

59 Henning Luther: Religion und Alltag, 28f. (Hervorh. von C. B.).

60 A. a. O., 81.

61 A. a. O., 47f.

IV. Mehrdeutiger Alltagsbezug

Der Alltag steht am Anfang aller Theologie. Denn er bildet jenes zumeist unbefragte Kontinuum menschlicher Erfahrung, dessen Routinen das ‚übernatürliche' Offenbarwerden Gottes *im Alltag* – und nicht: oberhalb oder außerhalb von ihm – orientierend unterbricht. Hier nun schließt sich der Kreis. Denn eine entsprechende „Alltagswende"[62] der Theologie ist die unmittelbare Konsequenz ihrer subjekttheoretischen Grundausrichtung: „Die Zuwendung zu den Subjekten bedeutet zuerst, daß Praktische Theologie sich an den Ort der Subjekte begibt, d. h. also in den *Alltag*."[63] Katholischer ‚Altmeister' einer solchen subjektbezogenen Theologie des Alltags war wiederum Karl Rahner:

> „Rahner war der Meinung [...], dass der bevorzugte Ort der Entdeckung des Geheimnisses schlechthin [...] der Alltag eines jeden Menschen ist. [...] Er [...] machte ihn zum Ausgangspunkt aller Betrachtungen über Gott. [...] Er befragt Theologie auf ihre Alltäglichkeit und den Alltag auf seine theologische Qualität. [...] Karl Rahner, der ein großer Theologe war, hatte ein außerordentliches Gespür für das gewöhnliche Leben."[64]

Der Alltag war für ihn ein Ort der verborgenen Präsenz Gottes:

> „Die schlichte [...] Alltäglichkeit birgt selber [...] das schweigende Geheimnis, das wir Gott [...] nennen [...]. Der Mensch ist [...] das Wesen, das [...] die verborgenen Tiefen der Wirklichkeit entriegelt. [...] Wer als Mensch die kleine Zeit an das Herz der Ewigkeit nimmt, die er selbst in sich trägt, der merkt [...], daß auch die kleinen Dinge unsagbare Tiefen haben."[65]

Der Mensch ist Rahner zufolge daher ein geheimnisnaher Strandbewohner:

> „Es waltet in jedem Leben ein Unsagbares: das Geheimnis. [...] Man müßte [...] von [...] der Sehnsucht [...] sprechen [...]. So könnte man noch lange fortfahren, und man müßte noch viel konkreter werden [...] in jener einfachen Dichte letzter und doch überall im Alltag gegebener Erfahrung, in dem der Mensch immer, mit den Sandkörnern des Strandes beschäftigt, am Rand des unendlichen Meeres des Geheimnisses wohnt."[66]

Luther steht dieser alltagsverwurzelten Geheimnistheologie Rahners sehr nahe und präzisiert sie zugleich – indem er sich zum Beispiel sowohl gegen eine dia-

---

62 A. a. O., 185.

63 A. a. O., 18.

64 Elmar Klinger: Das absolute Geheimnis im Alltag entdecken. Zur spirituellen Theologie Karl Rahners, Würzburg 1994, 10f.; 20f.; 44.

65 Karl Rahner: Alltägliche Dinge, Zürich / Köln [8]1969, 8f.

66 Karl Rahner: Gotteserfahrung heute, in: Ders.: Schriften zur Theologie IX, Einsiedeln / Zürich / Köln 1970, 161–176 (167; 169; 170).

lektisch-theologische Trennung von „Religion und Alltag"[67] wendet als auch gegen eine liberal-theologische Nivellierung ihrer Differenz:

> „Ich denke, in beiden Modellen [...] wird jeweils ein Aspekt zu Lasten des anderen isoliert und vereinseitigt. Im Trennungsmodell wird zwar die Andersartigkeit dessen, worum es Religion geht, bewahrt, aber um den Preis ihrer Exterritorialisierung in ein Jenseits [...]. Im Integrationsmodell werden zwar Religion und Alltag zusammengebracht, aber um den Preis [...] der Stillegung der Beunruhigung durch das Ganz Andere. Beiden gemeinsam ist ein [...] eindeutig gemachter Alltag. Wird jedoch der Alltag als konstitutiv mehrdeutiger gefaßt, so wird eine Verhältnisbestimmung [...] denkbar, die die starken Anteile beider Modelle [...] miteinander verbindet."[68]

Auch hier wird eine theologische In-Grammatik sichtbar, die das Verhältnis von Immanenz und Transzendenz zunächst einmal grundsätzlich integrativ bestimmt – und dann erst im Modus differenzbezogener Ambivalenzen:

> „Die religiöse Dimension schiene dann *im* Alltag auf, ohne daß damit der Alltag insgesamt [...] religiös überhöht würde. Vielmehr wäre religiös jene Erfahrung, in der die Selbstverständlichkeit des Alltags als fraglich erlebt und die Ahnung der Möglichkeit des Ganz Anderen wach wird. Diese Erfahrung der Differenz zum Alltag [...] bricht aber – und dies macht den Unterschied zum Trennungsmodell aus – im Alltag selber auf [...]. Voraussetzung solcher Erfahrung ist allerdings, daß der Alltag in seiner Mehrdeutigkeit erfahren wird."[69]

Praktische Theologie interessiert sich für konkrete Orte dieser im Alltag selbst wahrnehmbaren Mehrdeutigkeit:

> „Derart kann der Alltag zum Abenteuer werden. Das Ferment eines lebendigen Alltags ist also *in ihm* enthalten, genauer an den Schnittstellen, Verknüpfungen, Übergängen und Brüchen [...]. [...] Religiös relevant werden damit vor allem [...] Schwellen, Passagen zwischen den unterschiedlichen Lebensbereichen und lebensgeschichtlichen Phasen des einzelnen. [...] Dann ginge es [...] um die Wahrnehmung jener den Alltag durchziehenden und unterbrechenden Erfahrungen von [...] Krisen und Verunsicherungen. – Also nicht die Eindeutigkeit eines geregelten Alltags, sondern der mehrdeutig werdende Alltag wäre das Thema der Praktischen Theologie."[70]

Dabei geht es Luther zufolge weniger um „stabilisierende Kontingenzverarbeitung"[71] als um eine „Freisetzung transzendierender Motive"[72]:

> „Transzendenz meint nicht den abgeschlossenen Bereich des Jenseits, sondern die Überschreitung über die Grenzen des Vertrauten hinaus. Der Richtungssinn von

---

[67] Henning Luther: Religion und Alltag, 244.
[68] A. a. O., 246.
[69] Ebd.
[70] A. a. O., 242; 247f. (Hervorh. von C. B.).
[71] A. a. O., 58.
[72] Ebd.

Transzendenz ändert sich also: vom gewohnten Lebensraum ausgehend, wird dessen Grenze überstiegen und der Horizont erweitert."[73]

Eine spätmodern rekontextualisierte katholische Immanenzapologetik kann mit Luther an einem Alltagsbegriff ansetzen, wie ihn Alfred Schütz im Ausgang von Edmund Husserl entwickelt hat. Diesen durch Luthers frühen Tod gerissenen Diskursfaden gilt es, heute wieder aufzunehmen und theologisch weiterzuknüpfen. Zum Beispiel anhand von Schütz' soziologisch-phänomenologischer Konzeption der Lebenswelt, derzufolge diese *von sich selbst her* auf einen sie übersteigenden Horizont hintendiert:

> „Das [...] Fraglose ist umgeben von Unbestimmtem. Man erlebt das Fraglose als einen Kern der [...] Bestimmtheit, dem ein unbestimmter [...] Horizont mitgegeben ist. [...] [D]as Fraglose hat demnach seine [...] Horizonte der bestimmbaren Unbestimmtheit."[74]

Horizonte der bestimmbaren Unbestimmtheit – bei einer solchen Formel wird man als Theologe hellhörig. In ganz ähnlichen Formeln wird theologisch von Gott geredet. Thomas von Aquin zufolge ist dieser die höchste überhaupt nur denkbare bestimmte Unbestimmtheit: „Es ist die äußerste Möglichkeit der menschlichen Erkenntnis Gottes, daß der Mensch weiß, daß er von Gott nichts weiß, insofern er erkennt, daß das, was Gott ist, alles überschreitet, was wir von ihm erkennen können."[75] Nun kann es nicht darum gehen, Schütz in einem theologischen Taschenspielertrick entsprechende Aussageabsichten zu unterstellen. Dennoch inspiriert seine Nähe zum christlichen Gottesbegriff. Zumal der Horizont bei Rahner[76] und anderen eine wichtige Metapher darstellt: Gott ist der unendliche Horizont unseres Alltags. Er entzieht sich in dem Maße, in dem man sich ihm nähert. Und doch ist er überall präsent. Ein solcher letzter Horizont, so ließe sich Luther heute fortführen, begrenzt auch die Ränder meiner Lebenswelt. Gerät sie in die Krise, bin ich zu einer „Neuauslegung"[77] meines Erfahrungswissens auf diesen Horizont hin herausgefordert:

> „Unsere Frage ist [...], wie diese routinemäßige Abfolge unproblematischer Erfahrungen [, die meine alltägliche Lebenswelt ausmachen, C. B.] unterbrochen wird und [...] sich gegen einen Hintergrund von Selbstverständlichem ein Problem abhebt. [...] Die lebensweltliche Wirklichkeit fordert mich [...] zur Neuauslegung meiner Erfahrung auf [...]. [...] Das heißt aber, daß [...] die in meinem Erfahrungsvorrat sedimentierten Auslegungen [...] nun nicht mehr als ausreichend angesehen werden können und ich die Horizontauslegung wieder aufnehmen muß."[78]

---

73 Ebd.

74 Alfred Schütz / Thomas Luckmann: Strukturen der Lebenswelt, Konstanz 2003, 36.

75 Thomas von Aquin: De potentia, q. 7 a. 5 ad 2/ad 14.

76 Vgl. Klinger (Anm. 64).

77 Schütz / Luckmann (Anm. 74), 39.

78 A. a. O., 37; 38f.

Hier wird genau jene Differenz existenziell bedeutsam, die Luther ins Zentrum seiner Marburger Antrittsvorlesung gestellt hatte und die auch die Lebensader jeder gegenwartsfähigen katholischen Pastoraltheologie ist:

> „Schmerz und Sehnsucht durchziehen wie unterirdisches Geäder den Alltag [...]. Wo die Dichte eines opaken Alltags porös wird, an den Bruchstellen [...], ist es am wahrscheinlichsten, daß sie freiliegen. [...] Wenn [...] Schmerz und Sehnsucht [...] zum Vorschein kommen, ist dies der Ort, an dem Theologie sich zur Sprache bringen, also praktisch werden kann. Eine Theologie [...], die den Menschen in seinem Schmerz und in seiner Sehnsucht verloren hat, hat auch das, was sie für ihr eigentliches Thema halten mag, Gott verloren.“[79]

[79] Henning Luther: Religion und Alltag, 249; 252.

Praktische Theologie als Sprachlehre für Schmerz und Sehnsucht

Eine „literarische“ Lektüre Henning Luthers

Ruth Conrad

> Es ist, als wäre in uns eine Vorzeichnung angelegt, die bedeutend mehr umfaßt als das, was wir in den ablaufenden Tagen unseres Lebens davon erfüllen, und nur in seltenen Momenten nehmen wir vielleicht einen größeren Raum dieser Skizze ein, zumeist jedoch beschränken wir uns auf einen kleinen Winkel, in dem unser Leben abschnurrt. Es ist die vornehmste Aufgabe der Literatur, kraft präziser Wörter und einer hochmögenden Plastizität des Denkens an das Ganze der Vorzeichnung zu rühren.
> (Sibylle Lewitscharoff)[1]

> Fragmente – seien es die Ruinen der Vergangenheit, seien es die Fragmente aus Zukunft – weisen über sich hinaus. Sie leben und wirken in Spannung zu jener Ganzheit, die sie nicht sind und nicht darstellen, auf die hin aber der Betrachter sie zu ergänzen trachtet. Fragmente lassen Ganzheit suchen, die sie selber aber nicht bieten und finden lassen. [...] Das eigentümlich Christliche scheint mir nun darin zu liegen, davor zu bewahren, die prinzipielle Fragmentarität von Ich-Identität zu leugnen oder zu verdrängen. Glauben hieße dann, als Fragment zu leben und leben zu können. (Henning Luther)[2]

Unter der Voraussetzung einer grundsätzlichen Affinität und wechselseitigen Auslegungsfähigkeit von Literatur und Theologie ist das Dialogfeld zwischen beiden oft, mit wechselnder Terminologie sowie in disparater Motivierung und Intention abgeschritten worden[3]: Sei es, um religiös-christliche Spuren im Werk

---

1 Sibylle Lewitscharoff: Vom Guten, Wahren und Schönen. Frankfurter und Zürcher Poetikvorlesungen, Berlin 2012, 34.

2 Henning Luther: Religion und Alltag, 167; 172.

3 Die verschiedenen Positionen zur Verhältnisbestimmung von Theologie und Literatur finden sich u. a. dargestellt bei Maike Schult: Im Grenzgebiet. Theologische Erkundung der Literatur, in: Dies. / Philipp David (Hg.): Wortwelten. Theologische Erkundung der Literatur, Berlin 2011, 1–30 (mit zahlreichen Literaturhinweisen); Jörg Seip: Einander die Wahrheit hinüberreichen. Kriteriologische Verhältnisbestimmung von Literatur und Verkündigung, Würzburg 2002 sowie bei Franziska Loretan-Saladin: Dass die Sprache stimmt. Eine homiletische Rezeption der dichtungstheoretischen Reflexionen von Hilde Domin, Fribourg 2008, 22–74.

eines Autors oder einer Autorengeneration freizulegen – manche sprechen im Hinblick auf die Gegenwartsliteratur gar von einem „religious turn"[4] – oder um die Religiosität des Autors selbst zu konturieren; sei es, um die Rezeption christlicher Motive und biblischer Traditionsstücke in der Literatur nachzuzeichnen[5] oder um die Literarisierung theologischer Denkfiguren in Blick zu nehmen. Meist ist dabei der literarische Text Gegenstand der Untersuchung und Religion das zu Evaluierende. Im Folgenden wird der umgekehrte Weg eingeschlagen: Nicht soll ein literarisches Werk in theologischer Absicht gelesen werden, sondern ein theologisches Werk in ‚literarischem' Interesse. Es soll also nicht gefragt werden, welche religiös-theologische Valenzen sich auf den unterschiedlichen Untersuchungsebenen (Erzählstrategie, Metaphorisierung etc.) in einem literarischen Text finden lassen, sondern ob und wie sich ein praktisch-theologisches Werk mittels literarischer Kategorien lesen lässt und wenn ja, mit welchem Erkenntnisgewinn für die Fortschreibung dieses Ansatzes[6]. Dazu soll in einem ersten Schritt der gemeinsame Gegenstandsbereich des theologischen Entwurfs von Henning Luther und seiner Bezüge auf die Literatur, wie sie sich in der Argumentation darstellen, rekonstruiert werden. Im Anschluss daran erfolgt im Spiegel der für eine literarische Interpretation weiterführenden Fragen nach Autor, Form und Sprache eine dreifache Entfaltung dieser Grundlegung. Diese dreifache Perspektive soll im Spiegel der drei Gattungen (Auto-)Biographie, Prosa und Poesie und deren Behandlung im Werk Luthers konturiert werden. Abschließend sollen Impulse einer solchen literarischen Lektüre Luthers für ein mögliches Selbstverständnis der Praktischen Theologie im Kontext gegenwärtiger Fragestellungen herausgearbeitet werden.

---

4 Aus der Fülle der Literatur sei hier exemplarisch verwiesen auf Georg Langenhorst: „Ich gönne mir das Wort Gott". Gott und Religion in der Literatur des 21. Jahrhunderts, Freiburg / Basel / Wien 2009; Albrecht Grözinger / Andreas Mauz / Adrian Portmann (Hg.): Religion und Gegenwartsliteratur. Spielarten einer Liaison, Würzburg 2009; Erich Garhammer: Zweifel im Dienst der Hoffnung. Poesie und Theologie, Würzburg 2011.

5 Siehe z. B. Heinrich Schmidinger (Hg.): Die Bibel in der deutschsprachigen Literatur des 20. Jahrhunderts. Bd. 1: Formen und Motive, Mainz 1999. Zur Problematisierung eines solchen methodischen Vorgehens in literaturwissenschaftlicher Perspektive siehe jetzt den Band Andrea Polaschegg / Daniel Weidner (Hg.): Das Buch in den Büchern. Wechselwirkungen von Bibel und Literatur, München 2012.

6 Innerhalb der Literaturwissenschaften gilt ein pauschaler Begriff von „Literatur" mittlerweile als problematisch und differenzierungsbedürftig. Dies kann jedoch im Rahmen dieses Aufsatzes nicht näher ausgeführt werden, sei jedoch als methodisches Grenzbewusstsein bezüglich der im Folgenden vorgetragenen Überlegungen erwähnt.

I. Die Voraussetzung Am Anfang war der Schmerz oder: Die Erfahrung von Differenz als Impuls und Gegenstand von Literatur und Theologie

Einer der bleibenden Impulse, die Luther der Praktischen Theologie gegeben hat, besteht bekanntlich in der konsequenten methodischen wie inhaltlichen Orientierung am einzelnen religiösen Subjekt, und zwar in der doppelten Ausrichtung als „Individualisierung *der* Religion“ und als „Individualisierung *durch* Religion“[7]. Der Ausgangspunkt der Argumentation liegt in der Einsicht, dass dem neuzeitlichen Individuum sein Da-Sein in der Welt grundsätzlich fraglich und fragil wird. Es erlebt sich als nicht länger mit der Gesellschaft identisch. Nicht-Identität, individuelle Distanz zur Welt ist demnach das Signum neuzeitlicher Subjektivität. Wo aber das Verhältnis zur Welt fraglich und fragil wird, findet eine Bewegung im religiösen Feld statt, denn „[r]eligiöse Fragen beziehen sich nicht auf etwas in der Welt, sondern auf die Welt selbst. In ihnen ist nicht einzelnes in der Welt fraglich, sondern die Welt selber und das In-der-Welt-Sein sind hier fraglich“[8]. Während nichtreligiöse Fragen die fraglose Selbstverständlichkeit der Welt (und der je eigenen Lebenswelt) voraussetzen, gehen religiöse Fragen „auf Distanz zur Welt insgesamt. Sie artikulieren Differenz zur Welt, um einen (neuen) Bezug zur Welt zu gewinnen“[9]. Zugespitzt: „Religion ist Ausdruck dafür, daß wir uns in dieser Welt nicht zu Hause fühlen“[10]. Dem neuzeitlichen Subjekt wird Religion als die die ganze Existenz und Selbstdeutung betreffende Perspektive in die Personenkonstruktion einverwoben. Sie wird zum „‚Anwalt‘ dieses versehrbaren Geheimnisses von Individualität“[11].

Sowohl die neuzeitliche Theologie als auch die Literatur vom bürgerlichen Zeitalter an, in welchem die Subjektivitätsfrage erstmalig Darstellung findet, haben ihren Ursprungsimpuls in dieser Erfahrung der Differenz von Ich und Welt. Für die moderne Literatur ist diese Differenzerfahrung, zentriert auf den Konflikt zwischen Individuum und Gesellschaft und dem daraus resultierenden Prozess der Individuierung, das „geheime Leitmotiv“. In der „moderne[n] Literatur ist nicht mehr die Gesellschaft in ihren Repräsentanten der Held, sondern in ihr sind Einzelne die Protagonisten. Aus dem Epos wird daher der Roman, aus dem Kult- und Mysterienspiel das Drama, aus dem Herrschergesang die Lyrik, die Gattung, in der die Subjektivität reinsten Ausdruck findet“[12]. Da die Reflexion dieser Differenzerfahrung von Luther als genuin religiöses Phänomen ge-

[7] Henning Luther: Religion und Alltag, 12 (Hervorh. im Orig.).
[8] A. a. O., 25.
[9] Ebd.
[10] A. a. O., 82.
[11] A. a. O., 18.
[12] A. a. O., 93.

dacht wird, wird Literatur also nicht erst dort religiös, wo explizit von Gott die Rede ist, sondern vielmehr gerade in der „spezifischen Konstellation, *wie* Ich und Welt in Beziehung zueinander gesetzt werden“[13]. Die religiöse Dimension von Literatur zeigt sich als implizites Strukturmoment, das den beschriebenen Gegenstand zur Anschauung bringt.

Für die Beschreibung dieser Differenzerfahrung setzt Luther zwei Begriffe: erstens den des ‚Schmerzes‘ als „das Abarbeiten am Widerspruch zwischen Ich und Welt“[14]. Deshalb kann gesagt werden, „daß am Anfang aller bürgerlichen Literatur der Schmerz steht“[15]. Zugleich ist diese Differenzerfahrung aber der Zielpunkt aller biographischen Selbstreflexion wie auch deren literarischen Sprachwerdung. „Am Ende einer (implizit) religiös angelegten Autobiographie steht also nicht eine (fiktiv hergestellte) Identität, nicht die Aufhebung der Differenz, sondern die erkannte und angenommene Differenz“[16]. Weil aber dieser Schmerz sich literarisch, also sprachlich artikuliert, ist er immer schon auf „Hoffnung“ angelegt, denn Sprache ist Hoffnung. „Leiden wird erst da hoffnungslos, wo es auch sprachlos wird“[17]. ‚Sehnsucht‘ ist die zweite Dimension dieser Differenzerfahrung. Für diese Spannung des menschlichen Lebens zwischen Schmerz und Sehnsucht hat Luther bekanntlich den der Ästhetik entlehnten Begriff des ‚Fragmentes‘ gesetzt und damit theologische Fragen dauerhaft mit einer (literatur-)ästhetischen Perspektive verbunden. Das Fragment ist geprägt von Vergangenem (Schmerz), offen auf Zukünftiges (Sehnsucht) und wird vorstellig im Gegenwärtigen[18].

Theologie und Literatur begeben sich also beide auf die Grenze zwischen „Verklärung des Bestehenden“[19] einerseits, wie es der vorbürgerlichen Literatur mit der ihr zumindest partiell eigenen Inszenierung bestehender Herrschaftsverhältnisse ebenso eigen ist wie einer vorneuzeitlichen Theologie, und andererseits „dem sprachlosen Schweigen“[20] angesichts der Erschütterungen, welches das neuzeitliche Subjekt im Gegenüber und in Differenz zur Gesellschaft durchleidet. Literatur und Theologie sind in der Lesart Luthers also darin verbunden, dass sie in den Zufälligkeiten und Brüchen des Lebens die Erinnerung an diese Differenz und darin zugleich die Erinnerung an das Ganze des Lebens wachhalten, ohne

13 A. a. O., 121 (Hervorh. im Orig.).

14 A. a. O., 114.

15 A. a. O., 94.

16 A. a. O., 149.

17 A. a. O., 95. Vgl. auch a. a. O., 36. Zur konstitutiven Vermitteltheit des Subjektes durch Sprache siehe auch a. a. O., 65–67. Zur Relevanz der Sprache bei Luther siehe ferner Ulrike Wagner-Rau: Praktische Theologie als „Schwellenkunde“. Fortschreibung einer Anregung von Henning Luther, in: Eberhard Hauschildt / Ulrich Schwab (Hg.): Praktische Theologie für das 21. Jahrhundert, Stuttgart 2002, 177–191 (182).

18 Vgl. Henning Luther: Religion und Alltag, 168f.

19 A. a. O., 95.

20 Ebd.

freilich diese Ganzheit einzufordern oder gar selbst einlösen zu können oder zu wollen. Die Sprachwerdung von Schmerz und Sehnsucht sind literarische und theologische Präsentationen einer geahnten und geglaubten Ganzheit. Literatur und Theologie stellen sich als sprachliche Suchbewegungen vor. Sie üben sich ein in eine Hermeneutik des Fragens, machen Probleme ansichtig, öffnen Fragehorizonte und Sinndeutungsräume und spielen dem, der sich auf die Suchbewegung einlässt, ungeahnte Möglichkeiten zu. Es ist also das Wesen der Religion als einem Wahrnehmen von und Nachdenken über die Brüchigkeit des je individuellen Lebens, welche Literatur und Theologie miteinander verbindet. Luthers Religionsbegriff ist es, welches die literarische Lektüre seiner Texte nahelegt, denn das Literarische erweist sich als Teil des theologischen Denkens selbst.

II. Drei Entfaltungen Den „schmaler werdenden Grat zwischen Hoffnung und Sprachlosigkeit" abtasten[21] oder: Biographie, Roman und Poesie als Sprachwerdung von Schmerz und Sehnsucht

1. *Ich als Konstrukt und Konstrukteur – die Literarisierung von Biographie*

1.1 Die Argumentation bei Luther

Das Individuum wird sich seiner selbst in der Dialektik von Schmerz und Sehnsucht ansichtig. „Diese Unruhe ist der Kern autobiographischer Selbstreflexion"[22]. Biographie als die „reflektierte Gestalt des Lebens"[23] zielt also auf die Reflexion von Schmerz und Sehnsucht. Diese Reflexion kann schriftlich oder gedanklich erfolgen. „Leben und Schreiben kommen in der Biographie zusammen"[24], weil die „Biographie, die ‚man hat', hat mit der geschriebenen Biographie dies gemeinsam, daß sie die Unmittelbarkeit gelebten Lebens verlassen und die Ebene der Reflexion *über* das Leben betreten hat"[25]. Biographie, ob als schriftliche oder als gedankliche Lebensdeutung, ist ein reflexives Konstrukt, das zwar nicht notwendig auf religiöse Antworten zielt, aber „von einer religiös vermittel-

---

21 Ebd.

22 A. a. O., 147.

23 A. a. O., 111. Vgl. hierzu u. a. den Sammelband: Albrecht Grözinger / Henning Luther (Hg.): Religion und Biographie. Perspektiven zur gelebten Religion, München 1987 sowie den Beitrag von Volker Drehsen: Lebensgeschichtliche Frömmigkeit. Eine Problemskizze zu christlich-religiösen Dimensionen des (auto-)biographischen Interesses in der Neuzeit, in: Walter Sparn (Hg.): Wer schreibt meine Lebensgeschichte? Biographie, Autobiographie, Hagiographie und ihre Entstehungszusammenhänge, Gütersloh 1990, 33–62.

24 Henning Luther: Religion und Alltag, 111.

25 Ebd. (Hervorh. im Orig.).

ten Vermutung [zehrt], daß das einzelne Ich eben nicht beliebig sei"[26]. Ohne Reflexion keine Biographie, ohne Nachdenken kein Ich, aber auch: ohne Religion kein Ich, weil Religion der Anwalt von Individualität ist und sich als „autobiographische Selbstreflexion"[27] vorstellt.

Literarisch stellt sich die biographische Selbstreflexion in verschiedenen Modi ein: Neben *vergangenheits*orientierten Gattungen wie Memoiren, Lebenschroniken oder dem bewerbungstechnisch relevanten Lebenslauf sowie dem *gegenwarts*orientierten Tagebuch tritt die literarische Biographie als diejenige Gattung, in der sich neben Vergangenheit und Gegenwart auch *Zukunft* zur Sprache bringt, denn das literarisch-biographische Ich konstruiert sich immer auch vom möglichst guten Ende her. „Während das Ich der Memoiren (der Lebenschronik und des Lebenslaufs) sich als gewesenes Ich vorstellt und das Ich des Tagebuchs sich potentiell immer als werdendes Ich versteht, begreift sich das Ich der Autobiographie als gewordenes. Zukunft ist hier insofern hereingeholt, als eine prinzipiell offene Weiterentwicklung nicht gedacht wird. Die der Biographiekonstruktion immanente Zusammenhangsforderung, die (anders als bei Memoiren, Lebenschronik und Lebenslauf) zur Identität zwischen erinnertem und erinnerndem Ich führt, verlangt auch eine (proleptische) Identität zwischen gegenwärtig erinnerndem Ich und späterem zukünftigen Ich"[28]. Daher verknüpft die (auto-)biographische Selbstreflexion „Vergangenheit, Gegenwart und Zukunft in der *Gleichanwesenheit von Schmerz und Sehnsucht*"[29].

Neben der Zeitdimension ist noch eine zweite Dimension für den Zusammenhang von geschriebener und gelebter Biographie wesentlich – die der Öffentlichkeit, mithin die „Fiktion eines Anderen". Die ‚offizielle' literarische Biographie wie das ‚intime' Tagebuch entwerfen die eigene Geschichte auf Öffentlichkeit hin. Sie sind angelegt auf die intersubjektive Kommunikation der eigenen Geschichte, ihrer Brüchigkeit wie ihres Hoffnungspotentials. Im Modus der öffentlichen Kommunikation biographischer Selbstreflexion wird Ich dann immer auch ein Anderer, und zwar in einem doppelten Sinn. Einerseits ist das biographisch dargestellte Ich immer „ein stilisiertes Ich"[30] und zugleich benötigt das darstellende Ich einen Anderen, um sich und seine Geschichte zu kommunizieren. „Die individuierende biographische Selbstreflexion erfordert mithin ein Gegenüber, das weder es selbst noch die anderen ist (sic!), das aber von beiden Momenten enthält: die Vertrautheit des Selbstgesprächs (Nähe, Liebe; Gnade) und die Infragestellung der anderen (Distanz, Kritik; Gericht). In traditioneller religiöser Sprache trägt dieser ‚fiktive Andere' den Namen Gott und das Ge-

26 A. a. O., 35.
27 A. a. O., 19.
28 A. a. O., 113.
29 A. a. O., 114 (Hervorh. im Orig.).
30 A. a. O., 115.

spräch mit diesem Gegenüber nimmt die Gestalt des Gebetes an“[31]. Biographische Selbstreflexion hat, auch in schriftlicher Gestalt, eine Nähe zum Gebet – sie konstruiert Ich im Angesicht eines gnädigen Gegenübers, wobei gnädig im Doppelsinn von liebend-verständnisvoll und kritisch-aufklärend zu lesen ist[32]. Damit aber verliert das Autobiographische die Intention der Selbstrechtfertigung. Es dient „vielmehr der Entdeckung der Unverfügbarkeit von Subjektivität, die sozial nicht verrechenbar ist“[33]. Die Wahrheit biographischer Selbstreflexion liegt in der Selbstsuche, nicht in der Selbstfindung, Selbstinszenierung oder Selbstpräsentation.

Die Biographie, die man ‚hat', verdankt sich der Reflexion auf das Leben. Zwischen Leben und Biographie steht die Reflexion und zwischen der biographischen Reflexion und der geschriebenen Biographie steht die Wahrnehmung der Zeiteinheiten des Lebens und der notwendigen Öffentlichkeit, also Sozialität der Individualitätskonstruktion[34]. Daher bleibt zwischen dem Leben und dessen Deutung eine unhintergehbare Differenz. Auch hier zeigt sich, dass Differenz, nicht Identität als das Ursprüngliche anzusehen ist. Reflexion des Lebens und deren Gestaltwerdung in biographische Literatur sind eben so wenig identisch wie Leben und Reflexion des Lebens. Biographie ist ein Konstrukt, eine „Fiktion, d. h. ein ‚Kunstwerk'“[35]. Die Literarisierung des Biographischen ist immer schon ein Deutungsvorgang, eine Konstruktionsleistung, darin der (Praktischen) Theologie verbunden. Beiden geht es um Deutung des Lebens im Modus der (Re-)Konstruktion.

1.2 Spiegelung im Werk Luthers

Die Verknüpfung von Religion und Biographie bestimmt auch die Denk- und Argumentationslogik der Texte Luthers selbst. Er geht von einem Doppelten aus: erstens von der immer schon impliziten religiösen Dimension biographischer Texte, dass also „die religiöse Dimension sich vor allem in der *formalen Struktur* biographischer Reflexion ausmachen läßt“, und zweitens davon, dass diese religiöse Dimension bei der In-Beziehung-Setzen von Welt und Mensch nicht dadurch zu Tage tritt, dass als dritte Größe „Gott“ eingeführt, sondern dass diese religiöse Dimension „in einer spezifischen Konstellation, *wie* Ich und Welt in Beziehung zueinander gesetzt werden“[36], evident wird. Diese doppelte Annahme wird im Werk Luthers selbst anschaulich. Auch dieses Werk zeigt eine spezifi-

31 A. a. O., 71f. Vgl. auch a. a. O., 130–132.

32 Vgl. a. a. O., 120.

33 A. a. O., 143.

34 Vgl. z. B. a. a. O., 123f.

35 A. a. O., 125.

36 A. a. O., 121 (Hervorh. im Orig.).

sche Weise, „*wie* Ich und Welt in Beziehung zueinander gesetzt werden", und diese spezifische Weise des In-Beziehung-Setzens verweist auf den Autor als den Konstrukteur von „Ich". Auch wenn gilt, dass zwischen dargestelltem und darstellendem Ich eine Differenz bleibt, macht diese Beobachtung, die sich einer an den Formen orientierten literarischen Lektüre verdankt, für den vielschichtigen Zusammenhang zwischen Autor und Werk auch im Hinblick auf theologische Werke sensibel. Neben die Fragen: Wie denkt der Autor? Und: Was denkt und meint der Text des Autors? treten die Fragen: Warum denkt der (theologische) Autor, wie er denkt? Von welchen Voraussetzungen nährt sich sein Denken? Welche Erfahrungen sind maßgeblich? Von welchem Standpunkt aus strukturieren sich seine Einsichten?[37] Hier sei an den Hinweis von Ursula Baltz-Otto erinnert, dass auch für Luther selbst die Sprachfindung in Bezug auf eigenen Schmerz eine Weise des selbstvergewissernden Umgangs zu sein vermochte[38].

Zugleich wird hier eine spezifische Kontextgebundenheit des praktisch-theologischen Programms von Luther offenbar, denn die literarische Gattung der Autobiographie hat ihren speziellen Widerhall weitgehend in der westlichen Kultur gefunden. Sie spiegelt die spezifisch abendländische Individualitätskonzeption wider. Die Praktische Theologie Luthers literarisch gelesen, zeigt eine Praktische Theologie abendländischen Zuschnitts. Sie ist im klassischen Sinn ‚alteuropäisch'. Nicht umsonst rezipiert Luther argumentativ die Klassiker der westlich-europäischen Literatur.

2. *Fragment als Form – die Orientierungskraft der Narration*

2.1 Argumentation bei Luther

Biographische Selbstreflexion stellt sich literarisch nicht nur im Formmodus von (Auto-)Biographie, Memoirenliteratur, Tagebuch etc. vor, sondern bedient sich auch der Narration. Die Verbindung biographischer Selbstdeutung und erzählender Literatur ist bei Luther eine doppelte: Einerseits wird im Spiegel von Literatur das einzelne Subjekt gerade nicht nur eines fremden, sondern immer auch des eigenen Bewusstseins ansichtig. Literatur beschreibt zwar immer „das Bewußtsein anderer", aber im Spiegel von Literatur erhellt sich stets auch das je eigene Bewußtsein[39]. Lesen heißt daher, in fremdem Namen zu sich selbst spre-

[37] Vgl. hierzu z. B. die Bände Christian Henning / Karsten Lehmkühler (Hg.): Systematische Theologie der Gegenwart in Selbstdarstellungen, Tübingen 1998 sowie Georg Lämmlin / Stefan Scholpp (Hg.): Praktische Theologie der Gegenwart in Selbstdarstellungen, Tübingen 2001.

[38] Ursula Baltz-Otto: Unvergeßlich. Unverlierbar, in: ThPr 27 (1992), 240–242.

[39] Henning Luther: Religion und Alltag, 88.

chen[40]. Andererseits verdankt sich die Etablierung der Subjekt- und Individualitätsfrage in der Literatur und die „Fähigkeit zu systematischer Selbstreflexion“, also derjenigen „Fähigkeit, aus der Naturwüchsigkeit und Selbstverständlichkeit von Lebensprozessen herauszutreten und die Prinzipien eines Ablaufs auf diesen anzuwenden, so daß sich der Ertrag desselben selbst steigert“[41] eben dem bürgerlichen, neuzeitlichen Bewusstsein selbst. Die moderne Literatur geht aus von der Fähigkeit zur Selbstreflexion, anhebend im bürgerlichen Zeitalter[42]. Diese Selbstreflexion erfolgt wie skizziert im Modus von Schmerz und Sehnsucht. Narration seit dem bürgerlichen Zeitalter ist also Narration auf der Schwelle zwischen Schmerz und Sehnsucht. Sie bezieht sich auf die bedrohte Ordnung individueller Biographie. Roman und Erzählung stellen Versuche der Stabilisierung dieser bedrohten Ordnung dar. Sie bieten zeitliche Orientierung, indem sie das erzählte Leben, das verworrene Ich und die Verzweigung der Lebens- und Handlungsfäden in ein Vorher und ein Nachher strukturieren. Sie ordnen den Zeitfluss und strukturieren Erfahrung. Im Vergleich zur „verallgemeinernden Strategie begrifflicher Argumentation“ ist die Narration trotz dieser ihr eigenen Strukturgebungstendenz besser geeignet, „die Konkretheit der Lebenswelt, und das heißt vor allem auch die bisher leicht übergangenen kleinen Besonderheiten und Unscheinbarkeiten, zur Sprache zu bringen“[43]. Weil das Ich der bürgerlichen Literatur ein fragiles ist, angesiedelt auf der Grenze von Schmerz und Sehnsucht, erschüttert durch den Konflikt der Ortsbestimmung im Gegenüber zur Gesellschaft, sind Traurigkeit und Trauer die wesentlichen Gemütszustände dieser Literatur[44]. „In der Literatur ist das bürgerliche Bewußtsein ein trauriges“[45]. Freilich: „Trauer ist [...] nicht Pessimismus, Trauer, die die Erinnerung an den Schmerz und die Leiden der einzelnen wachhält und nicht verdrängt, *ist* Hoffnung, mehr Hoffnung, als in der Propaganda des Optimismus steckt“[46]. So gelesen ist Traurigkeit ein Modus von Ehrlichkeit.

Wandte sich die Narration im bürgerlichen Zeitalter dem Individuum und seinem sich zunehmend konfliktuös gestalteten Gegenüber zur Gesellschaft zu, so wendet sie sich im 20. Jahrhundert dem *Alltag* des Subjektes zu. „Nicht außergewöhnliche Ereignisse (Haupt- und Staatsaktionen) oder exemplarische Lebens-

---

40 Vgl. den Titel bei Klaus Weimar: Lesen: zu sich selbst sprechen in fremdem Namen, in: Thomas Bearth et al. (Hg.): Dialog, Zürich 1994, 111–123.

41 Henning Luther: Religion und Alltag, 89.

42 ‚Moderne‘ Literatur bezeichnet bei Luther „spätbürgerliche Literatur“ und ist bezogen auf die „bürgerliche Neuzeit“ (vgl. a. a. O., 93–95).

43 A. a. O., 235.

44 Beispielhaft für diese Auseinandersetzung zwischen Individuum und Gesellschaft im Zeitalter der bürgerlichen Literatur führt Luther u. a. „Die Leiden des jungen Werther“ von Johann Wolfgang v. Goethe an, ebenso dessen Wilhelm-Meister-Romane sowie Gottfried Kellers „Grünen Heinrich“ und „Anton Reiser“ von Karl Philipp Moritz.

45 Henning Luther: Religion und Alltag, 110.

46 Ebd. (Hervorh. im Orig.).

geschichten, sondern der zufällige, beliebige, gewöhnliche Alltag eines (nichtheldenhaften) Menschen wird hier erstmalig Gegenstand von Weltliteratur“[47]. Es ist v. a. das Erzählwerk von James Joyce, das in diesem Sinne am Beginn des 20. Jahrhunderts für die Literatur vollzieht, was in den Sozialwissenschaften erst Mitte der 1970er Jahre realisiert werden wird: Die Wahrnehmung, dass das neuzeitliche Individuum in einen ganz und gar unindividuellen Alltag einverwoben ist, in dem es gilt, den Gedanken der Individualität gegen alle Vermassungstendenzen durchzuhalten und neu zu konturieren. Exemplarischer Ort dieser alltäglichen Aus- und Aufzehrung von Individualität ist die *Stadt*. Das Ich verliert sich im Dickicht der Stadt und in den Zumutungen eines enervierenden Alltags. Dublin, Wien oder New York heißen die Städte, in denen das Individuum lernen muss, angesichts von Masse und der Pluralisierung von Lebensstilen Ich zu buchstabieren[48]. Im Werk Luthers markiert Alltag dabei auch die „Schnittstelle zwischen wissenschaftlicher Theologie und subjektiver Religiosität“[49] und so stellen die großen Romane des frühen 20. Jahrhunderts für Luther Argumentations- und Anschauungsmodelle einer am Subjekt orientierten Praktischen Theologie eben dieses 20. Jahrhunderts dar.

2.2 Spiegelungen im Werk Luthers

Literatur wird für den Leser und Autor Luther zu einem Modus (auto-)biographischer Selbstreflexion und damit zum exemplarischen Ort religiöser Selbstdeutung. Dies ist auch die systematische Funktion, welche der literarischen Argumentation im Werk Luthers zukommt: Sie unterstützt die immer auch auf biographische Selbstreflexion angelegte praktisch-theologische Argumentation. Sie dient als Anschauungsmaterial, als Inspirations- wie Referenzquelle. Die praktisch-theologische Argumentation Luthers bezieht ihre Anregungen und ihr Anschauungsmaterial weniger aus den Quellen biblisch-dogmatischer Tradition noch bezieht sie sich primär auf den binnentheologischen oder innerkirchlichen Diskurs. Die Hinwendung zum Subjekt und seiner Lebenswelt schließt eine Öffnung zu den sozialwissenschaftlichen Nachbardisziplinen und dann auch zur literarischen Kultur ein.[50] Dieser Perspektivwechsel zielt auf einen theologischen

---

[47] A. a. O., 184.

[48] James Joyces „Ulysses“, Robert Musils „Der Mann ohne Eigenschaften“ und „Manhattan Transfer“ von John Dos Passos sind für Luther „drei der großen Romane dieses Jahrhunderts“ (A. a. O., 211).

[49] Kristin Merle: Alltagsrelevanz. Zur Frage nach dem Sinn in der Seelsorge, Göttingen 2011, 129.

[50] Im programmatischen Ausblick seiner Habilitationsschrift stellt Luther in diesem Sinne fest: „Vor allem würde eine die Subjektivität ernstnehmende Praktische Theologie in einem sehr viel stärkeren Ausmaß als bisher, der konkreten Verflechtung von Religion mit je individueller Lebenserfahrung nachspüren. Die Beschäftigung mit Literatur und Biographie wird dann für eine subjektorientierte Praktische Theologie zu einer unverzichtbaren Methode, um jenen weißen

Methodenwechsel und auf ein spezifisches Verständnis der Praktischen Theologie als einer Sprachlehre für Schmerz und Sehnsucht des neuzeitlichen Individuums. Praktische Theologie und (bürgerliche) Literatur haben den gleichen Blick auf die Welt und den Menschen – den ehrlichen Blick der Trauer über die Brüchigkeit und Fragmentarität individueller Existenz. Dies selbst zur Darstellung zu bringen, macht den impliziten literarischen Charakter des Bandes „Religion und Alltag" aus. Das Fragmentarische wird zum Form- und Inhaltsprinzip theologischen Denkens und Schreibens selbst[51].

Die ästhetische Kategorie des Fragmentes erweist sich zudem als geeignet, um über den Aspekt der Form auch nach einem möglichen expliziten literarischen Charakter des Bandes zu fragen. Bekanntlich handelt es sich um eine nach dem Tode Luthers veröffentlichte – von ihm selbst unter den Leitperspektiven von ‚Religion', ‚Subjekt' und ‚Alltag' rubrizierte – Zusammenstellung bis dato als Einzeltexte oder als Vortragsskripte vorliegender Texte. Diejenige ästhetische Kategorie, die Luther setzt, um die Lebenserfahrung des modernen Individuums zu deuten, ist geeignet, den literarischen Charakter des Bandes selbst zu beschreiben. „Die nicht vorhersehbare und planbare Endlichkeit des Lebens, die jeder Tod markiert, läßt Leben immer zum Bruchstück werden"[52] – was für das Leben gilt, auch für das des Autors selbst, gilt auch für dessen Texte – sie bleiben, selbst wenn sie als Sammelband vorliegen, immer Fragment. Das Bruchstück wird in dem Sinne zur Wesenskategorie, wie es Friedrich Schlegel im Athenäumsfragment 116 über die romantische Universalpoesie formulierte:

> „Die romantische Poesie ist eine progressive Universalpoesie. Ihre Bestimmung ist nicht bloß, alle getrennten Gattungen der Poesie wieder zu vereinigen, und die Poesie mit der Philosophie und Rhetorik in Berührung zu setzen. Sie will, und soll auch Poesie und Prosa, Genialität und Kritik, Kunstpoesie und Naturpoesie bald mischen, bald verschmelzen, die Poesie lebendig und gesellig, und das Leben und die Gesellschaft poetisch machen, den Witz poetisieren, und die Formen der Kunst mit gediegnem Bildungsstoff jeder Art anfüllen und sättigen, und durch die Schwingungen des Humors beseelen. […] Die romantische Poesie ist unter den Künsten was der Witz der Philosophie, und die Gesellschaft, Umgang, Freundschaft und Liebe im Leben ist. Andre Dichtarten sind fertig, und können nun vollständig zergliedert werden. Die romantische Dichtart ist noch im Werden; ja das ist ihr eigentliches Wesen, daß sie ewig nur werden, nie vollendet sein kann. Sie kann durch keine Theorie erschöpft werden, und nur eine divinatorische Kritik dürfte es wagen, ihr Ideal charakterisieren zu wollen. Sie allein ist unendlich, wie sie allein frei ist, und das als ihr erstes Gesetz anerkennt, daß die Willkür des Dichters kein Gesetz über sich leide. Die romantische

Fleck zu beleuchten, den Begriffsstrategien und Großtheorien dogmatischer oder funktionalistischer Prägung systematisch aussparen" (Henning Luther: Religion, Subjekt, Erziehung, 279–296 [293]).

51 Vgl. Kristian Fechtner: Mikrologischer Blick und Empathische Praxis. Hinweise zu Henning Luthers Praktischer Theologie des Subjekts, in: ThPr 27 (1992), 184–193 (184).

52 Henning Luther: Religion und Alltag, 167.

> Dichtart ist die einzige, die mehr als Art, und gleichsam die Dichtkunst selbst ist: denn in einem gewissen Sinn ist oder soll alle Poesie romantisch sein“[53].

Ganzheit bleibt theologisch und literarisch ein gewolltes Desiderat. Die Texte verweisen auf eine Ganzheit, „die sie nicht sind und nicht darstellen, auf die hin aber der Betrachter sie zu ergänzen trachtet. Fragmente lassen Ganzheit suchen, die sie selbst aber nicht bieten und finden lassen“[54]. Ganzheit wird zu einer Erfahrung religiöser Epiphanie.

Auch in diesem Zusammenhang ist eine spezifische Kontext- und Zeitgebundenheit der Texte Luthers auffällig. Eine Rezeption beispielsweise derjenigen Biographie- und Erzählliteratur, die die völlige Destruktion und Auslöschung von Individualität reflektiert, findet kaum statt[55]. Auch wird nicht reflektiert, dass im modernen Roman Zeit und Raum ihre strukturierende Funktion oft zugunsten eines fragmentierten Erzählvorgangs verloren haben.

3. *Poesie*

3.1 Die Argumentation bei Luther

Weil Erzählung und Roman in der Deutung Luthers dazu neigen, Ordnungen zu erzeugen, die auf Beruhigung zielen und das nicht in diese Ordnung Integrierbare wahlweise ausblenden oder biegsam machen, bedarf es neben der Prosa auch der Poesie, „die sich dem glättenden Zeitfluß der Erzählung und ihrer Ordnung entzieht und Konstellationen des Augenblicks und das, was in ihm irritierend aufscheint, festhält“[56]. Prosa und Poesie bringen zwei Weisen der je individuellen Welt- und Selbstdeutung zur Anschauung. Dabei eignet der auf den einzelnen Augenblick sich verdichtenden Poesie der Vorzug der Unmittelbarkeit von Subjektivität. Sie ist diejenige literarische Form, „in der die Subjektivität reinsten Ausdruck findet“[57]. Während Erzählung und Roman ein Vorher und ein Nachher kennen und den Lebensfluss entsprechend zu strukturieren suchen, bringt Poesie Augenblicksepiphanien zur Sprache. Sie bringt die Erfahrung von Sinnverdunklung wie auch -erhellung in der Unmittelbarkeit des Augenblicks zur Darstellung, verbindet Vergangenheit und Zukunft im Augenblick der Ge-

[53] Friedrich Schlegel: Athenäumsfragment 116, zit. nach Friedrich Schlegel: Kritische und theoretische Schriften. Auswahl und Nachwort von Andreas Huyssen, Stuttgart 1978, 90f.

[54] Henning Luther: Religion und Alltag, 167.

[55] Zu verweisen ist hier z. B. auf das Werk von Robert Walser oder Fjodor Dostojewski; für die Zeit nach Luthers Tod dann z. B. auch auf die Texte von Primo Levi, Aleksandar Tišma oder den die „Schicksallosigkeit“ moderner nachindividueller Existenz beschreibenden literarischen Entwurf von Imre Kertész.

[56] Henning Luther: Religion und Alltag, 236.

[57] A. a. O., 93.

genwart und stellt diesen flüchtigen Augenblick auf Dauer. Während in (auto-)biographischen Texten zwischen dargestelltem und darstellendem Ich allein aus Gründen des Selbstschutzes unterschieden wird und im Roman der Autor zwischen Dargestelltem und Darstellendem – in welcher Form auch immer – vermittelt, ist in der Poesie das Ich des Verfassers unmittelbar präsent. Poesie kennt keine Deckung. Darin liegt neben dem Risiko auch, so Norbert Hummelt, die Macht und das Glück der Poesie und des Dichtens, „weil es das Flüchtige in eine Form bannt, die alles nicht in ihr Erfasste ausschließt. Und wenn ich selbst derjenige bin, der diese Form erschafft, dann ist das, für Sekunden, ein Allmachtsgefühl“[58]. Da auch Religion „konstitutiv auf die Frage der Möglichkeit von Subjektwerdung des einzelnen bezogen“[59] ist und daher auch in religiösen Fragen das Subjekt unvertretbar ist und weil Sinn eher als Augenblicksephiphanie denn als lebenslang stabiler Horizont vorstellig wird, lässt sich eine besondere Nähe zwischen Poesie und Theologie ausmachen. Vielleicht auch, weil „Gedichte gerade dazu da sein könnten, die Leere auszuhalten, die mit der nachlassenden Glaubensgewissheit verbunden ist“[60]. Das lyrische Ich ist dem religiösen Ich als dem Ich auf der Schwelle von Schmerz und Sehnsucht – dem auf sich selbst zurückgeworfenen Ich, das erst und gerade weil es sich seiner Subjektivität radikal und ohne Absicherung stellt, auf Transzendenz ansprechbar ist – nahe verwandt. Diese Verwandtschaft ist eine sprachlich vermittelte.

3.2 Spiegelungen im Werk Luthers

Um es vorweg zu sagen: Wissenschaft ist nicht Poesie und auch Luther schreibt keine Poesie. Freilich schreibt er im eben skizzierten ‚Geist‘ der Poesie. Dieser Gedanke lässt sich vertiefen, wenn man sich beispielsweise vergegenwärtigt, dass bereits G. W. F. Hegel darauf verwiesen hat, dass sich der menschliche Geist in der Poesie von der „Objektivität“ der Gegenstände abwende und in sich selbst schaue, sich statt für die „äußere Realität der Sache“ für „die Gegenwart und Wirklichkeit derselben im *subjektiven* Gemüt, in der Erfahrung des Herzens und Reflexion der Vorstellung“ interessiere, mithin also die äußere Realität in der Poesie radikal in der Perspektive des Einzelnen erfasst werde, Poesie damit also „den Gehalt und die Tätigkeit des innerlichen Lebens selber darstellig mache“[61]. Für die Lyrik des 20. Jahrhunderts hat Czesław Miłosz diesen Sachverhalt noch einmal zugespitzt: „Das, was unser Leben und unser Innerstes am tiefsten berührt, nämlich die Vergänglichkeit des Menschen, die Krankheit, der Tod, die

58 Norbert Hummelt / Klaus Siblewski: Wie Gedichte entstehen, München 2009, 18.

59 Henning Luther: Religion und Alltag, 30.

60 Hummelt / Siblewski (Anm. 58), 34.

61 Georg Wilhelm Friedrich Hegel: Vorlesungen über die Ästhetik III (Werke 15), Frankfurt a. M. 1975, 416.

Armseligkeit der Überzeugungen und Gedanken, all das kann nicht in der Sprache der Theologie ausgedrückt werden, da diese seit vielen Jahrhunderten nichts anderes tut, als alle Aussagen zu einer glatten Kugel abzurunden, die sich leicht hin- und herrollen lässt, die man aber nicht fassen kann. Die Lyrik des zwanzigsten Jahrhunderts hingegen ist dort, wo sie sich mit dem Wesentlichen befasst, nichts anderes als ein Zusammentragen von Daten über die letzten Dinge im menschlichen Dasein, und dabei hat sie ihre eigene Sprache ausgebildet, die auch von den Theologen benutzt werden könnte – oder eben nicht“[62].

Diese ursprüngliche Verwandtschaft von Religion und Poesie[63] wird von Luther nicht explizit thematisiert, sie prägt freilich die implizite Darstellungsweise sowie die Bestimmung des Gegenstandsbereichs seiner Darstellung – die Brüchigkeit menschlicher Existenz. Praktische Theologie lässt sich daher beschreiben als religiös-theologische Sprachlehre für Schmerz und Sehnsucht.

III. Der Impuls
Praktische Theologie als religiös-theologische Sprachlehre für Schmerz und Sehnsucht

Schmerz und Sehnsucht als Deutungsmuster neuzeitlicher Existenz werden von Luther der Praktischen Theologie als wesentliches Thema eingeschrieben und zwar nicht ohne Schmerz und Sehnsucht selbst zum Gegenstand der Darstellung zu erheben und sich dabei literarischer Form- und Sprachmodi zu bedienen. Die praktisch-theologischen Texte von Luther leisten selbst, was sie von der Praktischen Theologie als Wissenschaftsdisziplin fordern: Sensibilität für das religiöse Subjekt, Wahrnehmung der Brüchigkeit und Fragmentarität individueller Existenz, Sprachwerdung von Differenzerfahrung. Die Praktische Theologie lässt sich von hieraus als eine Sprachlehre für Schmerz und Sehnsucht verstehen, wobei der Begriff der „Sprachlehre“ ausgehend vom Religionsverständnis die Frage nach dem Autor, seinem Selbstverständnis und seiner Selbstdeutung (hier liegt der mögliche Anschlusspunkt zur Pastoraltheologie), die Frage nach den Lesern, also den religiösen Subjekten, so denn die Frage nach der dem Religionsbegriff adäquaten Form und nach der Sprachgestalt selbst nahelegt[64]. Religiöse Sprach-

62 Zit. nach Johann Hinrich Claussen: ‚Profane Offenbarungen‘ – Anmerkungen eines Lyrik lesenden Theologen, in: Petra Bahr (Hg.): Protestantismus und Dichtung, Gütersloh 2008, 11–30 (11).

63 Siehe hierzu jetzt z. B. Heinz Schlaffer: Geistersprache. Zweck und Mittel der Lyrik, München 2012.

64 Die Impulse, die beispielsweise Albrecht Grözinger oder Klaas Huizing für eine wissenschaftstheoretische Bestimmung der Praktischen Theologie im Verhältnis zur Literatur bzw. Ästhetik gesetzt haben, hat im Überblick referiert: Erich Garhammer: Literatur und Praktische Theologie. Von der Produktivität eines Spannungsverhältnisses, in: Ders. / Wolfgang Weiß (Hg.): Brückenschläge. Akademische Theologie und Theologie der Akademien, Würzburg 2002, 137–156 (bes. 138–141). Für die Poimenik ist hier auf die Arbeiten von Anne M. Steinmeier zu verweisen.

fähigkeit erweist sich, wie gezeigt, gerade nicht als eine Fähigkeit zur Antwort, sondern als eine des Fragens[65]. Darin liegt für Luther auch die genuine Aufgabe Praktischer Theologie als einer „Hermeneutik von *Fragen*“[66]. Praktische Theologie als Sprachlehre ist eine hermeneutische Disziplin. Sie ist Einübung in eine spezifische Form religiöser Sprachfähigkeit. Es ist eine Sprachfähigkeit, die ihre Kompetenz nicht in der Affirmation bestehender Ordnungen erweist, sondern an den Rändern und Brüchen dieser Ordnungen wesentlich wird. Religiöse Sprache im Sinne des von Luther vorausgesetzten Religions- und Christentumsverständnisses affirmiert nicht bestehende Verhältnisse, sondern kommuniziert „die Erfahrung von Widersprüchlichkeit, Brüchigkeit der Welt, wie sie ist, und das Ernstnehmen eines Versprechens“[67].

Eine derart als Sprachlehre für Schmerz und Sehnsucht verstandene Praktische Theologie begreift religiöse Sprache als mediale, nicht als instrumentelle Sprache. Instrumentelle Sprache, so der Schweizer Literaturwissenschaftler Johannes Anderegg, bezieht sich auf einen Bereich, „der seine Ordnung hat und der in Ordnung ist“[68]. Diesen stabilisiert sie und von dessen Stabilität nährt sie sich. Das macht die Selbstverständlichkeit ihres Gebrauchs aus. Da aber „Wirklichkeit“ immer das Ergebnis eines Interpretationsvorganges ist, konstruieren die sprachlichen Zeichen die Welt, in der man sich vorfindet, als eine Welt, die schon immer so ist, wie sie bezeichnet wird. Die Ordnung, auf die man sich bezieht, wird als notwendig vorausgesetzt und nicht in Frage gestellt. „Aufs Ganze gesehen gibt sich die kirchliche ‚Verkündigung‘ und oft genug auch die Theologie mit einem instrumentellen Sprachverständnis zufrieden. Die Rede von Gott unterliegt keinem Zweifel und kaum einer hermeneutischen Reflexion“, folgert Hubertus Halbfas[69]. Medialer Sprachgebrauch hingegen zielt auf die Öffnung von Sinnräumen und Deutungshorizonten über die vorhandenen Ordnungen hinaus. Mediale Sprache ist Sprache der Sinngewinnerwartung. Sprache ist das Medium der Sinnbildung, also das Medium zwischen sinnbildenden Subjekt und dem, was verbunden werden soll. „Der mediale Sprachgebrauch aktiviert unsere Fähigkeit zur Sinnbildung und unser Bedürfnis nach Sinnbildung. Anders als der instrumentelle konfrontiert er uns mit Noch-nicht-Begriffenem; er lässt uns also mehr und anderes wahrnehmen und begreifen, als jenes schon Begriffene, auf das wir instrumentell Bezug nehmen. Der mediale Sprachgebrauch transzendiert

65 „Der Glaube ist nie Antwortsicherheit, sondern fragende Existenz zwischen Anfechtung und Gewißheit“ (Henning Luther: Religion und Alltag, 23).

66 Vgl. a. a. O., 16 (Hervorh. im Orig.).

67 A. a. O., 27.

68 Johannes Anderegg: Sprache und Verwandlung. Zur literarischen Ästhetik, Göttingen 1985, 36.

69 Hubertus Halbfas: Religiöse Sprachlehre. Theorie und Praxis, Ostfildern 2012, 335. Vgl. u. a. auch Albrecht Grözinger: Die Sprache des Menschen. Ein Handbuch. Grundwissen für Theologinnen und Theologen, München 1991, 210ff.

jene Welten, läßt uns jene Welten transzendieren, deren wir uns instrumentell versichern“[70].

Religion, wie sie im Werk Luthers verstanden und vorgestellt wird, intendiert Sinngewinn, nicht Alltagsbeschreibung, sie beschreibt das Nichtabgeschlossene wie Fragmentarische und nicht das Geschlossene. Religion ist ihrer Sache nach eine Sache medialen Sprachgebrauchs. Religiöse Sprache ist medial gebrauchte Sprache und nicht die instrumentelle Sprache des Alltags. Die Beschreibungen Andereggs und diejenigen Luthers legen sich wechselseitig aus. Anderegg: „Wo die Alltagssprache herrscht, wo wir mit der Alltagssprache herrschen, da hat alles seine Ordnung, da ist alles in Ordnung. Von einer Sprache des Glaubens aber reden wir im Hinblick darauf, daß Außerordentliches in unsere gewohnten Ordnungen einbricht und sich ihnen widersetzt, daß Außerordentliches begriffen, und das heißt: zur Sprache gebracht werden soll. Im Sinnbezirk des Glaubens und der religiösen Erfahrung soll Sprache mehr sein als ein Instrument zur Bezugnahme. Sie soll nicht nur das Reden über Erfahrungen, sondern Erfahrungen möglich machen, sie soll nicht nur Begriffenes bezeichnen, sondern Medium des Begreifens sein“[71]. Entsprechend Luther: Das „Thema von Religion ist gerade nicht die Stabilisierung der innerweltlichen Ordnungen, sondern ihre Intention liegt darin, an Grenzen zu führen und über sie hinaus“[72]. Weiter: „Religion relativiert die Imperative der Alltagswelt“[73], so dass gilt: „Während das Ich sich in der Routine des Alltags mit seinem sozialen Ich identifizieren kann, bricht diese Identität an den Schwellensituationen auseinander. Das Ich erfährt sich als Differenz. Das Ich wird sich fraglich“[74].

Auch an diesem Punkt gilt das Gesagte für den Autor selbst. Da der Zeichenbestand von instrumenteller und medialer Sprache der gleiche ist, ist der mediale Sprachgebrauch ein Sprachgebrauch im Modus der Verwandlung, eben sowohl der Sprach- als auch der Selbstverwandlung. „Wer die Sprache als Medium für die Sinnbildung versteht, vollzieht selbst einen Prozeß der Verwandlung“[75]. Der spezifische Charakter medialen Sprachgebrauchs lässt sich daher nicht objektivieren. Er erschließt sich dem, der sich einlässt auf den Prozess der Verwandlung. Sein spezifischer Ort ist die Nachdenklichkeit, denn Verwandlung benötigt Freiräume, zielt gerade nicht auf umstandslose Übereinstimmung und naheliegende Handlungsinteressen. Sprachlehre wird die Praktische Theologie so für Autor *und* Leser der einschlägigen Texte.

Vorläufig lässt sich also zusammenfassen, dass Literatur und Praktische Theologie im Spiegel einer „literarischen“ Lektüre der Texte Luthers sich darin als

70 Anderegg (Anm. 68), 55.
71 A. a. O., 84.
72 Henning Luther: Religion und Alltag, 54.
73 A. a. O., 55.
74 A. a. O., 249.
75 Anderegg (Anm. 68), 57.

aufeinander bezogen erweisen, dass sie für das Individuum die Erschütterung von Alltagsstabilitäten und die in dieser Erschütterung sich potentiell einfindende Sinnerhellung versprachlichen. Sie sensibilisieren für die Ambivalenzen des Alltags und individueller Existenz[76]. Daher erweist es sich als naheliegend, dass sich eine als Sprachlehre für Schmerz und Sehnsucht menschlicher Existenz entfaltende Praktische Theologie konsequent am Individuum sowie an den Brüchen und Ambivalenzen von dessen Erfahrung zu orientieren hat. Diese Orientierung lässt eine so verstandene Praktische Theologie einerseits im Sprach- wie Argumentationsgestus eigener Texte deutlich werden und spielt sie andererseits in homiletisch-liturgische wie poimenische Fragestellungen als einen dem Wesen der christlichen Religion angemessenen Wahrnehmungs- und Sprachgestus ein. Von hier aus lassen sich aber auch kybernetische wie kirchentheoretische Fragen noch einmal als explizite Fragen religiöser Sprachkompetenz kirchlichen Handelns konturieren. Zugleich lässt sich ausgehend von Überlegungen zu einer Praktischen Theologie als Sprachlehre auch der enzyklopädische Ort der Praktischen Theologie im Verhältnis zu systematisch-theologischen und exegetischen Sprachmodi wie an der ihr eigenen hermeneutischen Vermittlungsposition zwischen Theorie und Praxis konstruktiv bestimmen.

Am Ende gilt also, dass am Anfang aller Praktischen Theologie die Suche nach dem Wort steht, dem Wort für Schmerz und Sehnsucht des Individuums.

---

[76] Daher ist es naheliegend, dass im Werk Luthers „Alltag" ein Phänomen der Ambivalenz bleibt und sich eindeutiger wissenschaftlicher Kategorisierung entzieht (so der Hinweis bei Merle [Anm. 49], 130).

Anhang

Veröffentlichungen von Henning Luther (in Auswahl)

Eine vollständige Bibliografie findet sich im Themenheft „In Memoriam Henning Luther“ der Theologia Practica 27 (1992), 251–254.

Die in den Anmerkungen des Buches angegebenen Kurztitel sind im Folgenden hervorgehoben.

I. Monografien

Kommunikation und Gewalt. Überlegungen zu einer Theorie der Politästhetik (Theorie und Kritik 6), Gießen 1973.

Wissenschaft als kommunikativer Bildungsprozeß. Die Reform des Theologiestudiums im Rahmen einer diskursiven Hochschuldidaktik (Diss. theol.), Mainz 1976.

Hochschule und Bildung. Für ein Geschichtsbewußtsein in der Hochschuldidaktik (Blickpunkt Hochschuldidaktik 55), Hamburg 1979.

Hochschuldidaktik der Theologie. Historische und systematische Vorklärungen (Hochschuldidaktische Materialien 77), Hamburg 1980.

Religion, Subjekt, Erziehung. Grundbegriffe der Erwachsenenbildung am Beispiel der Praktischen Theologie Friedrich Niebergalls, München 1984.

Frech achtet die Liebe das Kleine. Biblische Texte in Szene setzen. Spätmoderne Predigten, hg. von Ursula Baltz-Otto und Kristian Fechtner, erw. Neuausgabe, Stuttgart 2008 ([1]1991).

Religion und Alltag. Bausteine zu einer Praktischen Theologie des Subjekts, Stuttgart 1992.

II. Herausgegebene Schriften

Christof Bäumler / Henning Luther (Hg.): Konfirmandenunterricht und **Konfirmation**. Texte zu einer Praxistheorie im 20. Jahrhundert (TB 71), München 1982.

III. Aufsätze und Artikel

Kommunikationszerstörung. Zum praktisch-theologischen Aspekt eines polit-ästhetischen Problems, in: ThPr 6 (1971), 297–315.

Kritik als pädagogische Kategorie - untersucht an H. J. Gamm: Kritische Schule und H. Stock: Religionsunterricht in der kritischen Schule, in: ThPr 8 (1973), 3–16.

Zur **Theorie des Konfirmandenunterrichts**, in: Ansätze 1977/2.3, 66–78.

Kirche und Adoleszenz. Theoretische Erwägungen zur Problematik des Konfirmandenunterrichts, in: ThPr 14 (1979), 159–181.

Stufenmodell der **Predigtvorbereitung**, in: ThPr 17 (1982), 60–68.

Predigt als Handlung. Überlegungen zur Pragmatik des Predigens, in: ZThK 80 (1983), 223-243 (= Albrecht Beutel / Volker Drehsen / Hans Martin Müller [Hg.]: Homiletisches Lesebuch. Texte zur heutigen Predigtlehre, Tübingen 1986, 222–239).

Predigt als inszenierter Text. Überlegungen zur Kunst der Predigt, in: ThPr 18 (1983), 89–100 (= Wilfried Engemann / Frank M. Lütze [Hg.]: Grundfragen der Predigt, Leipzig 2006, 395–408).

Pfarrer und Gemeinde. Protestantische Gedanken zu einem ungeklärten Verhältnis, in: EvTh 44 (1984), 26–45.

Praktische Theologie als **Praktische Wissenschaft**. Werk und Konzeption Friedrich Niebergalls, in: ZThK 82 (1985), 430–454.

Konkurrenz **Jugendreligionen**, in: Rolf Hanusch / Godwin Lämmermann (Hg.): Jugend in der Kirche zur Sprache bringen. Anstöße zur Theorie und Praxis kirchlicher Jugendarbeit, FS Christof Bäumler, München 1987, 132–140.

Praktische Theologie als **Kunst für alle**. Individualität und Kirche in Schleiermachers Verständnis der Praktischen Theologie, in: ZThK 84 (1987), 371–393.

Sinn und Gewißheit - Praxis als Auslegung. Zu Dietrich Rösslers „Grundriß der Praktischen Theologie“, Berlin (West) 1986 (573 S.), in: JRP 4 (1987), Neukirchen-Vluyn 1988, 243–253.

Diakonische Seelsorge, in: WzM 40 (1988), 475–484.

Wahrnehmen und Ausgrenzen oder die doppelte Verdrängung. Zur Tradition des seelsorgerlich-diakonischen Blicks, in: ThPr 23 (1988), 250–266.

Erziehung und Vertrauen, in: Reiner Strunk (Hg.): Schritte zum Vertrauen. Praktische Konsequenzen für den Gemeindeaufbau, Stuttgart 1989, 130–147.

Hochschuldidaktische Anmerkungen. Zur Vorlage der Gemischten Kommission I: „Grundsätze für die Ausbildung und Fortbildung der Pfarrer und Pfarrerinnen der Gliedkirchen der EKD“, in: ThPr 24 (1989), 307–317.

„... mehr als eine bloße **Imitation von Kirchentagselementen** ...“. Ein Gespräch mit Prof. Dr. H. Luther, in: DEKT-Landesausschuß Bayern (Hg.): Ideen für den Weg vom Kirchentag zum Kirchen-Alltag, Nürnberg 1989, 11–15.

Sache oder Subjekt? Bildung und Didaktik im philosophisch-religiösen Lernbereich, in: Pädagogik 41 (3/1989), 52–57.

Leben als Fragment. Der Mythos von der Ganzheit, in: WzM 43 (1991), 262–273.

Das **Leben als Reise**. Ideen zu einer theologischen Revision des Bildungsbegriffs, in: Wolfgang Erk (Hg.): Radius Almanach 1991/92, Stuttgart 1991, 63–77.

Religion und **Allgemeinbildung**, in: ChL 44 (1991), 57–64.

Subjektwerdung zwischen Schwere und Leichtigkeit - (auch) eine ästhetische Aufgabe?, in: NZSTh 33 (1991), 183–198.

Tod und Praxis. Die Toten als Herausforderung kirchlichen Handelns. Eine Rede, in: ZThK 88 (1991), 407–426.

Theologie der Konfirmation. Henning Luthers letzte Thesen und Fragen, kommentiert von Christof Bäumler und Walter Neidhart, in: ThPr 27 (1992), 193–209.

Die **Lügen der Tröster**. Das Beunruhigende des Glaubens als Herausforderung für die Seelsorge, in: PrTh 33 (1998), 163–176.

Erwägungen zu Henning Luther und seinen Beiträgen zur Praktischen Theologie finden sich in den Gedenkheften der Theologia Practica 27 (1992), 175–254 und der Pastoraltheologie 81 (1992), 348–373.

Wissenschaftlicher Werdegang Henning Luthers

Geboren: 31. August 1947 in Lüneburg als Sohn von Liselotte und Karl Luther

Studium: *Evangelische Theologie:*
WS 1966/67 – WS 1967/68 Kirchliche Hochschule Bethel
SS 1968 – SS 1969 Universität Heidelberg
WS 1969/70 – WS 1971/72 Universität Mainz
Erstes Theologisches Examen 1972

Pädagogik:
WS 1971/72 – WS 1977/78 Universität Mainz
Diplomarbeit: „Hochschule und Bildung – Zur historischen Dimension in der hochschuldidaktischen Theorienbildung" (1977)
(Gutachter: Prof. Dr. Friedrich W. Kron)
Hauptdiplom 1978

Vikariat: 1975 – 1977 in der Evangelischen Kirchengemeinde Gemünden/Westerwald (Evangelische Kirche in Hessen und Nassau)

Ordination: 7. Januar 1979 in der Christuskirche Mainz

Promotion: *Dissertationsschrift:* „Wissenschaft als kommunikativer Bildungsprozeß. Die Reform des Theologiestudiums im Rahmen einer diskursiven Hochschuldidaktik" (1976)
(Gutachter: Prof. Dr. Gert Otto, Prof. Dr. Bernd Päschke und Prof. Dr. Ludwig Huber/Hamburg)

Habilitation: *Habilitationsschrift:* „Religion – Subjekt – Erziehung. Grundbegriffliche Voraussetzungen der Erwachsenenbildung am Beispiel der Praktischen Theologie Friedrich Niebergalls" (1982)
(Gutachter: Prof. Dr. Gert Otto und Prof. Dr. Rainer Volp)

Venia legendi für das Fach Praktische Theologie 1982

Beruf:	1977 - 1981: Wissenschaftlicher Mitarbeiter am Seminar für Praktische Theologie, Fachbereich Evangelische Theologie der Universität Mainz 1981 - 1986: Hochschulassistent am Seminar für Praktische Theologie, Fachbereich Evangelische Theologie der Universität Mainz seit 1986: Professor für Praktische Theologie am Fachbereich Evangelische Theologie der Universität Marburg
Predigt/ Gottesdienst:	Regelmäßige Gottesdienst- und Predigttätigkeit im Universitätsgottesdienst an der Christuskirche Mainz, in der Stadtkirche Westerburg sowie im Universitätsgottesdienst der Universität Marburg; Andachten in der Schlosskapelle Marburg und bei den Ökumenischen Andachten Marburg
Mitglied:	Vorsitzender des Pädagogischen Beirats der Hessischen Heimvolkshochschule Fürsteneck (seit 1988) Mitglied des Projektbeirats „Jugend und Religion" der Arbeitsgemeinschaft Evangelische Jugend (aej) (seit 1990) Vertreter des Fachbereichs Evangelische Theologie der Universität Marburg in der Kammer für Ausbildung der Evangelischen Kirche in Hessen und Nassau (seit 1988; im Vorstand seit 1989) Vertreter des Fachbereichs Evangelische Theologie der Universität Marburg in der Kreissynode des Kirchenkreises Marburg-Stadt (seit 1989)
Ehe:	seit 1972 verheiratet mit Renate Clabes, seit 1981 verwitwet
Gestorben:	31. Juli 1991 in Marburg

Autorinnen und Autoren

Christian Bauer, Dr., Jg. 1973, Professor für Pastoraltheologie an der Universität Innsbruck

Andrea Bieler, Dr., Jg. 1963, Professorin für Praktische Theologie an der Kirchlichen Hochschule Wuppertal/Bethel

Tobias Braune-Krickau, Jg. 1983, Wissenschaftlicher Mitarbeiter für Praktische Theologie am Fachbereich Evangelische Theologie der Universität Marburg

Ruth Conrad, Dr., Jg. 1968, Privatdozentin für Praktische Theologie und Forschungs- und Studieninspektorin am Forum Scientiarum der Universität Tübingen/Studienleiterin am Karl-Heim-Haus der Evangelischen Landeskirche Württemberg

Kristian Fechtner, Dr., Jg. 1961, Professor für Praktische Theologie an der Universität Mainz

Albrecht Grözinger, Dr., Jg. 1949, Professor für Praktische Theologie an der Universität Basel

Gerald Kretzschmar, Dr., Jg. 1971, Privatdozent für Praktische Theologie an der Universität Bonn und Pfarrer in Waldfischbach-Burgalben

Simone Mantei, Dr., Jg. 1972, Wissenschaftliche Mitarbeiterin im kirchlichen Dienst am Seminar für Praktische Theologie der Universität Mainz

Christian Mulia, Dr., Jg. 1972, Wissenschaftlicher Mitarbeiter am Seminar für Praktische Theologie der Universität Mainz

Harald Schroeter-Wittke, Dr., Jg. 1961, Professor für Didaktik der Evangelischen Religionslehre mit Kirchengeschichte an der Fakultät für Kulturwissenschaften der Universität Paderborn

Ulrike Wagner-Rau, Dr., Jg. 1952, Professorin für Praktische Theologie an der Universität Marburg